D1832819

डॉ. कुसुम खेमानी

जन्म : 19 सितम्बर, 1944

शिक्षा : एम.ए. (प्रथम श्रेणी), पी-एच.डी. कलकत्ता विश्वविद्यालय।

सृजन : *सचित्र हिन्दी बालकोश, हिन्दी-अंग्रेजी बालकोश* (कोश); *हिन्दी नाटक के पाँच दशक* (आलोचना); *सच कहती कहानियाँ, एक अचम्भा प्रेम, अनुगूँज जिन्दगी की* (कहानी-संग्रह); *एक शख़्स कहानी सा* (जीवनी); *कहानियाँ सुनाती यात्राएँ* (यात्रा-वृत्तान्त); *कुछ रेत... कुछ सीपियाँ... विचारों की* (ललित निबन्ध); *लावण्यदेवी, ;* जड़िया *बाई* (उपन्यास)।

अनुवाद एवं सम्पादन : *जन-अरण्य* (उपन्यास, शंकर), *चश्मा बदल जाता है* (उपन्यास, आशापूर्णा देवी), ज्योतिर्मयी देवी के कहानी-संग्रह का अनुवाद एवं सम्पादन, 'वागर्थ' का सम्पादन।

विशेष : 'लावण्यदेवी' उपन्यास का अंग्रेजी, बांग्ला, नेपाली एवं मलयालम में अनुवाद। 'कहानियाँ सुनाती यात्राएँ' बांग्ला, राजस्थानी एवं मलयालम में प्रकाशित। लावण्यदेवी उपन्यास का तमिल में डॉ. एन. जयश्री द्वारा एवं तेलगू में लावण्य नारला द्वारा शोध एवं अनुवाद। 'सच कहती कहानियाँ' की कथाभाषा पर डॉ. सुहासिनी (तमिल), करमजीत कौर (पंजाबी), विनीता सिंह (हिन्दी) एवं अंजना कुकरैती (कन्नड़) द्वारा शोध 'रश्मिरथी माँ' कहानी पर बांग्ला में टेलीफिल्म का निर्माण। 'साहित्य में उच्च मूल्यों की स्थापना' (सन्दर्भ : 'लावण्यदेवी' उपन्यास) विषय पर औरंगाबाद यूनिवर्सिटी द्वारा सेमिनार आयोजित।

सम्मान : कुसुमांजलि साहित्य सम्मान (दिल्ली), साहित्य भूषण सम्मान (उत्तर प्रदेश हिन्दी संस्थान), हरियाणा गौरव सम्मान (हरियाणा साहित्य अकादमी), भारत निर्माण सम्मान, रत्नादेवी गोयनका वाग्देवी पुरस्कार (मुम्बई), पश्चिम बंग प्रान्तीय मारवाड़ी सम्मेलन पुरस्कार, कौमी एकता पुरस्कार, भारत गौरव सम्मान (भारतीय वाङ्मयपीठ), समाज बन्धु पुरस्कार (मारवाड़ी युवा मंच)।

सम्पर्क : 3बी, अस्टर कोर्ट, 3 लाउडन स्ट्रीट, कोलकाता-700017

फ़ोन : 033-3295 4490

ई-मेल : kusumkhemani1@gmail.com

जड़िया बाई

कुसुम खेमानी

राजकमल पेपरबैक्स

राजकमल पेपरबैक्स में
पहला संस्करण : 2016

राजकमल पेपरबैक्स : उत्कृष्ट साहित्य के जनसुलभ संस्करण

राजकमल प्रकाशन प्रा. लि.
1-बी, नेताजी सुभाष मार्ग, दरियागंज
नई दिल्ली-110 002
द्वारा प्रकाशित

शाखाएँ : अशोक राजपथ, साइंस कॉलेज के सामने, पटना-800 006
पहली मंजिल, दरबारी बिल्डिंग, महात्मा गांधी मार्ग, इलाहाबाद-211 001
36 ए, शेक्सपियर सरणी, कोलकाता-700 017

वेबसाइट : www.rajkamalprakashan.com
ई-मेल : info@rajkamalprakashan.com

बी.के. ऑफसेट
नवीन शाहदरा, दिल्ली-110 032
द्वारा मुद्रित

मूल्य : ₹ 150

JADIA BAI
Novel by Kusum Khemani

ISBN : 978-81-267-2937-1

स्त्री–शक्ति को सादर

जड़िया बाई

सुख सिर्फ़ सुख ही नहीं देता, कभी–कभार वह किसी को दूसरों के दु:खों को आत्मसात् करने की समझ भी दे देता है। क्या जड़िया ऐसी ही एक सौभाग्यशाली नहीं है?

"बाई जड़ियाऽऽ! ओऽऽ जड़िया बाई! कहाँ छिपे हो आप? हे देवी, जल्दी से दरसन दे दो, नहीं तो मालकिन अपनी तीखी डाँट से मेरा हाल से बेहाल कर देंगी। हे बाबा जी, अब तो आपही मेरे तारनहार हो जी! किरपा करके बचा लो मुझे इस विपदा से!" होंठों ही होंठों में यह बड़बड़ाती शन्नो कभी अपने कानों को छूती, तो कभी दोनों हाथ ऊपर उठाकर नानकदेव जी को पुकारती, तो कभी बाएँ हाथ से ढीले सुथने और दाएँ से मोटे दुपट्टे को सँभालती हुई ख़ब्तूल हवास–सी, भिवानी के बिचले बाज़ार में खड़ी 'भूरामल नरसिंहदास' की मशहूर हवेली में इधर से उधर भटके मार रही थी।

इस हवेली की बेइन्तहाँ फैली हुई काया के कारण भिवानी का हर बंदा यही कहता दिखता कि "वा हवेली? बाप रे बाप! जै रात न कोई एकला आदमी उसमें सो जाव तो डर से उसकी छाती ए फाट जावै। भाई, वा 'हेली' कोनी, किल्ला सै किल्ला!'

अब भला उस भारी–भरकम शरीरधारी शन्नो की क्या बिसात, जो वह बिजली–सी चपल जड़िया को उसमें खोज पाती? पर सवाल उसकी नई–नई लगी नौकरी का था, इसलिए बामुश्किल अपनी साँसों को काबू में लाकर वह कभी रौब से, तो कभी पुचकार से, जड़िया को पुकारती हुई आकाश–पाताल एक कर रही थी।

वह बेचारी बयालीस सौ गज़िया उस हवेली के दोनों विशालकाय आँगनों के ऊपर और नीचे समतल पर बने कमरों के बावन जोड़ी नक्काशीदार किवाड़ों को पीटने के बाद हवेली के पिछवाड़े बने ऊँटों और घोड़ों के नोहरे तक को 'हेलों' से गुँजा कर, 'भुतासी' हुई अपने मालिकों की प्राण–प्यारी जड़िया को ढूँढ़े जा रही थी, उसे वह बित्ते भर की जड़िया तो दूर, उसका धुँधला–सा साया तक नज़र नहीं आ रहा था। उस वक़्त

उसका दिल जितनी ज़ोरों से धड़क रहा था, यदि उसे किसी हृदय-ध्वनि मापक यंत्र में डाला जाता, तो वह भी उसकी ताव न सह पाता और फट जाता।

जब सड़क के एक छोर से दूसरे छोर तक फैले कमरों के ऊपर की छत पर बनी सबसे ऊपर वाली 'डागली छतों' को भी जवान छोरा 'पहलाद' देख आया, तब तो शन्नो के सब्र का बाँध ही टूट गया वह बड़े आँगन के दरवाज़े के दोनों ओर बने चालीस फुट ऊँचे चित्रों के बीच की सीढ़ी पर एक खंभे का सहारा लेकर खड़ी हो गई।

आज उसे अपने नसीब के पन्ने पर बड़े-बड़े हर्फ़ों में साफ़-साफ़ लिखा दिख रहा था : 'शन्नो, बस! आज से तेरी छुट्टी! जब तुझसे हमारी 'लाड़-कोड़' की एक छोटी-सी इकलौती बेटी तक न सँभली गई, तो तू कोई और काम क्या ख़ाक करेगी?' इसके साथ ही उसे दिख रहा था अपने 'टापरे' से गायब होता दो जून का भर-पेट खाना और पूरे बदन को ढकते कपड़े। इसी तरह की अनेक डरावनी चिन्ताओं से जब उसे अपना आपा पूरी तरह अँधेरे में डूबता दिखा, तो वह वहीं धप्प से बैठ गई और घुटनों के बीच सिर घुसाकर रोने लगी।

उसके ज़ोर से रोने की आवाज़ सुनकर जब ऊपर जाते 'पैड़काले'(सीढ़ी) के अधरास्ते पर बने जैसलमेरी छज्जे से पुराने चौकीदार भगीरथ ने झाँका, तो शन्नो की बुरी हालत देखकर वह जल्दी से उसके पास आ खड़ा हुआ।

मालिकों के मन-मिज़ाज़ से अच्छी तरह वाक़िफ़ अनुभवसिद्ध भगीरथ ने अपने बड़े साफे को ठीक किया और बदहाल शन्नो को दिलासा देते हुए बोला :

"शन्नो, जड़िया नै ढूँढ़ना है तो नोहरे के दरवज्जे के छोटे दरवज्जे सै 'भीड़ि गाल' में जा। वह तुझे वहाँ स्कूल की मास्टरनी शरणजीत के घर में बैठी बिल्ली के बच्चों से खेलती मिल जावेगी। जा, भाग, जल्दी से और उसनै भुला-पपोल कर ल्या 'पट दैणी सै! नहीं तो समझ ले कि आज तेरी नौकरी गई।"

बुजुर्ग भगीरथ की सलाह सुनकर शन्नो रोंदली आवाज़ में बोली, "पर ठाकरा जी, इसमें मेरी क्या गलती है?"

"अरे पागल! गलती तो सदा से नौकरों की ई होवे है। आज तू भी ध्यान सै देख लेणा कि बींदणी जी, जड़िया बाई के कान मरोड़ना तो दूर, उसे एक लफज तक ना कहेंगी। शन्नो, मत भूल कि जड़िया बाई सात भाइयाँ कै बीच एकली भैण (बहन) है।"

भगीरथ के खरे वचन सुनते ही शन्नो अपने लम्ब-तड़ंग शरीर को लिए दौड़ती-सी नोहरे के छोटे दरवाज़े से निकलने की कोशिश करने लगी। किसी तरह टाँगों और हाथों को निकालने के बाद जब उसने अपने बड़े पेट को बाहर धकेला, तो रास्ते पर चारों खाने चित धैड़-सी जा पड़ी! दुपट्टा फटा सो अलग, मारे शर्म के वह चारों ओर देखती हुई फुर्ती से उठी और 'टीचरनी बेबे' की ड्योढ़ी में जा घुसी।

वहाँ घुसते ही वह देखती क्या है कि जड़िया बाई आँगन की तिरबारी में बनी दुछत्ती की सतह पर चित लेटी है और उसके ऊपर एवं अगल-बगल कई 'बिलोटने' लोट-

पलोट कर रहे हैं। जड़िया कभी किसी बच्चे के मुँह में उँगली डाल रही है तो किसी के मुँह से मुँह अड़ाकर उसे चूम रही है, तो किसी को छेड़ती हुई उसे ऊन के गोले की तरह 'घथोलती' हुई उन सबके साथ एकाकार है। शन्नो ने यह भी देखा कि दुछत्ती के दूसरे कोने में कलकत्ते के 'ह्वाइटवे लैडला स्टोर' से लाई हुई बच्चों को दूध पिलाने की एक महँगी बोतल भी इधर से उधर लुढ़क रही है।

जड़िया को उस समय न तो दीन की ख़बर थी, न दुनिया की, फिर भला उसे कैसे अंदाज़ होता कि उसे देखने के लिए किसी मारवाड़ी नगरसेठ के मुनीम-गुमाश्ते आए हुए हैं? वह तो उस समय त्रिलोक के आनंद से भी बढ़कर परमानन्द सागर में भीतर तक घुसी हुई, डूब-तर रही थी।

शन्नो ने उसके उलझे-पुलझे बाल और बुरी तरह मुड़े-तुड़े फ्रॉक को देखकर अपने सिर पर दोहत्थड़ मारा और चीख़ते स्वर में कहा, ''जड़िया बाई, जल्दी से नीचे उतरो। या रब! यह क्या हाल बना रखा है आपने? हाय रे, मैं तो मरी रे! आज तो मेरी खैर नहीं! देखना, सिठानी जी मेरी ऐसी गत बनाएँगी कि मुझे मेरे सात पुरखे याद आ जाएँगे और नौकरी जाएगी सो सवाय में।''

शन्नो के उतरे मुँह से कुछ और निकलने के पहले ही जड़िया उससे सटती-सी धम्म से नीचे कूदी, तो शन्नो एकदम घबड़ा गई। उसे लगा, हो न हो, यह बला की शैतान लड़की ज़रूर ही मुँह के बल सीधी ज़मीन पर आ पड़ेगी। पर जड़िया! वह न केवल ज़मीन पर सीधी की सीधी खड़ी रही, बल्कि शन्नो को रोने-झींकने का समय दिये बिना ही, चीते जैसी फुर्ती से आधी-पड़दी चप्पलें पैरों में डाल 'दड़ा-छंट' आगे बढ़ ली।

बेचारी शन्नो उससे कदम मिलाने की कोशिश में हाँफती हुई उसे 'उपदेसने' लगीः ''जड़िया बाईऽऽ... इतने बड़े घर की बेटी होकरऽऽ... आपका इन घरों में यों कुदक्कड़े मारनाऽऽ... अच्छा नहीं लगता।''

शन्नो की बात के जवाब में निर्मल उजली जड़िया ने सादगी से अपनी बड़ी आँखों की घनी पलकें ऊपर उठाईं और वादियों में बजती घंटियों जैसी मधुर कंठ-ध्वनि से बोली, ''बेबे! जब से बिल्ली ने बच्चे जाए हैं, तब से तो मैं यहाँ रोज ही आऊँ हूँ और इसके पहले बगल वाली 'सुरसती' के यहाँ कुतिया के छोटे पिल्लों को खिलाने जाती थी। बेबे, मुझे इन सबमें बड़ा मज़ा आता है, पर तुझे क्या हुआ? तू इत्ती डरी हुई क्यों है?''

इसके पहले कि शन्नो जड़िया की बात का कोई जवाब देती, 'दस पहल की चौखट' के ऊँचे दरवाज़े के पीछे खड़ी सेठानी जी ने जड़िया का हाथ पकड़कर उसे झटके से अपनी ओर खींचा और उसकी पीठ पर हल्का-सा धौल जमाती हुई बोलीं : ''हे भगवान! रक्षा करना। इस महारानी के ऐसे 'डोल' देखकर कहीं पाहुने वापस न चले जाएँ।''

शायद उन भोली सेठानी जी को यह पता नहीं था कि उनकी बेटी शकुन्तला, द्रौपदी, रम्भा और उर्वशी समेत समस्त रूपसियों के रूपों का अर्क़ अपनी सुंदरता में समेटे हुए है, जिसे किसी भी पारखी जौहरी की नज़रें तुरन्त पहचान लेंगी।

सेठ जी की पुकार पर उन्होंने धीरे से जड़िया को हवेली की लम्बी-चौड़ी बैठक में ठेल दिया और बाप-दादा के सिरचढ़ी, सात भाइयों की लाडो जड़िया हिरणी-सी कुलाँचें भरती हुई बैठक के गद्दे पर मसनद के सहारे बैठे अपने बाबा जी की गोद में बेख़ौफ़ जाकर बैठ गई। इतना ही नहीं, वह उनसे उन तीन आगन्तुकों के बारे में भी पूछने लगी, जो बाबा जी के बराबर में सम्मानसूचक स्थानों पर बैठे हुए थे।

उस ज़माने में ऐसी बेबाक़ी कल्पनातीत थी, पर इस अचम्भे से बड़ा अचम्भा यह घटा कि मंडावा के नगरसेठ के पीढ़ियों पुराने मुनीम जी और उनके साथ आए नाई और पुरोहित सब एक साथ मंत्रबिद्ध-से उठे और उन्होंने कन्या जड़िया के हाथ में आशीर्वाद के मंत्रों के साथ चाँदी का एक रुपया और 'मोली' बँधा नारियल दे दिया।

नारियल और रुपये को हाथ में पकड़े संस्कारशील जड़िया ने अपने बाबा जी की ओर प्रश्नसूचक दृष्टि से देखा और उनकी थपकी का इशारा समझकर तुरन्त उठी और तीनों को पैर छूकर प्रणाम करने लगी।

तीनों महानुभावों के चेहरों पर आश्चर्य घिरा देखकर जड़िया के पिता केदारनाथ जी ने सफ़ाई दी : "मुनीम जी साय, हम लोगों का ज़्यादा कारोबार कलकत्ते में होने के कारण जड़िया भी वहाँ आती-जाती रहती है, बल्कि हक़ीक़त तो यह है कि मैंने वहाँ के एक प्रतिष्ठित स्कूल में इसका नाम भी लिखवा रखा है। कलकत्ते के बहुतेरे सम्भ्रान्त बंगालियों में हमारी उठ-बैठ होने के कारण जड़िया ने भी आभिजात्य बंगालियों की तरह ही बड़ों के पैर छूकर प्रणाम करना सीख लिया है।"

इस कथन से प्रभावित मुनीम जी भाव-विभोर होकर जड़िया को और आशीर्वाद देने की सोचते हुए बाबा जी की ओर मुड़े, पर तब तक तो जड़िया वहाँ से उड़न-छू हो चुकी थी और हवेली से सटे नुक्कड़ पर 'पिट्ठू' खेलते हुए लड़कों की सिरमौर बनी हुई, 'पिट्ठू' पर 'पिट्ठू' जीतती जा रही थी।

जड़िया की यह जीत पहले से जीतते कानोड़िया गली के श्रेष्ठीपुत्र कन्हैया कानोड़िया को बिलकुल नहीं सुहाई, इसलिए उसने रुंगस (बेईमानी) खाकर एक पिट्ठू जीत लिया। वहाँ मौजूद बाकी के लड़के तो कन्हैया के डर से चुप रहे, लेकिन जड़िया की तेज़ नज़रों से उसकी बदमाशी छिपी न रही। उसने उसकी कमीज को सामने से खींचकर उसे झटका देते हुए ज़मीन पर चित पटक दिया। पलक झपकते ही वह अपने से पाँच-छः साल बड़े उस किशोर की छाती पर बैठी उसे डुक्के (छोटा मुक्का) पर डुक्के मारती नज़र आई। पास खड़े लड़के चिल्लाए जा रहे थे : 'जड़िया, वो कन्हैया ना है', पर जड़िया तो गुस्से से बावली और बहरी हुई उस लड़के को कूटे जा रही थी। आश्चर्यजनक ढंग से वह लड़का भी मिट्टी का माधो बना हुआ बिना किसी प्रतिवाद के उसकी मार खाए जा रहा था।

जब कन्हैया समेत कई लड़कों ने उस भले लड़के को जड़िया की ग़िरफ़्त से छुड़ा कर कहा कि 'जड़िया, यह लड़का तो कन्हैया के रिश्तेदार के ब्याह में बाहर-गाँव से आया पाहुना है', तो बजाय माफ़ी माँगने के जड़िया ने एक ज़ोर का 'चट्टू' कन्हैया के

गाल पर जड़ कर कहा : ''पहले क्यों नहीं बताया? चोट्टा कहीं का!'' और फिर उस अपरिचित लड़के के कंधे पर सांत्वना का हाथ रखकर बोली : ''तुम बीच में बोले क्यों नहीं? मुझे क्या सपना आता था कि तुम कन्हैया को बचाने के लिए उसके सामने आकर खड़े हो गए हो? सच कहूँ, तो तुम एक नम्बर के 'गावदी' हो।''

इसके पहले कि अचकचाया-सा वह लड़का जड़िया से कुछ कहता, जड़िया तो हवा की गति से उस दृश्य से ही गायब हो गई थी। विस्मयकारी है यह तथ्य कि कुछ क्षण बाद ही उसे जड़िया अपनी हवेली की डागली छत पर खड़ी पतंग उड़ाने की तैयारी करती दिखी। जड़िया की त्वरित गति से नावाक़िफ़ वह लड़का यह सोचकर हैरान हो रहा था कि आख़िर वह इतनी जल्दी ऊपर पहुँची कैसे? क्या उसे किसी बड़ी चील ने नीचे से उठाकर ऊपर पहुँचा दिया है; या वह 'नीचे वाली लड़की' कोई और थी, और यह 'छत वाली' कोई और है? या यह भी हो सकता है कि ये जुड़वाँ बहनें हों?

अपने मस्तिष्क में घिरते इन प्रश्नों के संजाल को एक ओर सरकाकर वह लड़का वापस उस छत की ओर देखने लगा, जिस पर खड़े छोटे नौकर पहलाद ने माँझे की बड़ी लटाई पकड़ रखी थी और सिठानी जी की खास आया पन्ना पतंग में काणे डालती जड़िया की सहायता कर रही थी।

देखते ही देखते जड़िया की ख़ूबसूरत पतंग साफ़ नीले आकाश में अपने तेवर दिखाने लगी।

भरी भिवानी में यह बात ख्यात थी कि जड़िया के पैंतरे अच्छे-अच्छे पतंगबाज़ों को भी मात देते हैं। जब वह 'कालबेलिया' की तरह लचकती हुई अपनी पतंग को कलाबाज़ियाँ खिलाकर बचा ले जाती, तो देखने वाले दाँतों तले अँगुली दबा लेते। उसके पतंग-चातुर्य को देखकर लगता था कि उसने जन्म से लेकर आज तक सिर्फ़ पतंग उड़ाने की ही दीक्षा ली है। उसके नयनाभिराम पतंग-खेल को देख बच्चे-बड़े-सब! अपनी सुध-बुध खोकर सड़क पर चलना भूलकर खड़े रह जाते और एक तार टकटकी बाँधे जड़िया की पतंग-क्रीड़ा को देखने में निमग्न हो जाते।

दोपहर ढलने को थी। उस पूर्वमुखी हवेली की पीठ पर सूर्य देवता अस्ताचलगामी हो रहे थे और अपने सम्पूर्ण यौवन को अनुराग की लालिमा और राजसी वैभव के सुनहलेपन से भरकर सहस्र हाथों से लुटा रहे थे। उस संधि-बेला में अचानक ही जब तन्वंगी जड़िया पतंग काटने के चक्कर में, छत की नीची मुँडेर पर, आधी से ज़्यादा सड़क की ओर झुक गई, तो धरतीवासियों को लगा, मानो माणिक-भरे तालाब में सोने की कुमुदिनी खिल गई हो! साथ ही उस एक क्षण के सहस्रांश में पहलाद, पन्ना की ही नहीं बल्कि सड़क पर खड़े राहगीरों और जड़िया के साथियों की साँसें भी रुक गईं। यहाँ तक कि उस क्षण सबको घर लौटते पक्षियों का कलरव भी थमा हुआ-सा लगा, लेकिन तभी उस प्रत्युत्पन्नमति जड़िया ने पेड़ की लचकती डाल की तरह पीछे की ओर हिचकोला खाया और सीधी खड़ी होकर ज़ोरों से हँसने लगी। उस ठहरे क्षण में ऐसा प्रतीत हुआ,

जैसे उसके लाल दाड़िम–से होंठों के बीच से झाँकती बगुलों–सी सफ़ेद दंतपंक्ति ने धरती के जीवों को ही नहीं, सूर्य देवता को भी अपने आकर्षण से बींध लिया है और वे भी अस्त होना भूलकर जड़िया को निहारे जा रहे हैं, लेकिन इन सब हलचलों से बेख़बर, बेध्यानी जड़िया ने पहले तो दोनों नौकरों के कंधों पर आत्मीयता का हाथ रखकर उन्हें आश्वासित किया और फिर उनके कान में फुसफुसाकर कहा : ''इस ज़रा सी बात को माँ–बाबू जी से नहीं कहना चाहिए, नहीं तो वे ख़ाहमख्वाह ही परेशान होंगे।''

आठ वर्ष की कम उम्र में ऐसी समझदारी? पर जड़िया तो जन्मना ही 'बड़गर' ठहरी!

सड़क पर औरों के साथ ही बेबात मार खाया वह गम्भीर सुदर्शन पाहुना भी इस पूरे घटनाक्रम में जड़िया की विद्युत–सी त्वरा को देखकर अभिभूत और भौंचक था। आज से पहले उसने न तो अपने गाँव में और न ही किसी शहर में ऐसी लड़की देखी थी। वह लगातार सोचे जा रहा था कि आख़िर यह पटाख़ा लड़की है कौन? यह मारवाड़ी तो हो ही नहीं सकती, क्योंकि लड़कों से भी बढ़–चढ़कर खेलना और अन्याय के ख़िलाफ़ मारा–पीटी करना हमारे परिवार की लड़कियाँ तो सपने में भी नहीं सोच सकतीं। यह ज़रूर ही किसी बड़े पंजाबी घराने की सिर–चढ़ी औलाद होगी। वैसे इसकी सुन्दरता, रंग–ढंग और बनाव–उठाव से तो लगता है कि यह सिक्ख परिवार से होगी, जहाँ इसके हट्टे–कट्टे भाइयों ने इसे वर्जिश आदि करवाकर इतना मज़बूत और निर्भीक बना दिया है, पर जो भी हो, लड़की है जब्बर! आख़िर अपने से बड़े लड़कों को इस तरह धूल चटा देना कोई मज़ाक नहीं है।

जड़िया के चारों ओर घूमते विचारों और दृश्यों का यह सिलसिला उस अतिथि के दिमाग और आँखों में ख़त्म होने का नाम ही नहीं ले रहा था। 'हरि अनन्त हरि कथा अनन्ता' की तरह ही उसका मन भी कल्पना के ताने–बानों से 'जड़िया–कथा' की चादर बुनता जा रहा था और वह अवश–सा साक्षी–चेता की तरह उसे देखे जा रहा था।

वह बार–बार अपने सिर को झटकते हुए सोचता कि इस छोटी–सी घटना ने उसे इतना उद्वेलित क्यों कर दिया है? पर उसका यह प्रश्न पूरे अन्तरिक्ष तक गूँज कर अपनी प्रतिध्वनि को दोहराता हुआ उत्तरहीन लौट आता। अपनी तीव्र मेधा और प्रखर बुद्धि के कारण सारे सवालों के उत्तर पाने का आदी वह लड़का श्रीनिवास एक विचित्र प्रकार की बेचैनी से घिर गया था, जिसके केन्द्र में थी,–वही लड़की, जिसे सब 'जड़िया' कहकर सम्बोधित कर रहे थे।

कानों सुनी नहीं, आँखों-देखी बात है कि श्रीनिवास के जन्मते ही उसकी दादी दो बहनों के बाद उसके पैदा होने की ख़ुशी में जोश से भरी हुई चाँदी का बड़ा थाल बजाने लगीं। वंशबेल बढ़ने के जोश में वे थाल पर इतनी ज़ोरों से बेलन मारने लगीं कि कई-एक बेलन टूट गए। आज यदि दादी के उत्साह का ज्वार अपनी जदों को तोड़कर हरहराता हुआ खेत, खलिहानों, टीबों (टीलों) और बाड़ों में तेज़ी से घुसा जा रहा था, तो इसमें अनहोनी क्या थी? आख़िर ढेरों पूजा-पाठ और मन्नतों के बाद भगवान ने उनकी विनती सुनी थी और नगरसेठ के ख़ानदान को रौशन करने वाला चिराग़ उनकी बड़ी हवेली को अपनी रोशनी से जगमगाने आ गया था।

उनके पति जोखीराम जी माँ-बाप की इकलौती संतान थे, और उनके भी एक ही बेटा पैदा हुआ था—शिवदत्त राय। हालाँकि शिवदत्त राय की बहू की कोख से पहले दो बेटियों का जन्म हो चुका था और बड़ी सैठाणी जी ने कभी भी बेटियों की जावा को दुर-दुर, छी-छी न कर उन्हें अपनी छाती से लगाकर यही कहा था : 'हमारे घर को और भी समृद्धि से भरने लक्ष्मी जी स्वयं आई हैं।' यह बात वे सिर्फ कहने भर को ही नहीं कहती थीं, बल्कि इस पर विश्वास भी करती थीं, क्योंकि उन्होंने पूरे मन से अपनी दोनों पोतियों के पुकार नाम ऋद्धि और सिद्धि रखे थे, लेकिन उनके हृदय के अंतरंग कोने में एक चाहत! अपने वंश के नाम के बढ़ने की भी छिपी हुई थी। यही वजह थी कि आज उनके आनंद की नदी अपने सारे बाँध तोड़कर बहना चाह रही थी और बड़ी सैठाणी जी उसे पूरी रवानी से बहने देना भी चाहती थीं।

सैठाणी दादी उछाह में लम्बे-लम्बे डग भरती हुई ड्योढ़ी में आईं और उन्होंने मुनीम जी को हिदायत दी कि वे तुरंत ही एक तेज़ हरकारे को भेज कर कालीचरण मास्टर जी को, जो कि ज्योतिषशास्त्र में भी पारंगत थे, बुला भेजें।

पलक झपकते ही सैठाणी दादी के हुकुम को सिर-माथे पर धरे कालीचरण जी उनकी ख़िदमत में हाज़िर हो गए। अपने बेटे शिवदत्त राय के 'दाँई' (बराबर) का होने के कारण, सैठाणी जी उन्हें 'जी- कारे' से न बुलाकर कालीचरण ही पुकारती थीं, और मास्टर जी भी उन्हें 'माजी' कहकर ही सम्बोधित करते और लाख बरजने पर भी उनके पैर छूकर प्रणाम करते थे।

उन्हें पीढ़े पर बिठाने के बाद सैठाणी दादी ने हुलसकर कहा : "कालीचरण जल्दी से बता कि आपणो चिरंजी कूण सै 'पाए' जनमियो है?"

सैठाणी जी का प्रश्न सुनते ही कालीचरण जी ने तुरन्त उत्तर दिया : "माजी! सोने के 'पाए'।"

इस उत्तर के साथ ही उन्होंने बार, मूलाँ, 'शनि' और न जाने क्या-क्या दशाएँ उस नवजात शिशु पर बता दीं। इस गणना से घबराई हुई सैठाणी दादी का उच्छ्वास 'हे भगवान!' सुनकर उन्होंने उन्हें आश्वासित करते हुए इन दशाओं के निराकरण के उपाय भी बता दिये।

उन उपायों में मुख्य थे : 'बच्चे के वज़न के बराबर की चाँदी के ऊपर चालीस भरी सोने की 'बेमाता' की मूर्ति, दो बड़े पीपे घी, पाँचों मेवों के साथ दस किलो बादाम की गुल्ली, एक कश्मीरी शॉल, एक दुशाला, सोड़-सोड़िए, जच्चा का भारी पीला (ओढ़ना), बच्चे के छोटे-बड़े गरम-ठंडे कपड़े और बच्चे के पिता की माप का जैकेट का ऊनी कपड़ा।'

आगे उन्होंने कहा : "इन सामानात को नवजात शिशु का हाथ लगवा कर उसे किसी अच्छे ब्राह्मण को दान करने से सारी दशाओं का प्रकोप ख़त्म हो जाएगा।"

पुरानी रूढ़ियों के अनुसार 'सोने का पाया' माँ-बाप को बहुत भारी माना जाता है, इसलिए बड़ी सैठाणी जी को यह दान वांछित ही लगा।

तभी बगल में बैठी घरु मिसराणी जी ने पूछ लिया : "पंडित जी! म्हारे घर मै दान-वान की तो कोई ख़ास बात ना है, पर आप यो तो बताओ कि बच्चे को 'योग' के है?"

अँगुलियों पर गणना किए बिना ही कालीचरण जी का उत्तर था : "यह बच्चा बहुत ही सौभाग्यशाली है। इसकी कुंडली के चक्र और ग्रह दिखा रहे हैं कि यह योगों में श्रेष्ठ राजयोग का अधिकारी है।"

बड़ी सैठाणी जी तेज़ी से उठीं और कालीचरण मास्टर जी के जाते ही उन्होंने तुरत-फुरत बाहर बैठक में ख़बर भिजवाई। ख़बर पहुँचने के साथ ही मुनीम जी के ख़ँखारे के साथ उनका 'जी-कारा' सुनाई दिया : "घणी खम्मा माजी!"

मुनीम जी का संबोधन सुनकर, झीने पर्दे की आड़ में बड़ा सा घूँघट काढ़े दादी जी साल से तिरबारी में आईं और उन्होंने कालीचरण जी का लिखा हुआ पुर्ज़ा, बिना कुछ कहे मुनीम जी के हाथ में दे दिया। एक नज़र में ही उसका मज़मून पढ़ कर मुनीम जी ने हल्का-सा मुस्कुराते हुए कहा : "हुकम! इसे अभी पूरा करता हूँ।"

दादी ने भीतर बड़ (घुस) कर ओढ़ना उतारा भी न था कि साँवरिये नाई की भू (बहू) दौड़ती-सी आई और बोली : "सैठाणी जी! बड़ी ही खुसखबरी है। ठीक आपणै बाबू की टेम पर ही गुरु जी (कालीचरण जी) कै भी बेटो होयो है।"

यह ख़बर सुनते ही सैठाणी दादी खुशियों से उमगी हुई उठीं और ढेर सारा कटा हुआ बादाम और अमृतसरी गोंद तलवाने के बाद, उन्होंने उसे केसर डले बूरे (पकी चीनी)

के टेनिए में मिलाया और उस पर गोटा लगा हुआ पीले रंग का थाल-पोश ढक कर बधाई गाती हुई मिसराणी जी के साथ मास्टर जी के घर जा पहुँचीं।

कालीचरण जी की माँ ने 'आओ जजमान, पधारो। धण भाग म्हारा, जो आज थारो पगफेरो (शुभागमन) म्हारी झोंपड़ी में होयो। थानै (आपको) भी पोत्त की भोत-भोत बधाई। थारो चिरंजी जुग-जुग जीव, माँ-बाप नै सुख देव' आदि मंगलाचरणी वाक्यों से उनका स्वागत कर, उन्हें पीढ़े पर बिठाने के बाद, वे उनके लिए एक चमकते पीतल के गिलास में गर्म दूध और मेवा लेकर आईं।

सैठाणी जी ने हाथ जोड़कर जापे (प्रसूति) के घर में कुछ न खाने की अपनी असमर्थता पर माफ़ी माँगी, और बोलीं : "गुरुआइन जी! आपकै तो बड़ो खरचो आ गयो। पोतो सोन्ने के पाए पैदा होयो है?"

इस पर गुरुमाता ने एकदम सरलता से उत्तर दिया : "नहीं-नहीं जजमान! इम्मै कोई भूल है। यो बच्चो तो भोत ही बढ़िया मुहूरत मै पैदा होयो है।"

सैठाणी जी ऊकचूक और निर्बोली होकर सुन तो रही थीं, पर उनका माथा काम नहीं कर रहा था कि 'भोत ही बढ़िया मुहरत मै कैसे?' कि तभी बगल के कमरे में उनकी बातचीत सुनते हुए कालीचरण मास्टर जी बाहर आए और स्पष्ट शब्दों में बोले : "सैठाणी माजी! माँ सही कह रही है। पर आप तो समझदार हैं, ज़रा सोचिए, यदि मैं आपके पोते को 'सोने के पाए' न बताता, तो मेरी पत्नी की जच्चगी का ख़र्च कहाँ से आता? दान वाली बात को छोड़कर कुंडली की बाक़ी सारी गणनाएँ एकदम ठीक हैं। आपका पोता बड़ा होकर बहुत ही यशस्वी होगा। इसके चक्र इतने प्रबल हैं कि यह न केवल धनी, बल्कि अत्यधिक बुद्धिमान भी होगा, क्योंकि इसके धनयोग और बुद्धियोग दोनों ही शिखर पर स्थित हैं। आप धन्यभागी हैं कि आपके घर ऐसा पुत्ररत्न उत्पन्न हुआ है, जो आपका ही नहीं, पूरे गाँव का मान बढ़ाएगा। ये सारी बातें ध्यान में रखकर ही मैंने इसका नामकरण 'श्रीनिवास' कर दिया है।"

सैठाणी दादी घुटने पर हाथ रखकर उठीं और कालीचरण जी के सिर पर प्यार-भरी चपत लगाकर बोलीं : "तू मेरो बदमास बेटो है, बधाई ले," यह कहने के साथ ही उन्होंने पीले (ओढ़ने) के पल्ले में बँधी गिन्नी खोली, और मास्टर जी के हाथ पर धर दी।

मास्टर जी ने उठकर उनके चरण-स्पर्श किए और उन्हें छोड़ने दरवाज़े तक आए।

लौटते हुए जब मिसराणी जी सारे रास्ते कालीचरण जी को धोख़ेबाज़, दस नम्बरी आदि कहकर बड़बड़ करने लगीं, तो धीर-गम्भीर सैठाणी जी ने कहा : "मिसराणी जी, सच्ची पूछो, तो इत्ती बड़ी बात, सच्चाई सै बता कर, कालीचरण मेरो मन जीत लियो।"

मिसराणी जी ने इसे सैठाणी जी की बेवकूफ़ी माना और भीतर ही भीतर अपने माथे पर दोहत्थड़ मारकर उनके साथ हो लीं, लेकिन उस बेचारी को बड़ों के बड़प्पन का अंदाज़ कैसे होता? वे कैसे समझतीं कि इस बात में मनुष्य मात्र को समग्रता में समझने की कितनी

बड़ी बात छिपी है? उनके हिसाब से तो सैठाणी जी को तुरन्त ही अपने उलाहनों से गुरुमाता की छोत (इज़्ज़त) उतार देनी चाहिए थी, और यहाँ ये देवी जी फ़रमा रही हैं : 'सच्चाई सै बात कहके!' अरे, काम बेईमानी के और बचन सच्चे! क्या 'मतबल' है इसका? अंत में जब उनका पेट फूलता ही गया, तो उनसे रहा नहीं गया और उन्होंने सैठाणी जी से अपने मन का पाप कह डाला।

हवेली आ गई थी इसलिए दादी जी ने उन्हें बिठाकर ठीक से समझाया कि "मिसराणी जी, असल में गलती मेरी ही है। मुझे ध्यान रखना चाहिए था कि कालीचरण के घर में भी जच्चगी होने वाली है। यह तो ख़ैर मनाइए कि घर का बच्चा होने के कारण उसने सही कुंडली बना दी, और सारी बातें पूरी सच्चाई से कह दीं। मिसराणी जी! ऐसी बातों को साफ़-साफ़ स्वीकारने के लिए बहुत साहस चाहिए और यह काम कोई सच्चा और धार्मिक व्यक्ति ही कर सकता है। ज़रा सोचिए कि कालीचरण की जगह यदि कोई और धोख़ेबाज़ पंडित होता, तो वह ऊटपटांग कुंडली बनाकर अपने से जीवन भर पूजा-पाठ और ग्रह-शान्ति के नाम पर धन तो ऐंठता ही रहता, ऊपर से अपने लोगों के मन को भी चिन्ताओं से घेरे रखता। इसलिए आप भी इस बात का मरम समझकर मन को शांत कर लीजिए।"

मिसराणी जी झूठे-सच्चे गरदन तो हिलाती रहीं, पर वे उस गहन-गंभीर उक्ति का मर्म कितना समझीं, यह उन्हें देखकर समझना कठिन था।

'ऋद्धि सिद्धि सरस्वत्या सह श्रीः' के अनुसार ही बड़ी सैठाणी ऋद्धि-सिद्धि-सरस्वती और लक्ष्मी के गुणों का समन्वित रूप थीं, इसलिए उनकी साधारण ढंग से कही गई यह बात भी गहरा-गम्भीर अर्थ रखती थी।

यह सच है कि बाद में कालीचरण जी के लिए की गई उनकी टिप्पणी और कालीचरण जी की श्रीनिवास के बारे में की गई भविष्यवाणी—दोनों ही शत-प्रतिशत सिद्ध साबित हुईं, क्योंकि कहने भर को ही नहीं, हक़ीक़त में भी श्रीनिवास लाखों में एक माना गया। वह रूप में, रंग में, कद में, काठी में, पढ़ाई में, लिखाई में, घुड़सवारी में, बंदूक चलाने में अर्थात् सारी कलाओं से परिपूर्ण एक ऐसा चाँद सिद्ध हुआ जिसने न केवल मंडावा की हवेलियों और बाग़ीचों को अपनी शीतल ज्योत्स्ना से प्रकाशित कर दिया, बल्कि आसपास के गाँवों और उसके आगे जयपुर शहर तक अपनी रोशनी फैला दी।

शरद् का यह पूर्ण चन्द्र श्रीनिवास अब बड़ा हो रहा था और उसे अपने पिता शिवदत्त राय जी की सख़्ती बिलकुल नहीं सुहाती थी, इसलिए उसने कोई और चारा न देख अपने बाबा जी को दिसावरी (परदेस) जाने से रोकने के लिए उन्हें बैठक की कोठरी में बंद कर दिया था। सैठाणी दादी और माँ चम्पा आँगन पार वाली तिरबारी में बैठी चुगना-बिनना कर रही थीं कि उन्हें कोठरी से आती ये धीमी-धीमी आवाज़ें सुनाई दीं :

सांकल की झनन्, कुंडी की खट्, और किवाड़ों को पीटने की थाप के साथ ही मिन्नत करती आवाज़ सेठ जोखीराम जी की : "अरे निवासिया बाबूड़ा रे, दरवाज्जो खोल बेटा! देख, बाबो जी को कंठ सूखै है।"

"ना, ना, और ना। बाबो जी, सोगन (कसम) खाओ कि थे कलकत्ता नई जावोगा?" प्रत्युत्तर इकलौते लाडले पोते श्रीनिवास का।

सैठाणी दादी ने ये आवाज़ें कान के नीचे मार दीं, क्योंकि उन्हें पता था कि यह प्रश्नोत्तरी हर बार जोखीराम जी की दिसावरी के समय उनके लाडले पोते श्रीनिवास और उनके बीच होती है और इसका एकमात्र कारण थे श्रीनिवास के पिता शिवदत्त राय, जिनके सख़्त मिज़ाज से श्रीनिवास की रूह काँपती थी।

उस समय के रिवाज़ के अनुसार श्री जोखीराम जी और शिवदत्त राय जी छः-छः महीने की दिसावरी (कमाई) के लिए कलकत्ते जाते थे। पिता शिवदत्त राय जी अत्यधिक कठोर अनुशासक थे। उन्हें असंभव मेधा के धनी श्रीनिवास का लकीरें तोड़ना बिलकुल नहीं सुहाता था, जबकि बाबा जोखीराम जी श्रीनिवास को पूर्णता से परखते थे। अनुभवसिद्ध होने के कारण उन्होंने जान लिया था कि श्रीनिवास जैसे बच्चे अपने रास्ते की लकीरें ख़ुद बनाकर कैलाश शिखर तक पहुँचने का माद्दा रखते हैं। उन्हें किसी और के नक्शे-क़दम पर चलना ग़वारा नहीं होता, तभी तो उसने इस छोटी उम्र में ही कक्षा में अव्वल आते हुए, हिन्दी-अंग्रेजी के साहित्य के साथ ही विज्ञान की भी ढेरों किताबें पढ़ डाली थीं। उन्हें याद था कि जब वह सात साल का था, तभी उसने गाँव में आए दिल्ली के एक जादूगर के पानी में करंट पैदा करने वाले कमाल का एक झटके में पर्दाफ़ाश कर दिया था। जिस हाथ की सफाई को बड़ी उम्र के लोग भी नहीं पकड़ पाए थे, उसे उसने अपने साधारण ज्ञान से चुटकियों में हल कर दिया था।

हुआ यों था कि वह जादूगर पूरे नाटक और तामझाम से आकाश की ओर हाथ जोड़कर बिजली का आह्वान करता और लोगों से कहता : 'अब वे सामने रखे कुंडे वाले पानी को हाथ लगाएँ।' उसके निर्देशानुसार जैसे ही कोई उस कुंडे के पानी को हाथ लगाता, बिजली का करंट खाकर पीछे लुढ़क जाता। बात ख़ासे अचरज की थी, इसलिए सीधे-सादे गाँव के लोग उस पर ख़ूब पैसे न्यौछावर किए जा रहे थे, पर उस ग़रीब को क्या अंदाज़ था कि इसी गाँव का एक बिगड़े माथे वाला छोटा-सा लड़का आज उसकी पोल खोल देगा।

श्रीनिवास ने पहले तो उसके चारों ओर तीन-चार चक्कर लगाए और फिर सीधे जादूगर के सामने रखे कुंडे के पानी में अपना पूरा हाथ एक मिनट तक डाले रखा। उसके पानी में हाथ डालते ही वहाँ ज़ोरों का कोहराम मच गया और किसी ने बाज़ार से दौड़कर हवेली में यह ख़बर कर दी, जिसे सुनते ही बेचारे जोखीराम जी अपने ज़ोरों से धड़कते दिल और पगड़ी को सँभालते हुए भागते-से वहाँ आए, लेकिन तब तक तो उन्हें गाँव वाले श्रीनिवास को अपने कंधों पर बैठाए जश्न मनाते नज़र आए। वहीं उन्हें पता चला

कि श्रीनिवास ने जादूगर के सामने आकर सीधे पानी के कुंडे में हाथ डाला और एक ख़ूब महीन बिजली का नंगा तार बाहर निकाल फेंका। दरअसल उस जादूगर ने एक लम्बे बिजली के तार का सामने का हिस्सा छील कर उसके महीन तार को कुंडे में डाल दिया था और बाकी के तार को रेत के अन्दर ही अन्दर दूर ले जाकर एक बिजली के बोर्ड में लगा दिया था। श्रीनिवास ने उसकी अटकल पकड़ ली और उसने उस तार को बोर्ड से निकालने के बाद यह कमाल कर दिखाया। जब सब लोग उसकी वाह-वाह करने लगे, तो उसने बहुत ही विनम्रता से कहा : ''यह बहुत ही साधारण-सी बात है और आप लोगों के ज्ञान के सामने कुछ भी नहीं है, पर चपला (चंचल) होने के कारण मेरी टेढ़ी बुद्धि यह सब भाँप लेती है।''

राजस्थान की गर्मी की दोपहरों और सर्दी की साँझों में, जब सारे बच्चे घरों में दुबके रहते, तब वह लुहार की मनुहार कर उससे सीसे' के 'छर्रे ढलवा लेता और पूरी दोपहर नोहरे की दीवारों पर गोल चक्कर बनाकर निशाना साधता रहता। वह जब कभी झूँझनू, चुरू, सीकर आदि पड़ोसी कस्बों की प्रतियोगिताओं में जाता, तो उसे देखते ही अच्छे-अच्छे निशानेबाज़ों के पसीने छूट जाते और उन्हें उसका गला मेडलों और हाथ ट्रॉफी से भरे दिखते। झूठ होगा यह कहना कि यह उनकी ख़ामख़याली थी, क्योंकि हर बार ऐसा ही घटता था। इसलिए अब लोग उसके नाम के साथ उपनाम की तरह यह जोड़ना न भूलते : 'एक नम्बर घुड़दौड़िया और पक्का निशानेबाज़।' कहना नहीं होगा कि यह 'उपनाम' श्रीनिवास पर एकदम सटीक बैठता था, क्योंकि वह बन्दा जब अपनी अरबी घोड़ी को नोहरे की चौड़ी डोली पर सरपट दौड़ाता, तो गढ़ से आए राजा के कँवर तक अश-अश करने लगते। वे कहते : ''श्रीनिवास श्रेष्ठी नहीं, राजपूत है। हम मैदान में जैसा घोड़ा नहीं दौड़ा सकते, वैसा यह नोहरे की डोली पर दौड़ा लेता है। हम विलायती बंदूकों से भी जो निशाना नहीं मार सकते, वह श्रीनिवास अपने देशी तमंचे से मार लेता है।''

श्रीनिवास को निशानेबाज़ी के लिए विशेष ख्याति उसके बिजली के तार में झूलते बल्ब के पतले तार को ज़ोरों से हिलाकर उस पर निशाना मारने की वजह से मिली थी। मंडावा और उसके आसपास के गाँवों में यह चर्चा आम थी कि :'भई, उसकी क्या बात! वह तो साक्षात् अर्जुन है अर्जुन! ज़रा सोचकर देखो, इस तरह हिलते हुए पतले तार को बींधना क्या मत्स्य-भेद-सा ही कठिन नहीं है?'

उसके पिता शिवदत्त राय उसके इसी तरह के करतबों को देखकर हमेशा आशंकित रहते थे। उन्हें भय था कि इस छोटी-सी उम्र में इतना ज्ञान इतना शौर्य इतनी समझ इतना आत्मविश्वास इतनी लगन अर्थात् प्रत्येक गुण अपने शिखर पर! इतने भारी भरकम गुणों का भार क्या यह साधारण सी हस्ती अपने वजूद में सँभाल पाएगी? क्या ये उपलब्धियाँ उसे अन्य युवाओं की तरह ही बिगड़ने के रास्ते पर नहीं डाल देंगी?

उनके ज़ेहन में वह दृश्य भी गहराई तक खुबा हुआ था जब एक दिन गाँव के स्कूल में आए हुए इंस्पेक्टर ने चुनौती देते हुए कहा था कि 'यदि आगामी वर्ष आपके गाँव का

कोई भी लड़का जयपुर में होने वाली 'मिडल' की परीक्षा में पास हो जाएगा, तो मैं आपके स्कूल को 'मिडल' तक करवा दूँगा,'' और उसकी चुनौती स्वीकार कर हेडमास्टर कालीचरण जी ने तुरन्त ही कह दिया था : 'ठीक है, अगले वर्ष श्रीनिवास 'मिडल' की परीक्षा देगा।'

अपने गुरु का यह भीष्म कथन सुनकर श्रीनिवास के हाथ-पैर फूल गए और वह घबराया-सा बोला : 'गुरु जी! आपने यह क्या वचन दे दिया? मैं पाँचवीं कक्षा का विद्यार्थी 'मिडल' का इम्तिहान कैसे दूँगा?'

पर वे ठहरे साक्षात् द्रोणाचार्य! उन्होंने उसके कंधे को थपथपा कर कहा : 'पढ़ाने वाला मैं और पढ़ने वाला तू! यदि तू खटने को तैयार है, तो समझ ले, अपनी नौका पार! वर्ना यदि मेरा नाम डूब गया, तो सोच ले, वह मेरे लिए मरे बराबर होगा।'

कहते हैं, 'गुरु-वचन' और भविष्य की चिन्ता से उद्वेलित श्रीनिवास ने घर आकर, जो पैट्रोमैक्स जलाया, तो उसे परीक्षा देने तक कभी बुझाया ही नहीं। सुबह छः से रात दस तक उसे गुरु जी पढ़ाते और फिर सारी रात श्रीनिवास उस पढ़े को कंठस्थ करता। उस समय उसे देखकर ऐसा लगता था मानो उसने 'गुडाकेश' की तरह ही नींद और भूख दोनों को जीत लिया है!

मिडल की परीक्षा देने के लिए जब श्रीनिवास जयपुर रवाना हुआ, तो जोखीराम जी पुलकित होकर कालीचरण को धन्यवाद दिये जा रहे थे, लेकिन श्रीनिवास की जान निकल रही थी।

तीन महीने बाद, जब मिडल के नतीजे आए तो?... औरों की तो बात ही क्या, स्वयं श्रीनिवास तक को विश्वास नहीं हुआ कि वह पूरे राजस्थान में प्रथम आया है, और अंग्रेज सरकार ने उसे सोने का एक मेडल भी दिया है। मेडल तो ख़ैर, ख़रे टंच सोने का था ही, पर सारा ज़माना इस आसमान से तारे तोड़ने वाली कहावत को सिद्ध होते देखकर दंग था।

श्रीनिवास में एक और ख़ासियत यह भी थी कि वह विज्ञान की पुस्तकों के वैज्ञानिक परीक्षण ज़मीनी-स्तर के प्रयोगों में करता रहता, और उसके कारनामे देखकर बड़े-बड़े दिग्गज तक दंग रह जाते।

ऐसे होनहार पोते पर जोखीराम जी रीझ-रीझ जाते, पर शिवदत्त राय जी इन सारे गुणों को उसकी कारस्तानियों के खाते में डालकर हर वक्त उसकी ज़बरदस्त पिटाई करते रहते।

एक दिन जब कालीचरण मास्टर जी ने शिवदत्त राय जी से श्रीनिवास पर उनके शाश्वत क्रोध की वजह पूछी, तो उन्होंने स्पष्ट शब्दों में कहा : ''देख कालीचरण! सारी दुनिया इसका सिर सुजाने (फुलाने) में लगी हुई है, पर मुझे इसकी तीव्र मेधा, असीम कर्मठता और चतुर्दिक सजगता सदा ही आशंकाओं और भय के घेरे में घेरे रहती हैं। मुझे लगता है यदि मैं भी इसका प्रशस्ति गायन करने लगूँगा, तो यह इतराकर पूर्णतः अमर्यादित आचरण करने लगेगा। एक ही लड़का होने के कारण तुम्हारी भाभी और मेरी माँ मेरे ओलै

(छिपकर) इस लाडेसर को हर वक़्त सिर पर बिठाए रखती हैं, ऐसे में मेरा यह कर्तव्य है कि मैं हर वक़्त इसे इसकी वक़त समझाता रहूँ, ताकि यह आकाश में न उड़ने लगे।''

उस ज़माने में रोज़ाना हवन और उपनिषदों का पाठ करने वाले शिवदत्त राय जी को समझाने में असमर्थ होने के कारण कालीचरण जी कभी भूले से भी श्रीनिवास की किसी भी गलती का ज़िक्र उनके सामने नहीं करते थे और हमेशा इस बात का ध्यान रखते थे कि जब शिवदत्त राय जी मंडावा में रहें, तो वे अधिक से अधिक समय श्रीनिवास को पढ़ाने के बहाने अपने घर में रख लें। हालाँकि श्रीनिवास वहाँ सारे दिन अपने जन्मदिन के साथी विनायक के साथ 'बरबंडी' मारता हुआ नाना प्रकार के खेल खेलता रहता था। यह बात इतर थी कि उसके खेल भी बुद्धिमत्तापूर्ण होते थे, यथा : 'फलाँ राजा कब हुआ था? उसकी ख़ासियत क्या थी? उत्तरी-दक्षिणी ध्रुव कहाँ है? उनकी ख़ासियत क्या है? एडीसन ने कितने आविष्कार किए? आइन्स्टीन का प्रसिद्ध आविष्कार क्या था? ऑथेलो किस नाटक का पात्र है? इसे लिखा किसने है?'

ये ढेर सारी जानकारियाँ श्रीनिवास को इसलिए हो गई थीं, क्योंकि वह विवेकानन्द की तरह ही तेज़ी से सब कुछ पढ़ डालता था। ऊपर से, पढ़ना उसका शौक़ नहीं, व्यसन था। ढेरों उच्चस्तरीय हिन्दी साहित्य पढ़ने के साथ ही उसने रवीन्द्रनाथ, शरत्चन्द्र और बंकिम को भी हिन्दी में पढ़ डाला था। फिर यह सोचकर कि अंग्रेजी साहित्य पढ़ना भी ज़रूरी है, उसने अंग्रेज़ी के ढेरों गौरव ग्रंथ पढ़ डाले थे। इसके बाद उसका रुझान विज्ञान की ओर हो गया और जब उसने विज्ञान की पुस्तकें पढ़नी शुरू कीं, तो धरती और आकाश को मिला दिया। एक दिन अचानक ही उसने अपना रुख़ इंजीनियरिंग की किताबों की ओर मोड़ दिया, और उसकी भी ढेरों-ढेर किताबें पढ़ डालीं, जिनमें अधिकतर जर्मनी में छपी अंग्रेजी किताबें थीं।

श्रीनिवास ने होश सँभालने के बाद से ही जोखीराम जी और शिवदत्त राय जी से अपने हर जन्मदिन पर सैकड़ों के हिसाब से किताबें उपहार में ली थीं और उन्हें अपने चौबारे (कमरे) में चारों ओर बनी हुई काँच के पल्लों वाली अलमारियों में सजा लिया था। जब उसका किताबी खज़ाना उनमें नहीं अँटा, तो उसने 'खाती' (बढ़ई) से पुस्तकालयों जैसी पहिएदार अलमारियाँ बनवा लीं और उन आलमारियों की दोहरी परत लगा ली। इसके अलावा भी उसने लोहे के मज़बूत संदूक़ों में किताबें भर-भरकर उन्हें अपने पलंग के चारों ओर इस तरह ठूँस लिया कि उसके क़िताबों भरे कमरे में ख़ुद श्रीनिवास को भी खोजना पड़ता था। आश्चर्यजनक बात यह थी कि वह अपनी ज़रूरत की कोई भी पुस्तक एक मिनट में निकाल लेता था। भगवान जाने, उसने इतनी सिलसिलेवार सूची कैसे बना ली! जो उस समय के जवान तो क्या, प्रौढ़ों तक के लिए भी एक अजूबा ही थी।

सीधी-सच्ची हक़ीक़त तो यह है कि उस लड़के श्रीनिवास की आदतें ही नहीं, वह स्वयं भी एक अजूबा ही था, वर्ना क्या कभी कोई अमीर मारवाड़ी बनिये का तेरह वर्ष का

लड़का 'मेरा रंग दे बसंती चोला' गाते हुए भगतसिंह की चिता वाली जगह से मिट्टी खोद-कर लाएगा और उसे अपनी तिज़ोरी में सँभाल कर रखेगा? लेकिन श्रीनिवास ने इसे इतनी ख़ूबसूरती से अंजाम दिया था कि किसी को कानों-कान ख़बर तक नहीं हुई थी।

क़िस्सा कोताह यह है कि एक बार वह कानोड़िया जी की बारात में फिरोज़पुर गया था। शाम को शहर घूमने की इजाज़त माँग कर वह ताँगे से हुसैनीवाला गाँव जा पहुँचा। बूढ़े ताँगेवाले ने उसे ऊपर से सतलज का वह किनारा दिखा दिया, जहाँ भगतसिंह और उनके साथियों को आधी रात के समय चोरी-छिपे जला दिया गया था।

चारों ओर सन्नाटा छाया हुआ था, पर निर्भीक श्रीनिवास बिना एक क्षण हिचके, गम्भीर कदमों से चलता हुआ उन शहीदों की चिताओं के स्थान पर जा पहुँचा। उसने उस जगह की परिक्रमा कर उन शहीदों की स्मृति को साष्टांग प्रणाम किया और फिर अपने तिरंगे थैले से, घर के बड़ों की लाई हुई गोमुख वाले गंगाजल की शीशी निकाली और उसे उस पवित्र स्थान पर छिड़क दिया, गोया वह उन आत्माओं को ठंडक पहुँचा रहा हो! इसके बाद उसने अपनी आँसू से भरी आँखों का धुँधलापन पोंछा और अपने थैले से छोटी-सी 'मिट्टी-खोदनी' निकाल कर बहुत ही नरमाई से वहाँ की मिट्टी खोदकर उसे अपने माथे पर लगाया और बची हुई मिट्टी को एक 'कश्मीरी पेपर मिशी' के डिब्बे में भरकर, उसे अपने थैले में सँभालकर रखने के बाद, वापस बारातियों के पास जा पहुँचा।

विवाह के हो-हुल्लड़ में न तो किसी को उसके उतरे चेहरे की परवाह थी और न ही उसके इतनी देर नदारद रहने की, इसलिए वह आराम से वापस सबमें रलमिल गया।

इन ढेर सारी विचित्रताओं का धनी श्रीनिवास जब कानोड़ियों के विवाह से लौटकर अपने गाँव मंडावा के पास पहुँचा, तो गाँव की सीमा से ही लोग उसे बधाइयाँ देकर उस पर आशीष-वर्षा करने लगे।

वह अवाक् होकर सोचे जा रहा था कि वह तो मात्र एक ब्याह में पाहुनदारी करके आया है, कोई गढ़ जीत कर तो लाया नहीं, फिर यह 'रमझोल' क्यों हो रही है? इन्हीं विचारों से घिरा जब वह हवेली के आगे ताँगे के रुकते ही कूद कर उतरने लगा, तो उसे अपने हाथ से बरजते हुए बड़ी सैठाणी जी वहाँ आईं और उसका 'आरता' उतारने लगीं। अपनी कमलनयनी आँखों में सैकड़ों प्रश्न भरे श्रीनिवास जब भी उनसे कुछ पूछने की कोशिश करता, तो दादी जी के मंत्र और मूसलाधार आशीर्वादों की बारिश होने लगती। ख़ैर, वह किसी तरह धैर्य रखे प्रतीक्षा करता रहा और दादी जी के लाड़-चाव पूरे होने के बाद जैसे ही उनके पैर छूकर उनसे अपना प्रश्न पूछने को हुआ! समझदार दादी जी ने बिना कहे ही उसके प्रश्न का उत्तर दे दिया।

उन्होंने उसे अपने गले लगाते हुए कहा : "लाड़कँवर बेटा! तेरो ब्याह पक्को कर दियो है। आँख पसार कर देख, आपणी हेली (हवेली) का दोन्नू आँगण लिछमी से भर्‌या पड़्या है। बेटा, जिस्सा तेरा गुण, बिस्सो ही तेरो भाग। बस, समझ ले कि तू राजा कै ई तोरण मार्‌यो है।"

पहेली अनबूझ होते हुए भी उत्तर साथ लिये थे। वह समझ गया कि उसकी अनुपस्थिति में उसका विवाह–संबंध पक्का हो गया है। पर कहाँ? किसके साथ? किनके यहाँ? राजा जैसे का क्या मतलब? क्या फतेहपुर वाले भरतिया? या मुकुंदगढ़ के सराफ? या नवलगढ़ के सेकसरियों और जयपुरियों में से कोई एक? फिर यह सोच कर कि जब बाबो जी और काको जी (पिता) ने यह रिश्ता तय किया है, तो बढ़िया ही होगा, मैं क्यों बेकार में माथा लगा रहा हूँ? उसने इस विचार को परे सरका दिया।

लेकिन इसके अतिरिक्त भी अन्य नाना प्रकार के विचारों से घिरा हुआ वह जब अपने चौबारे में घुसा, तो सारे विचारों के ऊपर तिरती एक छवि उसके अन्तर्मन से उचक-कर झाँकने लगी और वह अविश्वास से अपने–आपको जाँचता हुआ सोचने लगा : 'नहीं, यह मेरा मतिभ्रम है। मुझे उस 'जड़िया–फड़िया' से क्या लेना–देना? शायद उसका खुलापन मेरे लिए नया था, इसीलिए वह मेरी स्मृति में कौंधी है और उसकी कौंध?... वह तो मात्र मेरी पढ़ी हुई ढेरों कहानियों की पूर्वदीप्ति जैसी ही है, क्योंकि उस लड़की का मुझ पर तो कोई असर हो ही नहीं सकता।'

'हाथी-घोड़ा-पालकी, जै कन्हैया लाल की।
जै कन्हैया लाल की, जी, जै जड़िया जी लाल की।।'

भगीरथ चौकीदार शन्नो के इस प्रश्न : 'भगीरथ जी, मुझे तो जड़िया बाई के सात नहीं, तीन ही भाई दिक्खे हैं!' का जवाब दे ही रहा था कि तभी तीस फुट ऊँचे बड़े दरवाज़े से उसे 'हाथी-घोड़ा-पालकी' गीत का ज़ोरों का रोला (शोर) सुनाई दिया। चौकीदार भगीरथ अपना साफ़ा पकड़े और शन्नो अपने भारी शरीर को सँभालते हुए जब उस ओर भागे, तो उनकी नज़र जहाँ की तहाँ एक दृश्य पर थिर हो गई :

जड़िया के नाना जी ने कल ही जो पालकीनुमा-चीज़ कलकत्ते से लाकर जड़िया को भेजी थी, उसकी मखमली गद्दी पर जड़िया साक्षात् 'मल्लिका विक्टोरिया'- सी विराजमान थी, और उसके बालों में ऊपर से नीचे तक टँके हुए देशी गुलाब गमगमा रहे थे।

पालकी के सामने के दो लम्बे और पीछे के दो छोटे डंडों को राजा के चार कुँवरों-से नौजवानों ने अपने पुट्ठेदार कंधों पर रख रखा था। इस सवारी के साथ चलते गुलाब माली और फुल्लू कोचवान जड़िया पर लगातार गुलाब की लाल पंखुड़ियों की बारिश करते हुए उसका जै-जैकारा कर रहे थे।

हल्की गर्मी के कारण जड़िया की पतली गुलाबी त्वचा से खून की लालिमा झिलमिला रही थी, और जड़िया सकुचाई-सी अपनी धवल दंत पंक्ति की ज्योत्स्ना बिखेरती हुई, हँस-हँसकर अपना चेहरा और गरदन पेट में घुसाकर दोहरी हुई जा रही थी।

सौंदर्य-सम्राज्ञी की इस सवारी को पहले तो उन नौजवानों ने दरवाज़े के दोनों ओर बने हुए बाहरी बरामदों के चक्कर खिलवाए और फिर उसी साज़-बाज़ के साथ हल्ला-गुल्ला करते हुए वे हवेली के दोनों आँगनों में घूमने लगे।

अलसाई दोपहरी में जब बायीं ओर के छज्जे से जड़िया की माँ कान्ता देवी और दायीं ओर के छज्जे से जड़िया की दादी रुक्मिणी देवी ने उनींदी आँखों से नीचे झाँका, तो अपने डाँटने के इरादे को बदल कर, वे दोनों भी सीढ़ियों से सर्र-सर्र उतरती हुई नीचे

आकर उन लोगों के सुर में सुर मिलाकर गाने लगीं : 'हाथी दीन्हे, घोड़े दीन्हे और दीन्ही पालकी, जै कन्हैया लाल की, जी, जै जड़िया जी लाल की।'

यह हुड़दंग कुछ देर तक चलता रहा, और पास-पड़ोस की माँएँ, ताइयाँ, चाचियाँ और दादियाँ इकट्ठी होकर, हिसारवाले भाइयों से मनुहार करने लगीं : "अरे ओ जसबन्त बेटा! पालकी नीचै धर दे रे। बेटा परभात! दादी का कह्या मान ले, पालकी नीचै धर दे!"

पर मिग्गू और शिशु समेत चारों के चारों नवयुवा इतराकर अपने दाँत दिखाते हुए पालकी को नचाते ही रहे।

इसी बीच भगीरथ से इस रमझोल की ख़बर पाकर दादा सेठ नरसिंहदास जी जब अपनी अचकन की ज़ेबों को बजाते हुए आँगन में आकर खड़े हुए, तो चारों कम उम्र जवानों ने पालकी नचाना बंद कर दिया, और उनमें से सबसे बड़े जसवन्त ने आगे बढ़-कर लाड़ से दादा जी से कहा : "अच्छा होया दादा जी, जो आप पधार गए। परसों होली है, फिर भी हम म्हारी लाड़ली भाण (बहन) नै वापस भिवानी ले आए, जिससै कि सब रलमिल कर ह्याँ ही होली खेलैं। अब इत्तै बड़े त्याग का कोई इनाम या नजराना तो हम भाइयों को मिलना ही चाहिए न?"

दादा जी ने अपने सोने की मूठवाली मलगा छड़ी को उसके पैर से छुआ कर कहा : "जसवन्त! जड़िया के एक तुम्हीं नहीं, बल्कि सातों के सातों भाई परले सिरे के शरारती हो। तुम लोगों की माँग मैं गद्दी में बैठा ही समझ गया था, इसीलिए तो जेब भारी करके आया हूँ; लो अपना नज़राना," कहकर उन्होंने ज़ेब से सात गिन्नियों की एक थैली निकाली और उसे जड़िया पर न्यौछावर कर, सातों भाइयों के पैरों में हल्की-हल्की छड़ी मारते हुए, सबको एक-एक गिन्नी पकड़ा दी।

दादा जी के इस प्यार से और भी सिर चढ़कर चार लक्ष्मी माँ के जाए (पैदा किए) और तीन कान्ता माँ के जायों ने जोरों से पालकी आकाश की ओर उठाकर 'जै हो भूरामल नरसिंहदास की! जै हो नरसिंह केदार की! जै हो! जै हो!' गाते हुए उसी लय में 'जुग-जुग जीवो म्हारी लाड़ो जड़िया, हरखावै मन सबका' गीत गाने लगे, और इसके साथ ही उन्होंने धीमे से जड़िया की पालकी को नीचे रख दिया।

पालकी से उतरकर जड़िया किलकती हुई, घूमेर खाकर, दादा जी से यों जाकर चिपकी, मानो सदियों बाद घर लौटी हो! हालाँकि वह मात्र तीन महीनों के लिए ही बाहर गई थी—दो महीने पिता केदारनाथ जी के पास कलकत्ते और एक महीना लक्ष्मी माँ के पास हिसार।

नरसिंहदास जी ने उसके गालों को मुलायमियत से मचोड़ कर उसका चेहरा ऊपर उठाकर कहा : "हूँऽऽ! लगता है, तुझे लक्ष्मी माँ ने ख़ूब दूध-घी और फल खिलाए हैं।"

'कहनी की मास्टर' जड़िया ने जब पूरे चाक्षुष बिम्बों के साथ उन्हें अपना रोज़नामचा सुनाना शुरू किया, तो क्षिप्र नदी की रवानी की तरह ऐसा वर्णन करने लगी कि दादी जी

को आगे बढ़कर उसके मुँह पर हाथ रखकर कहना पड़ा : ''लाड़ कँवर! बाताँ सै साँझ मत कर और ज़रा सा मुँह जुठला ले। देख, तेरे सातूँ भाई भी तेरे साग जीमण नै इब तक भूक्खे बैठे सँ।''

जड़िया की बातें थमते ही जसवन्त ने आगे बढ़कर दादा जी के हाथ में एक लिफ़ाफ़ा रखते हुए कहा : ''दादा जी! आपके नाम छोटे बाबू जी (केदारनाथ जी) की चिट्ठी है, यह जड़िया के साथ आई थी।''

'हिसारिये' जसवन्त को आशीष देते हुए नरसिंहदास जी बोले : ''अरे हाँ, बेटा जी! जड़िया के बड़े बाबू जी बलवन्त (जसवन्त के पिता) और बड़ी माँ लक्ष्मी (जड़िया की दत्तक माँ) सब राजी-खुशी हैं न? बेटा! अपनी लम्बी-चौड़ी जायदाद नै काम मै लगाकर राखियो, नहीं तो या अँगरेज सरकार उसनै खा जागी।'' ''हाँ, दादा जी! हाँ, दादा जी!'' कहते हुए जसवन्त ने उन्हें फिर से प्रणाम किया और सात भाइयों के बीच कुमुदिनी-सी खिली जड़िया के पास जाकर होली की सारी योजना को जचाने लगा।

खाने के लिए उनकी कोई नीयत न देखकर अन्त में कान्ता माँ ने उनका खाना वहीं लाकर धर दिया, जिसे वे एक-दूसरे के मुँह में ठूँसते-से, ही-ही-खी-खी करते हुए होली और छारंडी (धूलेंडी) के कार्यक्रम को आद्योपान्त सजाने लगे।

इतने में ही भगीरथ चौकीदार चार कहारों के साथ बड़े-बड़े ट्रंक लाकर तिरबारी में रखने लगा। पता चला कि सेठ केदारनाथ जी ने होली त्यौहार के लिए यह सारा सामान 'बाई पूरो जड़िया' और उसके सातों भाइयों के लिए कलकत्ते से भिजवाया है। पलक झपकते ही वे आठों कूदते-फाँदते हुए उन ट्रंकों के जा चिमटे! और कोई पीतल की बड़ी पिचकारी, तो कोई फूलों से बने रंग के डिब्बे, तो कोई विलायती गुब्बारों के गुच्छे को हाथों में लिये एक साथ उछलते हुए, 'वाह-वाह!' की रागमालिका को होली के गीतों में पिरो कर नाचने लगे।

सारा साज़ो-सामान देखने के बाद तय किया गया कि सबसे पहले गुब्बारों में रंग भरकर उन्हें रंगदार ढोल बनाने के बाद, आज से ही छत और छज्जों से सड़क पर आने-जाने वाले राहगीरों पर मारना शुरू कर देना चाहिए, और कल शाम को जब होली मंगले (जले), तो पहले से ही जादू रंग (उड़नेवाला) की बाल्टियों को नुक्कड़ की ओट में छिपाकर रख देना चाहिए ताकि जैसे ही सजी-धजी औरतें अपने बड़कूले (छेददार कंडे) होली को चढ़ाकर, गन्ने पर बाँधे हुए अपने होलों को साथ लिए हँसती-खिलखिलाती हुई लौटें, तो उन्हीं महिलाओं में घुसी हुई जड़िया की सीटी के इशारे से वे सब उन पर उस रंग की पिचकारियाँ मारने लगें।

प्लान नम्बर एक के तहत वे सारे छत और छज्जों पर अपने-अपने रंग-भरे ढोलों का खजाना लेकर बिखर गए, और लगे हर रहगुज़र पर ढोलों का निशाना साधने। ढोलों की मार से बेहाल राहगीर जब ऊपर की ओर देखते, तो उन्हें वहाँ कोई भी नज़र नहीं आता, बल्कि उनका ध्यान सड़क से हटने के कारण वहीं आसपास छिपा कोई डाकी

(होली का मतवाला) आकर, उनके मुँह पर अबीर और गुलाल मल देता। उसकी इस हरक़त पर बौखलाते हुए जब वे गालियाँ बक कर कहते कि 'अरे डाकियो! छारंडी तो काल सै, फेर आज यो हाल क्यूँ कर्‌या?' तो सातों का सामूहिक उत्तर आता : "रंग की होली तो आज्ज सै, काल तो छार (राख) की होली सै। आप बेफ़िकर रहो, और याद राखियो कि जै आप काल बारह बजे के पह्‌लै ऊर (यहाँ) आए, तो थारै पर धूल राख मिला हुआ ख़ूब रंग भी पोता जावेगा।"

इसके पहले कि वे लोग कुछ और बका-झकी करते, जड़िया गुजिया और दिलख़ुशार की बर्फ़ी का थाल उठवाए अपनी निर्मल हँसी से सबका मन हरती हुई, उनके मुँह को मिठाई से भर देती। साधारण स्थिति के लोग इस आदर और आत्मीयता से इतना गदरा जाते कि उन पर गालियों के बदले आशीषों की बौछार करने लगते। तब तक उन्हें यह भी दिख जाता कि समझदार बच्चों ने उन पर उड़ने वाला रंग डाला था, फिर तो उनके साधुवाद वहाँ का पूरा आकाश ही गुँजाने लगते।

एक नम्बर प्लान की सफलता के बाद अब दो नम्बर प्लान की बारी थी, और आश्चर्यजनक ढंग से उन लोगों ने उसे भी अक्षरशः वैसा ही पारित कर लिया, जैसा निश्चित किया था।

होली पूजन के बाद जब उन लोगों ने घर लौटतीं धिरानियों पर पिचकारियाँ मारना शुरू किया, तो वे भी राहगीरों की तरह ही इन डाकियों पर अपने क़ीमती कपड़े-लत्ते बिगाड़ने के लिए तोहमत लगाकर अंट-शंट बोलने लगीं। इसके पहले कि वे कुछ और गाली-धुप्पा करतीं, जड़िया समेत वे सातों उनके सामने आकर जोरों से हँसते हुए उन्हें छेड़कर कहने लगे : "ओ भाभी, ओ चाच्ची, के होया?"

यह सुनते ही उन सबने और भी ज़ोरों से झखने लगीं : "अरे राममार्‌या! तन्न सुझै कोनी! देख, मेरे दामी कपड्याँ का हाल?" कहते हुए जब वे उन्हें अपने घाघरे, ओढ़ने, चुनड़ी आदि दिखाने के लिए आगे बढ़ीं तो सन्न रह गईं। यह क्या? उनके कपड़ों पर तो रंग का कोई नामो-निशान तक नहीं था! यह देख वे शर्म से झेंप कर खिसियानी हँसी हँसती हुई बतौर माफ़ी के उनके हाथों में होली की मिठाई रखकर तेजी से वहाँ से चली गईं।

छारंडी वाले दिन स्टेशन रोड वाले बड़े बग़ीचे में ख़बर करवा दी गई, और सुबह से ही चरसिया नंदू ने झोंटे (छोटा भैंसा) से चड़स (चरसा) खिंचवा-खिंचवा कर पक्की बड़ी डिग्गी के पास वाले छोटे ताल को भरना शुरू कर दिया। फुल्लू माली ने टेसू फूलों का पीला रंग उसमें मिलाया और ऊपर से थोड़ी-सी गुलाब-रूह टपका दी, फिर क्या था? वहाँ ऐसी ख़ुशबू फैली कि सारी हवा मदमस्त बयार बन कर पूरे बग़ीचे को महकाने लगी।

उस दिन सुबह-सुबह ही बड़े बाबू की बग्घी, छोटे मालिक की फिटन, और नानी के यहाँ से आया रथ—सब के सब जड़िया की छारंडी टोली की 'हाजरी' में आ खड़े हुए थे। केदारनाथ जी द्वारा स्थापित स्कूलों की लड़कियाँ भी वहाँ आ गई थीं और उन सबके समवेत स्वरों से बिचला बाज़ार गहगहाने लगा था। कुछ ही देर में जिस शख़्सियत का

सबको इन्तज़ार था, वह जड़िया! टखने के बड़े घेर से कमर तक के ढेरों चुन्नटदार घेरों की मोती टँकी हुई परियों–सी जालीदार, सफ़ेद फ्रॉक पहने जब दरवाज़े पर आकर खड़ी हुई, तो उगते सूरज की लाल किरणें उसको बेधती हुई उसके चारों ओर बिखर गईं और उस गुलाबी प्रभामंडल में श्वेत, शुभ्र, रजत–सुंदरी जड़िया का चेहरा नए खिले कमल–सा सोहने लगा। राहगीरों, भायलियों (सहेलियों) की तो बात ही क्या! उसके सातों भाई तक भी एक स्तब्ध क्षण में अपनी बहनिया को देखते ही रह गए और फिर सब एक साथ आगे बढ़े और अपनी बाँहों की पालकी में जड़िया को उठाकर, उसे रथ के मखमली आसन पर बैठा दिया। सोना मढ़े सींगों वाले बैलों ने जोरों से गरदन हिलाकर और अपनी घंटियाँ और घूँघरू टुनटुना कर जड़िया का अभिवादन किया, और जड़िया? वह उन्हें चुमकारती हुई उनकी गरदन को सहला कर प्यार से कहने लगी : ''रामू मामा! आप राजी सो न?.. श्यामू मामा! वाह, आज तो आप भोतै सोणे लागो सो।''

जड़िया के लाड़ से इतराए दोनों बैल उसी क्षण उसे लेकर उड़ना चाह रहे थे, पर नत्था रथवान ने उनकी रस्सी कस कर खींच रखी थी।

जब सारी लड़कियाँ फिटन और बग्घी में बैठ गईं, तब आगे–आगे रथ, फिर फ़िटन और फिर बग्घी धीमी रफ़्तार से आगे बढ़ने लगे, क्योंकि उनके पीछे सारे लड़कों की बरात अबीर–गुलाल उड़ाकर 'डफ' पर गीत गाती हुई चल रही थी। बिचला बाज़ार के मकानों के छज्जे और छतें, घरों से झाँकतीं स्त्रियों से भर गए थे, और वे भी ऊपर से उन पर रंग बरसा कर, उनके प्रति अपना स्नेह प्रदर्शित कर रही थीं। बिचले बाज़ार के बाद वह बरात बाईं ओर मुड़कर हालू, लोहड़, आस्सके, नन्दरामका आदि मोहल्लों को नैन–सुख देती हुई सीधी बागीचे वाली कोठी पर जाकर रुक गई।

यह जानकारी मिलते ही कि इस वर्ष सामने की लुहारू नवाब कोठी पर ख़ुद नवाब साहब पधारे हुए हैं; जड़िया के इशारे पर उसके भाई उन्हें, उनकी बेग़म और बेटी राशिदा को सादर कोठी पर लिवा लाए। तभी बगल के तहसीलदार साहब की कोठी से पैग़ाम आया कि यदि जड़िया बेटी होली खेलने आई हैं, तो हम भी सिमरण और ईस्सर को भेज रहे हैं। इस पर जड़िया ने जवाब भिजवाया : ''उहूँ! चचाजान और चचीजान को भी साथ आना होगा!''

अब भला मीठी जड़िया का कहा कौन टालता? और मिनटों में ही सब इकट्ठे होकर, वहाँ के आकाश और धरती को लाल–पीला करने लगे।

इसी बीच गुलाब कोचवान, गौशाला की ओर से ठंडाई के बड़े–बड़े ढके टोपों (भगौनों) को, भैंसे के छकड़े पर लाद कर ले आया और टोंटीदार गंगासागर से कच्ची मिट्टी के बड़े सकोरे में भर–भरकर सबको देने लगा।

अब तक जड़िया के ननिहाल की और दूर रिश्तों की स्त्रियाँ भी वहाँ आ गई थीं, इसलिए बड़े एक ओर और छोटे दूसरी ओर बँट गए। कम उम्र वाले उस जोहड़नुमा ताल की ओर बढ़ गए, जो ख़ुशबूदार रंग से भरा हुआ उनकी प्रतीक्षा कर रहा था।

मौसम बदल रहा था। ठंड की जगह शीतोष्ण सुहावनापन आ गया था। आज का वासन्ती आकाश भी कई रंगों के पलटे खा-खाकर सबको लुभा रहा था। वृक्षों को छोड़कर पक्षियों की पातें आकाश में घिर आई थीं। उनकी कलरव-ध्वनि और उस इंद्रधनुषी परिवेश ने जड़िया को ऐसा सम्मोहित किया कि वह सब कुछ भुला कर, वहाँ की नर्म घास पर आसमान के परिन्दों की तरह दोनों हाथ खोले कत्थक-नृत्य जैसे चक्कर पर चक्कर काटने लगी। उसके चक्कर इतने लयबद्ध थे मानो उसका कोई तार 'अनहद-नाद' से जुड़ा हुआ है, और वही पारलौकिक शक्ति जड़िया को संचालित कर रही है, वर्ना क्या कोई धरती की मिट्टी से बना मनुष्य अनेक तपस्याओं के बाद भी ऐसा अलौकिक लग सकता है? चराचर जगत निस्तब्ध होकर थम गया था; बस, केवल हल्की-सी वासन्ती बयार प्रकृति के आदेश की अनसुनी कर पेड़ों की पीली पड़ी छोटी पत्तियाँ और फूल जड़िया पर बिखराए जा रही थी। जड़िया के चक्करों की गति बढ़ती जा रही थी। उसके भाई, सखा-सखियाँ सब-के-सब मंत्रविद्ध-से खड़े उसे अवश-से देखे जा रहे थे।

तभी दूर खड़ी कान्ता माँ की आँखें जड़िया पर पड़ीं और उन्होंने दौड़ कर जड़िया को पकड़कर ज़मीन पर बैठाते हुए कहा : ''हे भगवान! आज तो भली ए रक्षा करी! नहीं तो या पागल जड़िया तो चक्कर खाकर सीधे हौद में जा पड़ती।'' यह स्व-कथन समाप्त कर जब वे कृष्ण-रूपी जड़िया के बाल-ग्वालों को डाँटने के लिए मुड़ीं, उन्हें एक परिन्दा तक नज़र नहीं आया क्योंकि तब तक तो वे सब वहाँ से रफूचक्कर होकर दादी जी की शरण गह चुके थे।

उन सबके मंडलाकार में बीचोबीच खड़ी दादी जी ने छोटी सिठानी कान्ता जी को समझाकर कहा : ''बींदणी! इसमै इन बच्चों का के कसूर सै? यो तो तेरी जड़िया का जादू सै, जो सब नै 'पथरा देव' सै। चाल उठ्ठैनै (उधर)! बच्चां कै रंग में भंग मत डाल।''

फिर क्या था! 'दादी माँ की जय' का हल्ला मचाती वह बाल-गोपालों की टोली ज़ोरों से धमाल करने में जुट गई। इसको उठाकर हौद में पटका तो उसको काले-पीले रंग से रंग कर भूत बना दिया। यदि कोई चिल्लाया तो उसकी मूंडी (सिर) पकड़कर उसका चेहरा हौद की तली में रगड़ दिया। किसी ने रंग से बचने के लिए धक्का-मुक्की की, तो उसका सिर पानी में ऐसा डुबोया, कि बेचारा 'हाथी की जौ भर सूंड रही जल बाहर' की तरह ही अपने उद्धार के लिए विष्णु भगवान को पुकारने लगा। किसी लड़की ने ज़्यादा चतुराई दिखाई, तो उसके लम्बे बालों में इतना रंग भर दिया कि बेचारी बाल्टी भर-भरकर नहाने के बाद भी लाल-पीली होती रही और उन भले घरों की ख़ूबसूरत लड़कियों की मीठी गालियाँ सुनकर वे होली के मादूधे (मतवाले) इठला कर उन्हें और भी ज़्यादा तंग करने लगे।

इतने में जड़िया की आँखों का इशारा पाकर उसके भाइयों ने कन्हैया को जकड़ कर उसे रंगवाले हौद में गहरा डूबा दिया। वह बेचारा साँस लेने के लिए जैसे ही अपनी गरदन ऊपर उठाता, वे सब उसे वापस दबोचकर तल तक पहुँचा देते। अंत में जब वह ज़ोरों से छटपटाकर अपने दोनों हाथ उठाकर दुहाई माँगने लगा, तब उन लोगों ने उसे अपनी क़ैद

से रिहा किया। बेचारे कन्हैया की आँखों में आँसू भरे थे और वह घिघियाई आँखों से जड़िया को देखता हुआ हाँफ़े जा रहा था। जब उसे थोड़ी सी साँस और होश आया तो हँसती हुई जड़िया पर उसे इतना क्रोध आ रहा था कि यदि उसका वश चलता, तो वह उसी वक़्त उसकी धवल दन्त पंक्ति की पूरी की पूरी बत्तीसी बाहर निकाल देता, पर अशोक वाटिका में हनुमानों के घेरे में रक्षित सीता को जब राक्षसियाँ ही नहीं छू पाती थीं, तो वह बेचारा तो ठहरा एक साधारण–सा छोरा! उसकी क्या बिसात थी कि वह जड़िया के हट्टे–कट्टे हनुमान भाइयों के बीच उसकी बत्तीसी निकालना तो दूर, जड़िया को पूरी आँखों से देख भी पाता?

अंत में जड़िया ने दया करके उसकी डरी आँखों में झूलते अनकहे प्रश्नों का बिना पूछे ही जवाब दे दिया : ''देख कन्हैया! पिट्ठू मै रुंगस खाकर जीतना और फिर अपनी जगह दूसरे को पिटवाना–इन कारणों से ही आज तुझे यह सज़ा दी गई है। ध्यान रहे, आगे सै न तो कभी किसी सै बेईमानी खा कर जीतना और न ही किसी कमज़ोर को धमकाकर चुप करना, नहीं तो आज तो तुझे बाहर निकाल दिया है, पर आगै की तू ख़ुद बिचार लेणा।''

बेचारा कन्हैया अपनी सारी रंगबाज़ी भूलकर धूजता–सा (काँपता), 'मैं तेरी काली गाय' (पैर की धूल) दोहराता हुआ वहाँ से ऐसा भागा, मानो जड़िया क्या, वह कभी उसकी परछाईं के नज़दीक भी नहीं जाएगा।

होली के हुड़दंगी जब थककर कुछ पस्त–से हो रहे थे, तभी उधर से बड़ों का हलकारा आया : ''जल्दी आओ! गरम जलेबियाँ और बड़े ठंडे हो रहे हैं।''

अभी सबका खाना–पीना चल ही रहा था कि गुलाब कोचवान तीन हरकारों को लेकर आया, जो हाथ में ट्रंक लिये हुए थे। पता चला कि वे रेलगाड़ी से उतरकर हवेली पर जा ही रहे थे कि यह सुनकर कि मालिक कोठी पर आए हुए हैं, वे यहीं आ गए।

नरसिंहदास जी ने ट्रंक खुलवाए, तो एक में हारमोनियम की पेटी रखी हुई थी, दूसरे में क़ीमती पोशाकें थीं, और तीसरे में तबले की एक जोड़ी और किताबें भरी हुई थीं। वे पोशाकें केवल जड़िया के लिए ही नहीं, उसकी सहेलियों के लिए भी थीं और साथ ही उसमें सात कामदार अँगरखों के साथ और भी लड़कों के लिए दामी अँगरखे रखे हुए थे। नरसिंहदास जी ने मुस्कुराते हुए स्वगत–कथन की तरह ही कहा : ''बेटा केदार, तू जुग–जुग जी। मैं तेरी चिट्ठी पढ़कर इस सामान की चिंता ए कर रह्या था कि ल्यो, यो सामान भी आग्या।''

नरसिंहदास जी ने हरकारों को कपड़े, मिठाई, रुपया–पैसा आदि देकर विदा किया और सबकी उत्सुकता देखकर केदारनाथ जी का पत्र जोरों से पढ़कर सुनाने लगे : ''पू. पिता जी! सादर चरण–स्पर्श। मैं कुशलपूर्वक हूँ, आशा करता हूँ कि आप सब भी वहाँ सकुशल होंगे। बाबू जी, शायद आपको ज्ञात हो कि मंगलपुर रियासत के ठाकुर ईसरसिंह जी से मेरा काफ़ी मेल–मिलाप है। उन्होंने अपनी भतीजी गौरी को, जिसकी पैदाइश सन् 1908 की है, को तेरह वर्ष की उम्र तक हिन्दी, अंग्रेजी, गणित आदि के साथ पेटी बजाकर गाना और थोड़ा–सा शास्त्रीय नृत्य भी सिखवाया है, जबकि रियासतों में ऐसी छूट नहीं है। मुझे उनकी यह बात अत्यधिक सुरुचि–सम्पन्न लगी इसलिए मैंने

भी जड़िया को इस बार के कलकत्ता प्रवास में हर घड़ी पढ़ने, लिखने और गाना एवं नाच आदि सीखने में लगाए रखा। उसके सभी शिक्षक जड़िया के इस गुण से अत्यधिक प्रभावित और प्रसन्न थे कि प्रतिभाशाली जड़िया को जो भी सिखाओ, वह उसे तुरन्त सीख लेती है। मैंने आज तक जड़िया का खिलंदड़ा रूप ही जाना था, पर इन कठिन कलाओं को सीखने के लिए उसकी गम्भीरता देखकर मैं स्वयं चकित हूँ।

''बाबू जी, वैसे तो आप जानते ही हैं कि मैं अपनी 'बोली' का बड़ा भक्त हूँ और इस कहावत को भी मानता हूँ कि 'बोली बदलै गोली, चाल बदलै छिनाल', लेकिन जीवन में आगे बढ़ने के लिए देश की राष्ट्रभाषा का समुचित ज्ञान होना भी अत्यन्त आवश्यक है, इसलिए बिना हरियाणवी भाषा का त्याग किए मैं आपसे अनुरोध करता हूँ कि आप जड़िया को बहुभाषाएँ सिखवाने की कोशिश करें। वैज्ञानिक कहते हैं कि : 'बच्चे की क्षमता असीम होती है और वह एक साथ कई भाषाएँ आराम से सीख सकता है।'

''मैंने ये किताबें कलकत्ते के स्कूलों के स्तर की ख़रीदी हैं, पर मैं जानता हूँ, मेधावी जड़िया इन्हें आराम से पढ़ लेगी। यदि आप उसके लिए अच्छे शिक्षकों की व्यवस्था कर दें, तो मेरा विश्वास है कि वह अपन लोगों को निराश नहीं करेगी।

''आपको उचित लगे, तो जड़िया से देश के गौरव 'नोबेल पुरस्कार' विजेता रवीन्द्रनाथ टैगोर का एक होली-गीत सुनें। यह गीत उन्होंने हाल ही में लिखा है और जिसका मैंने हिन्दी में अनुवाद कर उसे जड़िया को सिखा दिया है।

''व्यापार एकदम ठीक चल रहा है। आप एक क्षण के लिए भी यह मत सोचिएगा कि मैं केवल समाज-सुधार के कार्यों में लगा रहता हूँ। बाबूजी, हक़ीकत तो यह है कि मैं प्रत्येक काम नियमानुसार करता हूँ; सुबह दस से शाम छः तक व्यापार, शाम को 'फ़ैल-फ़तूरी' की जगह दल के साथ सामाजिक विकास के कार्यों पर विचार-विमर्श और रात को अध्ययन। मेरी यही दिनचर्या है। क्षमा करें, पत्र बहुत लम्बा हो गया है, इसलिए अब समाप्त करता हूँ। घर-परिवार में सबको यथायोग्य कहें। पुनः प्रणाम। आपका पुत्र—केदारनाथ।''

चिट्ठी खत्म होते न होते सारी वानर-मंडली हल्ला मचाने लगी, ''जड़िया, गाना सुनाओ! जड़िया, गाना सुनाओ।''

बड़े-बुज़ुर्गों के चेहरों पर भी एक उत्सुक-आश्चर्य घिरा हुआ था, लेकिन इन सबके बीच चपल, चंचल जड़िया चुपचाप स्थिर खड़ी, अँगूठे से ज़मीन कुरेद रही थी। ऐसा लग रहा था कि वह अपनी प्रशंसा से असहज हो रही है।

उसके मनोभाव को समझकर बाबा नरसिंहदास जी आगे आए और उसकी पीठ थपथपा कर बोले : ''बेटा जड़िया! या तो बड़ी ई खुशी की बात सै। केदार की चिट्ठी पढ़कर मेरा तो सीना चौड़ा होग्या। आ बेटा! चौकी पर बैठ और हमनै तेरा गीत सुणा दै।''

जब नौ वर्षीया जड़िया गरदन झुकाए हारमोनियम पर अपनी अँगुलियाँ फेरने लगी,

तो ऐसा लगा, मानो बाल-सरस्वती आकर वीणा के तार छेड़ रही हैं! उसके कच्चे गले से सर्वप्रथम कोयल की कूक-सी भैरवी राग में सरस्वती वन्दना निकली :

'या कुन्देन्दु तुषार हार धवला, या शुभ्रवस्त्रावृता' के चार चरणों के बाद 'शुक्लां ब्रह्मविचार सार परमा माइयां जगद्व्यापिनी' के चार चरणों को भी पूरे आरोह-अवरोह के साथ प्रस्तुत करने के बाद उसने विनम्रता से कहा : "बाबा जी, बंगाल में वसन्त-आगमनोत्सव सरस्वती पूजा से शुरू होता है, इसलिए मैंने भी ऐसा ही किया। रही बात मेरे गानों की, तो बाबा जी, आप कोई और चिन्ता न कर, इस बात के लिए तैयार रहिए कि जल्दी ही आपके कानों में मेरे बेसुरे सुरों से दर्द होने वाला है। हाँ, बाबा जी, मुझे बतौर इनाम आपसे एक अनुमति चाहिए! मेरा मन है कि आमों के मौसम में एक दिन मेरे साथ पास-पड़ौस के सारे बच्चे यहाँ के आम के पेड़ों से कैरियाँ तोड़कर खाएँ!"

यह सुनते ही फुल्लू माली ज़ोरों से बोला : "सेठ जी, हाँ मत कहियो! मेरा सारा बाग उजड़ जागा।"

उसकी बात पर नरसिंहदास जी ने हँसते हुए उसका कंधा छूकर कहा : "बावला! ये बच्चे के 'बान्दर' सैं जो तेरी बाटिका उजाड़ देंगे?"

यह सुनते ही बच्चे तालियाँ बजाने लगे और फुल्लू माली शरमाकर वहाँ से खिसक गया।

फ़रमाइश को स्वीकृति मिलते ही जड़िया उठी और बाबा जी के साथ बाक़ी बड़ों के भी पैर छूकर बोली : "बाबा जी, सिपाही तैयार है, पढ़ाई के युद्ध का ऐलान कीजिए।"

बाबा जी ने उसके सिर पर हाथ फेरकर उसे कंठ से लगा लिया और एकत्रित मित्रों की ओर मुख़ातिब होकर बोले : "मुझे तो पता ही नहीं चला कि कब जड़िया बड़ी हो गई, पर आज इसकी सयानी बातें सुनकर लग रहा है कि मैं ही समय से पिछड़ गया हूँ। आप सब भी जड़िया को आशीर्वाद दीजिए कि यह सदा सद्कार्यों में लगी रहे; अपने लक्ष्य को पूरी ईमानदारी, निष्ठा, कर्मठता, सजगता और लगन से पाने की चेष्टा करे; और कभी भी बेईमानी और झूठ के सरल रास्तों से समझौता नहीं करे।"

उनके सुभाषित ख़त्म होते ही दादी जी और कान्ता माँ ने जड़िया समेत सब युवाओं के माथे पर अबीर का तिलक किया और उनके हाथों में उनके परिधान रखकर, मुँह में बरफ़ी भर दी। क्षण मात्र में ही पूरा बग़ीचा आशीर्वादों के अनेक कंठ-स्वरों : 'ऐसे ही आगे बढ़ती रहो...', 'विजयी भव...', 'अल्लाहताला तुम पर सदा मेहरबान रहे...', 'जुग-जुग जीवो...', 'माँ-बाप का नाम रौशन करो' के आदि-सनातन मंत्रों से गूँजने लगा और उनकी प्रतिध्वनियाँ आसपास के माहौल को देर तक गुँजरित करती रहीं।

कार्यक्रम को समापन की ओर जाता देखकर हिसार से आए भाइयों ने बाबा जी से विनती की : "यदि बाबा जी अनुमति दें, तो वे लोग कुछ दिनों के लिए यहाँ वाले भाइयों को भी अपने साथ हिसार ले जाएँ। लक्ष्मी माँ का बहुत मन है कि हम इन तीनों को भी हमारे साथ लेकर हिसार जाएँ।" बाबा जी की चुप्पी देखकर वे चिरौरी-भरे स्वर में बोलने लगे : "बाबा जी, अभी तो इनका स्कूल भी बंद है, इसलिए पढ़ाई में भी कोई हर्ज़ नहीं होगा। जाने दीजिए न!"

उनका इतना आग्रह देखकर बाबा जी ने 'कान्ता माँ' की ओर देखा और उनके झुके सिर से आती सहमति के स्वर को भाँपकर बोले : "ठीक है, जाने की तैयारी करो, और इन तीनों को साथ ले जाकर इनकी और अपनी माँ के मन की 'निकाल' (साध पूरी) लो।"

नरसिंहदास जी ने बच्चों को जाने की अनुमति देते ही आवाज़ दी : "फुल्लू गुलाब! भगीरथ, तुम लोग अभी जाओ और ट्रेन का पता लगाओ। ध्यान रहे कि बच्चों के ठीक से बैठने तक गाड़ी को पूरी तरह रोके रखना है। मिठाइयों के बोहिए (बड़ी टोकरियाँ) और फल-फूल के टोकरे अभी से स्टेशन पर भिजवाने शुरू कर दो। लक्ष्मीबाई और बलवन्त राय जी को भी तो हमारे लाड़-प्यार का पैगाम ठीक से जाना चाहिए, आख़िर वे हमारी बहू की खास सहेली और बहन हैं।"

सातों जवान खिले फूल-से मुलकते (मुस्कुराते) हुए आगे बढ़े और बारी-बारी से दादी जी, छोटी माँ और बाबा जी को प्रणाम करने के बाद जड़िया को घेरकर खड़े हो गए।

फाल्गुन पूर्णिमा के पूर्णचन्द्र के चारों ओर के चक्राकार प्रभामंडल की तरह ही वह ज्योतित दृश्य शोभायमान हो रहा था। एकाएक वे एक साथ आगे बढ़े और उन्होंने जड़िया को अपने हाथों पर ख़ूब ऊँचा उठाकर एक टूटा-फूटा-सा स्व-रचित गीत गाना शुरू कर दिया : "जुग-जुग जीवो म्हारी जड़िया बाई! म्हारी आँख का तारा जड़िया बाई! हाँसो-खेलो जड़िया बाई! सबका मन हरखावो जड़िया बाई।" और फिर 'जड़िया की जै, जड़िया की जै' का नारा लगाते हुए, वे सब एक जुलूस की शक़्ल में बग़ीचे के दरवाज़े तक पहुँच गए। जड़िया को बार-बार पुचकार कर, उसके बालों को बिगाड़ कर। और सब तरह से उसे दुलरा कर भी जब उनका मन नहीं भर रहा था, तो उन लोगों ने आपस में एक अनकहे 'कोड' का निर्णय लिया, और पीछे मुड़कर देखे बिना वे सातों दरवाज़े से बाहर निकल गए। दरअसल उन सबका मानना था, क्योंकि वे लड़के हैं, इसलिए उनके आँसू किसी को दिखने नहीं चाहिए।"

और जड़िया? वह तो सौ लड़कों की एक लड़की थी। उसके आँसू? उनकी क्या मज़ाल थी, जो वे पलकों की जद तोड़कर बाहर आ जाएँ! पर जब वह ढीले-ढाले कदमों की चाल और मरी-सी आवाज़ में बाबा जी से बोली : 'बाबा जी, घर चलें? बहुत पढ़ना है', तो बाबा जी को उसके अनदिखे आँसू दिख गए।

घर जाते वक़्त जड़िया को रोंदला-सा कन्हैया दरवाज़े के एक कोने में खड़ा दिखा, तो उसने उसके पास जाकर कहा : "कन्हैया, बुरा मत मान, सच तो है कि उस बाहरगाँव से आए पाहुणे नै मार खुवा कर तैंने ठीक नहीं किया था, इसलिए आज तन्नै उसकी सजा दुवा दी। बस, इब लड़ाई ख़तम।"

लेकिन तभी कन्हैया को समझाकर आगे बढ़ती जड़िया के सामने वह बेबात मार खाया भला लड़का आकर खड़ा हो गया; भौंचक-सी जड़िया एक बार रुकी, और तुरन्त ही अपने मन के भ्रम को चीरकर मुस्कुराते हुए आगे बढ़ गई।

'निवासिया! अरे ओ लाड़कँवर बेटा! तू कट्ठे (कहाँ) है?' की गुहार मचाती बड़ी सैठानी जी ने किताबों के ढेर के बीच में खोए श्रीनिवास को ढूँढ़ निकाला और उसके सिर पर प्यार से चपत लगाकर अपने पैरों को हाथों से दबाने का नाटक करती हुई बोलीं : "बेटा, देख, दादी का पग रह् ग्या (थक गए) तन्नै ढूँढ़ताँ, ढूँढ़ताँ।"

"दादी जी, इस्सो के जरूरी काम थो, जो थे (आप) इत्ती तकलीफ़ करी?"

"बेटा, के बताऊँ? तेर सासरै हाला तो सामान भेज-भेज क मेर नाक म दम कर राख्यो है। आज तेरो सोलहवों जनमदिन है और होली को त्यौहार! इक्क लिए ब लोग इत्ती चीज्जाँ भेजी है कि बिन्नानै (उन्हें) धरणै (रखने) क वास्त मेर कन्न (पास) कोई ठाँव ही कोनी (नहीं) बच्यो। एक तो या सीर की (साझे की) टूटी-फूटी हेल्ली, ऊपर सै भाई-बन्दा का सीठना (ताना), मेरो तो जी घुट ग्यो।"

दादी की बात बनाने की कला से अच्छी तरह वाक़िफ़ श्रीनिवास हँसता हुआ बोला : "दादी जी, थे थारे (अपने) मन की बात खोलकर बोलो।"

उसकी हास्य मुद्रा देखकर भी सैठानी दादी ने पूरी गम्भीरता से जवाब दिया : "देख बेट्टा! तेरा बाबू जी अर बाबो जी तो खाली कमाणै (कमाने) मै लाग्या रह्वै है! मै कित्ता दिनाँ स बोल री हूँ कि नई हेल्ली चिणायो, बाग़-बग़ीचा ठीक कराओ, तो ब दोन्नू मन्नै पट्ट देणी सै, एकी जवाब दे देव है : 'टेम कोनी।' सो निवासिया बेटा! अब तू ई उठ अर हेल्ली चिणवा कर दादी की छाती म सिलाई (ठंडक) पुँचा दे।"

"मै?... दादी जी, मै? दादी जी! थे बिना ज्ञान-गिणती कै, या के बोल रह्या हो? मै 'टींगरो' (बच्चा) हेल्ली चिणाऊँ? दादी जी, मेरा पग तो थारी बात सुण कै ई धूज (काँप) रह्या है। मै..?अर.. हेल्ली..? दादी जी, थे तो बस बाबू जी नै हुक्म दे द्यो, बै थारी बात जरूर मान्नगा। दादी जी! सच्चाँइँ यो इत्तो बड़ो काम मेर बस को कोन्नी।"

"देख निवासिया, भान्ना (बहाना) मत्ता बणा, तन्नै मेरी सोगण (सौगंध) है, जो तू बाबो जी क सामनै 'हामल' (हाँ) नई भरी तो!"

श्रीनिवास 'दादी जी, मेरी सुणो तो!.. ओ दादी जी!..' करता जा रहा था, लेकिन उसकी सुनी को अनसुनी करती हुई सैठानी दादी, उसका हाथ खींचती रहीं और अंत

में उन्होंने उसे ले जाकर बाबा जी की इजलास में पेश कर दिया।

जोखीराम जी दिन भर के बही-बसने सलटा कर मसनद के सहारे बैठे कुछेक हमास्तियों (हमउम्रों) के साथ हुक्का गुड़गुड़ा रहे थे। बड़ी सैठानी की खंख़ार से जोखीराम जी को छोड़कर, बाक़ी के लोग बैठक के दूसरी ओर चले गए और बड़ी सैठानी ने श्रीनिवास को ज़ोरों से खींचकर, ऐन जोखीराम जी के सामने खड़ा करते हुए कहा : ''जी! निवासियो 'हाँई' भरी है कि यो 'हेल्ली' चिणा देग्गो।''

इसके पहले कि श्रीनिवास ना-नुकर करता, जोखीराम जी धोती की 'लाँग' सँभालते हुए तेज़ी से उठे और श्रीनिवास की अंकवारी कर गद्गद कंठ से बोले : ''बाह! बेट्टा! बाह! मन्नै तेर सै आइ आस थी। सैठाणी जी, थे खड़्या देक्खो के हो? कालीचरण सै तुरत इ सुभ मुहरत और श्रीनिवास सै सही जमीन छँटवा कर जलदी सै जलदी काम छिड़वाओ (शुरू करवाओ)।''

दादीजी- दादाजी के चक्कर में श्रीनिवास ऐसा फँसा कि उसकी नींद गायब हो गई और वह सुबह-सुबह तैयार होकर बाबाजी के धोक (पैर छूकर) खाकर दिल्ली के लिए रवाना हो गया। दिल्ली पहुँचते ही उसने पुस्तकों की बड़ी दुक़ानों से वास्तुकला पर चुनिंदा किताबें, जो कि क़ाफ़ी क़ीमती थीं, बेहिचक खरीद लीं; क्योंकि उसके हिसाब से मुनष्य के जीवन में पुस्तकें ही उसका सबसे बड़ा सम्बल होती हैं। क़िताबें ख़रीदने के बाद उसने वहाँ के कई नामी-गिरामी नक़्शानवीसों से सम्पर्क कर हवेलियों के नक़्शे भी बनवाए, पर उनसे उसे कोई खास संतोष नहीं हुआ। दिल्ली से लौटते हुए वह फ़तेहपुर, नवलगढ़, रामगढ़ आदि की हवेलियाँ देखता हुआ आया और उनके भित्तिचित्रों पर मुग्ध होकर वह उनको बनाने वालों के ठिकाने-पते लेकर मंडावा लौट आया।

जोखीराम जी इतना बड़ा कार्यभार अपने सोलह वर्षीय पौत्र के कंधों पर डालकर इस तरह निश्चिन्त, थे जैसे श्रीकृष्ण की अंगुली पर टिके गोवर्धन गिरिराज की छत्रच्छाया में ब्रजवासी। उन्हें मात्र अनुमान ही नहीं, पक्का विश्वास था कि श्रीनिवास निश्चित रूप से कुछ ऐसा अनोखा सृजन करेगा कि लोग सराहते नहीं थकेंगे। हालाँकि वे केवल मंडावावासियों तक की ही सोचते थे, पर उनके लाडले पौत्र की कल्पनाशक्ति सागर-पार के लोगों को भी चकित कर देगी, यह अंदाज़ उन्हें भी कैसे होता?

श्रीनिवास महीने भर तक पूरे-पूरे दिन अपने कमरे में बैठा आड़ी-तिरछी लकीरें खींचता रहता और दूसरे दिन ढेरों-ढेर मुड़े-तुड़े काग़ज़ कूड़े के ढेर में पड़े नज़र आते। इन दिनों सुबह चार बजे मंडावा की सीमा पर दौड़ और बाद में छत पर सूर्य के सामने आसन करने के सिवा श्रीनिवास असूर्यम्पश्य ही था। वर्षा ऋतु बीत चली थी कि तभी एकदिन श्रीनिवास का नया सूरज निकला और वह नई स्फूर्ति और ऊर्जा से भरा बाबा जी के पैर छूकर बोला : ''बाबो जी! जल्दी सै चेजाराँ नै (चिनाई करने वाले) और गुरु जी नै बुलाओ और आज की श्यात् (घड़ी) ही भूमि-पूजन कर कै नींव खुदवाओ।''

बड़े सेठ जी की पलक झपकाने की देर थी कि सारे साज़ो-सामान के साथ लोगों

का एक बड़ा क़ाफ़िला सीधी सड़क से गाँव की सीमा की ओर बढ़ने लगा, जहाँ बाज़ार और हवेलियाँ ही नहीं, बल्कि सदियों पुराने स्फटिक शिवलिंग के मंदिर (श्रीनिवास द्वारा पुन:प्रतिष्ठित) के सिवा कोई भी ईमारत नहीं थी। वह भूमि ऊँची होने के साथ ही सीधी सड़क पर भी थी। उस ज़मीन को शुभ ज़मीन के सारे लक्षणों से युक्त पाया गया और ख़ास बात यह थी कि न केवल वह ज़मीन बल्कि उसके आगे की कई बीघा ज़मीन भी इन्हीं की थी, जिसे बड़ी सैठानी जी 'बाड़ा' कहती थीं और जिस पर वे ककड़ी, मतीरे, बाजरा, ज्वार, मकई के साथ मौसमी साग-सब्ज़ियों की बुवाई भी करवाती रहती थीं। उन्होंने चौथा माली और उसके चारों लड़कों को उस ज़मीन पर बसा दिया था और वे उन्हें भर पेट खाना, दूध आदि के सिवा मज़दूरी भी दिया करती थीं। ज़मीन पर मिल्कियत मालिक की सही पर उस पर राज माधिया, बिरजिया, महाबीरा, सांवरिया आदि माली-पुत्रों का ही चलता था और बड़े सेठ जी ने उन्हें यह अधिकार श्रीनिवास के कहने से ही दिया था। इसलिए जैसे ही उन लोगों ने यह सुख़बर सुनी कि आज 'छोटे कुँवर' भूमि-पूजा कर रहे हैं, वे सात जगहों की पवित्र मिट्टी को सुंदर फूल-पत्तों से सजाकर नई हवेली की जगह पर आ पहुँचे। वे सब माली के बेटे ही नहीं, श्रीनिवास के भायले (दोस्त) भी थे और बड़प्पन श्रीनिवास का कि वह उन सबसे उसी प्रेम से गले मिला, जैसे गढ़ के कँवरों से मिलता था। अपनी इन्हीं छोटी-छोटी मार्मिक बातों और तहज़ीब के कारण ही श्रीनिवास पूरे गाँव के छोटे, बड़े और बूढ़े—सबका चहेता था।

सबकी आवभगत के बाद भूमि-पूजा के लिए गुरु कालीचरण जी ने श्रीनिवास को आवाज़ दी, पर वह ठहरा श्रीनिवास! उसने तुरन्त गुरु जी को इशारा किया कि वे जोखीराम जी से पूजा करवाएँ।

अनियारी आँखों से अपने पोते की समझदारी और उदारता को देखकर जोखीराम जी इतने आनन्द विभोर हुए कि उनकी आँखों में आनंदाश्रु घिर आए। किसी तरह अपने को सँभालकर वे चिटिया (छड़ी) पकड़े हुए आगे बढ़े और पूजा सम्पन्न करवाई।

जब पहला फावड़ा चलाकर ज़मीन तोड़ने की रस्म के लिए श्रीनिवास को पुकारा गया, तो उसने आज के मुख्य अतिथि की तरह 'गूँगे चेजारे धरमू' के हाथ में फावड़ा और करणी थमा कर उसे इशारों और बोली में कहा : "थे ई ज़मीन खोदो ओर थे ई नींब को पाथर धरो। थे तीन पीढ़ियाँ सै म्हारै परिवार की हेलियाँ चिणता आ रह्या हो, ई काम कै वास्तै थारै सै जाद्दा ठायौ (ज़्यादा उपयुक्त) ओर कोई कोन्नी?"

दोनों हाथों से श्रीनिवास को आशीष देते वक़्त धरमू' का चेहरा और शारीरिक हाव-भाव देखने लायक थे। ऐसा लग रहा था, उसका अंग-अंग नाच रहा है और वह एक धन्यताबोध से भरा हुआ है। धरमू ने आगे बढ़ते हुए अपनी बाँह से पीछे की ओर इशारा किया ही था कि देखते ही देखते धरमू के एक से एक कारीगर आगे आकर कतारबद्ध खड़े हो गए।

धरमू के बेटे ने आगे बढ़कर बाबा जी के पैर छूकर कहा : "बाबो जी! सोगण ई

धरती की; जी को (जिसका) दियो खावाँ हाँ, और सोगण मायड़ कै दूध की (माँ के दूध की) कि थानै ओलमो (उलाहना) को कोई मोको नईं देवाँगा! और म्है सगला (हम सब) जान लगाकर या हेल्ली बणावाँगा।''

जोखीराम जी ने उसकी पीठ थपथपाकर उसे आशीर्वाद दिया और चाँदी के सिक्कों की एक छोटी थैली देकर कहा: ''आपस मै बाँट ल्यो, और आज सै ई काम सुरू कर द्यो।''

बाबा जी की 'घणी खम्मा!' और छोटे कुँवर के जै-जैकारे के साथ वे सारे चेजारे उत्साह से भरे अपने-अपने तसले और करणी लेकर वहाँ आ गए। धरमू का पूरा ख़ानदान सेना के सिपाहियों-सा सेनापति श्रीनिवास को मुख़ातिब था और श्रीनिवास एक-एक को उसकी क्षमता के अनुसार काग़ज़ पर खिंचे नक्शे तो पकड़ा ही रहा था, ज़मीन पर करणी से नमूना बनाकर उन्हें उसका विस्तार भी समझा रहा था। इतना ही नहीं, उसने आगे बढ़कर धरमू के बेटे मोहन के कंधे पर हाथ रखकर कहा : ''भाया! (भाई) म बी अठै इ (यहीं) हर घड़ी रहस्यूं, इ लिए थे जरा सी भी चिन्ता मत्ता करियो।''

मोहन चेजारे ने तो सपने में भी नहीं सोचा था कि मालिक उसे इतना बड़प्पन देंगे। उसकी बाछें खिल गईं और उसने उन्मुक्त कंठ से एक बार फिर श्रीनिवास का जैकारा किया।

श्रीनिवास ने दादा जी-दादी जी के दबाव में इतनी बड़ी ज़िम्मेदारी सिर पर ले तो ली, पर उसकी आँखों से रातों की आधी-पड़दी नहीं, पूरी की पूरी नींद उड़ गई। वह अपने दिमाग़ में उन इमारतों को देखता रहता, जिनसे वह कभी प्रभावित हुआ था। जैसलमेर की बिना चूने-गारे की पत्थरों को एक-दूसरे पर रखकर बनीं अनोखी हवेलियों को यहाँ बनवाना अव्यावहारिक मानकर, वह दूसरी नामी-गिरामी हवेलियों की तस्वीर दिमाग़ के दर्पण में देखता रहता और यदि उसे अपने मतलब की कोई छोटी-सी बात भी समझ में आती, तो उसे तुरन्त काग़ज़ पर लिख लेता। उसकी प्रिय सहचरी पुस्तकें और उनमें छिपा हुआ ज्ञान उसकी इस कठिन यात्रा का एकमात्र सहारा था। चूँकि वह सदा से ही क़िताबी सिद्धान्तों को व्यावहारिकता की ज़मीन पर पटक और घिसकर सहज बना लेता था, इसलिए उसी पद्धति से काम करने के कारण उसे हवेली बनवाने में कोई ख़ास दिक़्क़त नहीं हो रही थी। उसकी तेज़ निगाह कण-कण पर रहती थी और एक भी ईंट चिनने से पहले, वह सौ-सौ बार उसके अंतिम रूप को सोचता-परखता था। बावजूद इतने निपुण और परिशुद्ध निष्पादन के, हवेली का काम मंथर गति से नहीं, बल्कि औरों की अपेक्षा ज़्यादा तेज़ी से हो रहा था।

उन दिनों ध्यान-समाधि की तरह ही श्रीनिवास की सम्पूर्ण कायिक, मानसिक और वाचिक इन्द्रियाँ एक ही बिन्दु पर स्थिर थीं और वह बिन्दु था-'हवेली'।

श्रीनिवास ने वह हवेली न केवल कार्यात्मक और आरामदेह बनाई, बल्कि उसमें एकाध लटके-झटके ऐसे भी किए, जिसे देखने दूसरे शहरों के इंजीनियर ही नहीं,

विलायती साहब तक मंडावा आए; और वह था 'झूलते बरामदे' का लटका।

उसने बैठक की बगल के पैड़काले (ज़ीने) से चढ़ते ही पहली मंज़िल की दायीं ओर एक चौबारा बनवाया, जिसमें एक दुछत्ती और एक कोठरी थी। उसने उसी चौबारे से सड़क पर झाँकता हुआ एक झूलता बरामदा भी बनाया था। झूलता इसलिए कि उस समय जितने भी फुट-बरामदे बनते थे, उनका भार सड़क पर खम्भे बनाकर उन पर डाला जाता था; जबकि श्रीनिवास ने अपनी ज़मीनी वैज्ञानिक कुशलता से एक अभिनव प्रयोग किया। उसने कमरे की चौड़ाई से ज़्यादा लम्बी बीमें लगाईं, और जिस बिन्दु पर कमरे की सीमा ख़त्म होती थी, वहीं एक आड़ी बीम नीचे से आए कॉलमों पर धर दी। उस बीम के कारण नीचे से आये कॉलमों ने उस बरामदे का भार अपने ऊपर ले लिया। चूँकि वह बिना खम्भों का पहला बरामदा था, इसलिए लोग-बाग उसे 'झूलता बरामदा' कहने लगे।

बिना किसी विदेशी वास्तुकार का सहारा लिये एक छोटे से गाँव में बिना खम्भों का बरामदा बना लेना एक अजूबा ही था। कहते हैं: श्रीनिवास के बनवाए हुए बिना बीमों के बड़े हॉल, कमरे और उस बरामदे को देखने के लिए जयपुर रियासत का मेहमान एक जर्मन वास्तुकार भी वहाँ आया था। एक कम उम्र हिन्दुस्तानी की ऐसी कल्पनाशीलता से वह इतना प्रभावित हुआ कि जाते वक्त उसने श्रीनिवास को अपने गले से लगाते हुए उसे अपना पूरा पता देकर कहा : 'मेरा विश्वास है कि तुम्हारी कल्पना और कर्मठता यहाँ ठहरेगी नहीं। यह अभी बहुत आगे जाएगी और तब शायद तुम्हें मेरे देश आना पड़ेगा। श्रीनिवास, यदि कभी भी ऐसा अवसर आए, तो तुम क्षण मात्र को भी मत हिचकना क्योंकि मैं तुमसे वादा करता हूँ कि वहाँ तुम्हारी वैसी ही देखभाल करूँगा जैसी यहाँ तुम्हारे पिता करते हैं।'

उस हवेली की बनावट में श्रीनिवास की दूरंदेशी की इन्तिहाँ यह थी कि आनेवाले समय के मद्देनज़र उसने न केवल गढ़ से आए पानी की नलें और बिजली की लाइनों के संजाल का संयोजन किया, बल्कि चतुर्दिक होते विकास को देखकर उसने ऊपर और नीचे कई जगहों पर बिजली और नल के पाइप लगवा दिये। दरअसल उसने भीतर ही भीतर ठान लिया था कि वह 'गढ़' से निर्धारित समय पर आने वाली बिजली और पानी की कमी को गढ़-जैसे ही जेनेरेटर के छोटे प्रतिरूप को हवेली में लगाकर दूर कर लेगा।

दस्तूर के मुताबिक हवेली की चिनाई के मसाले के लिए नोहरे में एक विशालकाय घरट (पत्थर की चक्की) बनाया गया था, जिसे एक भैंसा गोल-गोल घूमते हुए चलाता रहता था। उसमें हर वक्त चूना, रोड़ी और चिणाई के विभिन्न मसालों की महीन पिसाई होती रहती और चेजारों के सहायक उस तैयार मसाले को तसलों में भर-भरकर ले जाते, लेकिन श्रीनिवास वहाँ भी हर घड़ी हाज़िर-नाज़िर रहकर देखता रहता कि सारे मसाले ठीक मात्रा में मिलाए गए या नहीं? पिसाई मोटी तो नहीं है? जैसे श्री कृष्ण रास-लीला के समय प्रत्येक गोपी की बगल में नृत्य करते दिखाई पड़ते थे, वैसे ही श्रीनिवास भी

ऊपर–नीचे, बाहर–भीतर–सब जगह नज़र आता रहता था।

प्रत्येक मज़दूर को नाम के साथ प्रेम भरे 'जी कारे' से बोलकर वह सबकी थकान हर लेता था। इतना ही नहीं, उसके नौकर–चाकर समय–समय पर उन्हें पानी, छाछ, बाजरे की रोटी, राबड़ी आदि खिलाते रहते थे और वह ख़ुद भी बाड़े से आई फूट–काकड़ी और मतीरे कोहिनी से फोड़–फोड़कर (आम तरीक़ा) उनके हाथों में पकड़ाता रहता था। अक्सर ही इस 'मतीरा गोठ' में उसके पास–पड़ोस के भायले भी भाग लेकर, हा–हू करते हुए मीठे मतीरों का गूदा और रस गटकते नज़र आते थे।

यह कहना बेकार है कि श्रीनिवास–सा संवेदनशील प्राणी न केवल मज़दूरों को दूनी मजूरी देता था, बल्कि वह उनके घर लौटते समय उनके साथ बाजरा, फली, मतीरों आदि का एक बोझा भी बाँध देता था। फलस्वरूप सारे मजूरे समय से पहले आकर? काम शुरू कर देते थे और समय ख़त्म हो जाने के बाद भी काफी देर तक काम करते रहते थे। इतना ही नहीं, वे यह काम इस तरह दिलो–जान लगाकर करते थे, मानो अपना ही घर 'चिण' रहे हों।

इन दिनों जोखीराम जी के आनंद का कोई पारावार नहीं था, और यह अत्यन्त स्वाभाविक भी था; क्योंकि काम जिस गति से आगे बढ़ रहा था, उसे और उसे बनवाने वाले को देखकर वे इतने प्रफुल्लित रहते थे कि उन्हें देखकर ऐसा लगता मानो उनके पैर ज़मीन से ऊपर चल रहे हों! प्रत्येक बुज़ुर्ग अपनी आने वाली पीढ़ी के भविष्य के प्रति आशंकित रहता है, लेकिन जोखीराम जी के जीवन में इसका विपर्यय घटा था। उनका अटूट विश्वास था कि उनका पौत्र न केवल उनकी विरासत को सँभालकर रखेगा, बल्कि उनकी प्रतिष्ठा और समृद्धि में भी वृद्धि करेगा।

श्रीनिवास ने हवेली के सामने 'हाथी का खुर्रा' (ऊँचाई पर बना ऐसा छोटा पठार, जिस पर हाथी से सीधे उतरा जा सकता है) भी बनवाया था। इसकी ज़रूरत पर जोखीराम जी के प्रश्न का उसने यों खुलासा किया : ''बाबो जी! आपणी दोन्नू बड़ी बाइयाँ (लड़कियों) के ब्याह में तो आपाँ जवाँइयाँ नै 'खुर्रै' पर कोन्नी उतार सक्या, पर मेरो मन है कि छोटी बाई का 'कँवर जी' जद बींदराजा (दूल्हा) बणकर हाथी पर आवै, तो आप्पाँ बिन्ना को (उनका) स्वागत खूब ई जोरदार ढंग सै कराँ। बींद कै हाथी नै खुर्रै के सामने रोककर पैली तो बिन्ना पर फूल्लाँ की बरखा कराँवा और जइयाँ ई बै खुर्रै पर खड़ा होवै, माँ अर दादी जी बिन्ना का नाक कान पकड़नै का, छाती नापणै का, मगद माठी मारणै का, आरतो आदि करणै का सारा नेगचार बठै ई करै। ऊपर छज्जे सै परिवार की लुगायाँ (स्त्रियाँ) बिन्नानै कामण के भानै (बहाने) सीठाणा (मीठी गालियाँ) सुणावै और सागै ई फूल भी गेर, इस! सड़क पर खड्यो पूरो गाँव बी ई नेग को धाप कर (जी भरकर) मज्जो ले सकैगो। ओर बाबो जी! आड्ड दिन (अन्य दिन) थे गरमियाँ म ई पर पाणी को छिड़काव करवाकर चाओ तो अठै (इस पर) थारी मजलिस भी जमा सकोगा।''

श्रीनिवास की समझदारी और दूरदर्शिता देखकर जोखीराम जी इतने ख़ुश हुए कि

उसे अपने में ज़ोरों से भींच कर आशीषों की वर्षा करने लगे।

इस पर श्रीनिवास ने उन्हें छेड़ने की गरज से कहा : ''बाबो जी!.. बाबो जी!.. आज तो टूट्या (टूटी) मेरा सारा हाड़ (हड्डी)।''

जोखीराम जी को यह अतिरेक तक पहुँचा हुआ आह्लाद इसलिए भी हुआ था कि श्रीनिवास की पीठ पीछे की छोटी बहन के ब्याह के लिए मलसीसर के सबसे बड़े सेठ साहजी (समधी) श्योराम जी झुनझुनवाला जोखीराम जी पर यथाशीघ्र अपने बेटे के ब्याह का दबाव डाल रहे थे और जोखीराम जी ने निश्चित कर रखा था कि हवेली का काम ख़त्म होते न होते वे अपनी सबसे छोटी लाड़ेसर को विदा कर देंगे।

जोखीराम जी के पैरों का ज़मीन पर नहीं पड़ना अत्यन्त स्वाभाविक ही था, क्योंकि उनकी आँख के तारे पौत्र ने बग़ीची में रईसी कोठी और बाग़-बग़ीचे लगवाकर विवाह में आने वाले माननीय अतिथियों की तो अति सुन्दर व्यवस्था कर ही दी थी, साथ ही उसने कोठी के नीचे बने सरदखाने (तलघर) में ढेरों कामदारों के ठहरने की व्यवस्था भी कर दी थी।

श्रीनिवास ने चौबारे के सामने की छत की मुँडेर से सटा हुआ एक नहानघर और पाख़ाना भी बनवाया था, क्योंकि उसे खुले में स्त्रियों के नहाने और पाख़ाने के लिए टीबों में जाने से सख़्त चिढ़ थी। बतौर एहतियायत उसने पाख़ाने के नीचे एक सेप्टिक टैंक भी बनवा दिया था, जो हवेली से सटा होने के बावजूद उसकी चहारदीवारी से बाहर था, ताकि उसकी सफ़ाई में कोई दिक्क़त न आए।

श्रीनिवास ने हवेली में घुसते ही ड्योढ़ी के दोनों ओर के चबूतरों के ठीक बगल से दो ज़ीने बनवाए थे, जो सड़क की ओर की दीवार पर बने छज्जे में जाते थे, और वहाँ से पर्दानशीन महिलाएँ भी आराम से सड़क के नज़ारों का लुत्फ़ उठा सकती थीं।

श्रीनिवास ने ड्योढ़ी पार करते ही सामने के बड़े आँगन के चारों ओर पक्की पट्टियाँ बनवाई थीं, जिसमें से दाहिनी ओर की पट्टी से सटी हुई दूनी ऊँचाई की बैठक के बीचोबीच बड़े झालरदार पंखों को लगाने और चलाने की कड़ियाँ ऊपर छत में ही लगवा दी थीं, और इसके साथ ही बैठक के अंतिम सिरे पर पंखा खींचने वाले के बैठने की जगह भी बनवा दी थी। उसी बड़ी बैठक के दाहिनी ओर उसने एक दरवाज़े का एक छोटा कमरा भी बनवाया था, जिसमें तिजोरी और खाता-पत्तर आदि सँभालकर रखने के लिए अलमारी एवं मुनीम-गुमाश्तों के बैठने के लिए चौकी और गद्दे की व्यवस्था का प्रावधान था। उसने सामने की बायीं ओर वाली पट्टी पर रसोई-घर, पानी-घर था और अंत का कोने वाला बड़ा कमरा बड़ी सैठानी दादी के लिए था और बीच की साल के दो छोटे कमरे अपनी माँ के लिए बनवाये थे।

सारा काम योजनानुसार यथावत् हो रहा था और श्रीनिवास अपनी कल्पना को केवल काग़ज़ों पर ही नहीं, आँखों के सामने साक्षात् होते देख रहा था, फिर भी उसके दिमाग़ में हर वक़्त कुछ-न-कुछ घूमता रहता, और वह बनी हुई चीजों को भी बार-बार ठोक-

बजाकर उनका निरीक्षण करता रहता। यहाँ तक कि कमरे का काम ख़त्म हुए बिना भी वह प्रत्येक कमरे में दिन भर रहकर और सोकर उसकी सुविधा–असुविधा पर विचार करता था।

इसी नियम के तहत जब एक रात वह दायीं तरफ़ वाले चौबारे के कमरे में लेटा तो उसे कमरे की सबसे लम्बी–चौड़ी दीवार हल्की–सी टेढ़ी लगी; अब उसे जक (चैन) कैसे पड़ती? उसने करवटें बदलते हुए किसी तरह सुबह की और उठकर तुरन्त ही उस दीवार पर साहुल (मापने का यंत्र) लटकवाया। हैरत की बात है कि श्रीनिवास की ख़ुर्दबीनी आँखों ने ठीक ही पकड़ा था, वह दीवार बीच में से सूत भर (पतले धागे जितनी) ख़म (टेढ़ा) खाए हुए थी।

उस ज़माने में अपव्यय बड़ा पाप समझा जाता था और कमरे की इतनी बड़ी दीवार को ज़रा से वहम के लिए तोड़कर फिर से बनाना शत–प्रतिशत बेक़ार के ख़र्चे और सनकीपन का बाईस माना जाता। श्रीनिवास दिलजमई करने के लिए हर आए–गए से पूछता : ''भीत (दीवार) ठीक है के ?'' और सबका एक ही जवाब होता : ''एकदम ठीक है। एक नम्बर, फर्स्ट क्लास।''

दो दिन तक इसी उलझन में फँसा हुआ श्रीनिवास माथे पर तीन लकीरें डाले और 'ठोड़ी' पर हाथ रखे उस दीवार को देखे जा रहा था कि अचानक उसे बाबा जी के चिटिये की ठक्–ठक् सुनाई पड़ी। जब उसने चौंककर सिर ऊपर उठाया, तो सामने बाबा जी को खड़ा देखकर बोला : ''बाबो जी, थे? मन्नै बुला लेता! ऊपर चढ़ने की तकलीफ़ क्यूँ करी?''

''बेटा जी! थानै मेरी तकलीफ़ की तो अत्ती (इतनी) फिकर है, ओर निज की जरा सी ई कोन्नी? बाबूड़ा, तू तुरत इ पटक ई भीत नै! क्यूँकि यो चौबारो म तन्न देस्यूँ और तन्न सोताँ–जागताँ, या भीत टेढ़ी ई दिखसी। निवासिया! औराँ की आँखाँ की छोड़, अठै तन्नै रह्णो है, ओर तू ई भीत को दोष जाणै है। सो बेटा, एक मिनट भी खोटी (बेकार) मत्ता कर, ओर ई भीत न अब्बी ई गिराकर नई चिणवा ले।''

बाबा जी की उदारता और दूरदर्शिता से प्रभावित होकर श्रीनिवास एक बच्चे की तरह हुमककर उठा और बाबा जी के पैर छूकर उनसे चिपक गया। बाबा जी उसके बालों और माथे को सहलाकर कहने लगे : ''बावला! इत्ती बड़ी हेल्ली में इत्ती छोटी–सी बात को इत्तो बेसी बिचार? बेटा, गाँठ बाँध ले, कि जइयाँ (जैसे) महीन–सी फाँस जीवन भर कराँसती रह्व, बइयाँ ई जाणणै कै बाद एक जरा सी गलती भी सदा आँखाँ में चुभती रह्व।''

श्रीनिवास ने छत के दोनों ओर डागली (ऊपरी) छतों के छोर पर दो गुम्बद भी बनवाए, जो न केवल हवेली की सौन्दर्य–वृद्धि कर रहे थे, बल्कि बारिश के दिनों में उनमें बैठकर पावस ऋतु का भरपूर आनन्द लिया जा सकता था। उन गुम्बदों में अक़्सर उसकी दोनों बड़ी बहनें, जो कि छोटी के ब्याह की तैयारी के लिए आई हुई थीं, आमने–सामने बैठ कर ऊँची तान में गीत गाने में रमी रहतीं। एक दिन उन्हें देखकर श्रीनिवास ने बाबा

जी से कहा : ''बाबो जी! मांडू कै किल्ले म जइयाँ राजा बाज बहादुर और राणी 'रूपमती' दो गुम्बदाँ म बैठ्या सास्त्रीय गाणा गाता रहता, मन्नै यो नजारो बीस्सै ई (उससे ही) रलतो-मिलतो लाग्ग है।''

बाबा जी अपने हियरे की कोर की ऐसी उपमाएँ सुनकर बिछ-बिछ जाते और धरती और आकाश को इस अनुदान के लिए धन्यवाद देकर श्रीनिवास को आशीषोपहार से भरते रहते, जिससे श्रीनिवास का हियाव (हिम्मत) और भी बढ़ जाता। बाबा जी की इसी दिलदारी की वजह से उसने निर्णय लिया कि वह हवेली का पणा (प्लास्टर) ऐसा ग़ज़ब करवाएगा कि पूरी हवेली शीशे जड़ी-सी लगेगी। जब उसने बाबा जी से इसके लिए अनुमति माँगी, तो उनका 'हाँ' कहना तो लाज़िमी था ही! ऊपर से उन्होंने एक शौकीन फ़रमाइश करते हुए कहा : ''बेटा, तेर चौबारै की एक दीवाल तो इस्सी चमकणी चाये (चाहिए) कि तेरी भू! बीमै (बहू उसमें) आपको (ख़ुद का) मुँडो (चेहरा) देख सकै। बेटा, सुणी है, बिको (उसका) रूप भी पूंगलगढ़ की पदमिणी सै कम नईं है, तो भाया! इस्सी सोणी भू कै लिए तू एक भीत तो दरपण सी करवा इ दे।''

श्रीनिवास शरमाता-सा 'जी!-जी!' करता हुआ तेज़ी से उठा और उस चौबारे में जाकर सोचने लगा : 'पूंगलगढ़ की पद्मिणी क्या उस शरारती जड़िया से ज़्यादा सुन्दर थी?' यह उपमा मन में आते ही उसने ख़ुद को अपनी सीमित कल्पना पर धिक्कारा और इसका यह तोड़ निकाला कि चूँकि उसके परिचय-संसार में जड़िया को छोड़कर वैसी कोई दूसरी लड़की तो थी नहीं इसीलिए उसका ध्यान घूम-फिर कर उसी पर चला जाता है।

इन्हीं विचारों से घिरा हुआ जब वह वहाँ से उठकर दादी जी के पास गया, तो उसे देखते ही दादी जी मुँह उतारकर बोलीं : ''लाड़ कँवर! भाया तेर सासरै हाला (ससुराल वाले) तो जाद्दा ई (ज़्यादा ही) सुधारक है। मै कुवायो (कहलाया) थो कि ब्याह अब्बी कर ल्यो, जिस्स कुँवारी कन्या (रजस्वला होने के पहले) फेरा ले लेवगी! मुकलावो (गौना) बाद में कर लियो, तो बठै से जवाब आयो : 'म्है ये सब भैम (वहम) कोनी मान्ना (नहीं मानते)। दो बरस बाद ब्याह और मुकलावो' दोन्नू एक सागै ई करस्याँ'।''

दादी जी का मन हरखाने के लिए श्रीनिवास ने उत्तर दिया : ''दादी जी, चोखो ई होयो! अबी तो हेल्ली को पणो बी बाकी है, ओर बगीची को काम भी पूरो नईं होयो है।''

सुनते ही दादी जी उठीं और श्रीनिवास के सिर पर वारा-फेरी (न्यौछावर) करते हुए श्रीनिवास की माँ को हेला मारकर बोली : ''बींदणी, तू भी आ जा और बेट्ट (बेटे) कै णूण-राई करकै इक्कि नज़र उतार।''

चूँकि दोनों के उस उछाह में बाधा डालना अनुचित होता इसलिए श्रीनिवास मुस्कुराता हुआ, चुपचाप माँ और दादी से कुछ देर तक तो लाड़ करवाता रहा और फिर यह बहाना बनाकर उठ भागा कि 'दादो जी बुला रह्या है।'

ब्याह के आगे सरकने से श्रीनिवास खुश था, क्योंकि अभी उसे ढेरों काम करने थे।

ऐसे भी वह अभी सोलह का हुआ ही था और वह लड़की तो उससे भी दो–चार साल छोटी ही होगी। अब यदि एक बचकाना बच्ची उसके व्यस्त जीवन में अभी आ धमकती, तो उसके कार्यों में बाधा ही पड़ती, सो अच्छा ही हुआ कि वे लोग अभी नट गए।

वैसे उसे क्या पता था कि वह लड़की बचकाना है या सबकी दादी? पर उसे तो इस उम्र की आम लड़कियाँ ऐसी ही नज़र आती थीं, हाँ, बस! 'उस' एक अपवाद को छोड़कर।

अनायास ही हरहराते हुए झरने-सी जड़िया की चपल चंचलता ने ऐसा रूप बदला कि वह ठहरे हुए नीले जल की शान्त झील बन गई, और जिसकी पारदर्शिता में आकाश, बादल, उड़ते परिन्दे, पेड़-पौधे, सूरज, चाँद, तारे अर्थात् पूरी सृष्टि अपनी सम्पूर्णता में प्रतिबिम्बित होने लगी। अपने इस स्थिर चरित्र के कारण जड़िया को घटनाएँ और व्यक्ति ही नहीं, उनके मनोभाव तक अपने मन के आईने में नज़र आने लगे। जड़िया के इस रूपान्तरण को कलकत्ते में उसकी अंग्रेज़ शिक्षिका ने यों व्याख्यायित किया : 'प्रसिद्ध रूसी गुड़िया में एक के अंदर एक करके छोटी-बड़ी सात गुड़ियाँ होती हैं; यदि उनमें से कभी सबसे छोटी गुड़िया व्यतिक्रम कर बीच की पाँचों को उलाँघ, सातवीं-सी बड़ी हो जाए, तो वह एक चमत्कार ही तो माना जाएगा! मेरी समझ से कुछ-कुछ वैसा ही चमत्कार जड़िया के साथ भी हुआ है।'

किसी हद तक उनका कहना सही भी था, क्योंकि आज तक सबने जड़िया को केवल घड़ी की हुक़्मउदूली करते देखा था, उसके वजूद को अहमियत देना नहीं! वही जड़िया अब घड़ी के काँटे से सुबह जल्दी उठकर पढ़ने बैठ जाती और मास्टर जी के आने के पहले ही उनका पढ़ाया हुआ सारा पाठ दोहराकर अपनी जिज्ञासाओं को एक काग़ज़ पर लिख लेती।

मास्टर जी उसे सुबह अंग्रेजी साहित्य, विज्ञान और गणित एवं शाम को हिन्दी साहित्य, भूगोल, इतिहास इत्यादि पढ़ाते थे। दोपहर की छुट्टी में जड़िया को चुनिन्दा क़िस्से-कहानियों की किताबें पढ़ने का व्यसन था, जिसका एक लाभ यह हुआ कि उसे अलग से हिन्दी साहित्य पढ़ने की ज़रूरत ही नहीं रही।

मास्टर जी उसकी शैली और हिन्दी का ज्ञान देखकर अवाक् रह जाते और अक़्सर केदारनाथ जी या नरसिंहदास जी से कहते कि "यदि इस लड़की को अवसर मिले, तो यह बड़ी लेखिका बन सकती है।"

यह प्रशंसा सुनकर केदारनाथ जी फूले नहीं समाते, लेकिन छोटी सिठानी जी को ये सारी बातें एकदम फ़िज़ूल लगतीं। इसलिए उन्होंने इसका तोड़ निकालते हुए एक दिन जड़िया से शिक़ायती स्वर में कहा : "जड़िया! तेर कारण तेरै सासरै मै मन्नै खूब बदनामी मिलैगी। तेरी सासु कह्गी : 'तेरी माँ तो तन्नै रोटी बणाणी तक ना सिखाई'।"

सुनते ही जड़िया झट से उठी और एक हाथ में किताब लिये हुए ख़ाना बनाने लगी। अब ऐसे में दाल–सब्ज़ी का गंगा–जमुना और रोटियों का पूरे विश्व का जला–बला मानचित्र बन जाना तो लाज़िमी ही था। ऊपर से जब उन्होंने अपना सिर ठोकते हुए केदारनाथ जी से यह शिक़ायत की, तो उनका सीधा सा जवाब था : ''देखिए कान्ता जी! आप मेरी होनहार बेटी से टिक्कड पुवाने (रोटी बनाने) की आस छोड़ दीजिए, उसे और भी बहुत से परचम फहराने हैं, इसलिए आप उसे गणगौर, चान्ना छठ्ठ, मंगला गौरी, कसीदा काढ़ना आदि की तरह ही इस बकवास झंझट से भी बख़्श दें, तो अच्छा रहेगा।''

''पर... जी, उसकी ससुराल वाले?''

''आप उनकी फ़िक्र छोड़ दीजिए, उनके लिए मैं और बाबा नरसिंहदास बैठे हैं न?''

बेचारी कान्ता देवी! एक तो ऐसे ही कमज़ुबाँ महिला थीं, ऊपर से केदारनाथ जी का खड़ी बोली में बातचीत करने का निर्देश तो उन्हें पूरी तरह ही बेज़ुबाँ कर देता था। वैसे भी उस ज़माने में घर के पुरोधा और मुखिया के सामने सभी के होश उड़े रहते थे, फिर वे बेचारी तो ठहरीं छोटी बहू! उनमें ज़बानदराज़ी करने की हिम्मत कहाँ से आती?

केदारनाथ जी की प्रखर दृष्टि किसी भी व्यक्ति की क्षमता का सम्पूर्ण आकलन कर लेती थी। नरसिंहदास जी से किसी व्यक्ति विशेष की चर्चा करते वक़्त वे उसके एक-एक रेशे को ऐसा खोलकर रखते कि नरसिंहदास जी उनकी पीठ थपथपा कर वाह–वाह करने लगते थे, तो ऐसे केदारनाथ जी अपनी बेटी के लिए ग़लत कैसे हो सकते थे?

उनकी ज़िद के कारण जब जड़िया ने 'प्रवेशिका' की परीक्षा दी, तब उसकी माँ समेत सारे रिश्तेदार और परिचित यह मानकर बैठे थे कि वह पास तो हो ही नहीं सकती, बल्कि उसके फ़ेल होने पर बैठे–बिठाए बदनामी और पल्ले पड़ेगी। पर जब जड़िया सबको चौंकाते हुए फर्स्ट डिवीज़न आ गई, तो केदारनाथ जी ने गर्व से रहस्यमयी मुद्रा में अपनी पत्नी की ओर देखा, जिसका अर्थ समझकर वे बेचारी सहम गईं और उन्होंने हाथ जोड़कर उनसे जड़िया के सामने अपने इस संदेह का पर्दाफ़ाश न करने का निवेदन किया। इस आपसी बात को केदारनाथ जी जैसा गम्भीर व्यक्ति भला क्या तवज़्ज़ोह देता? उन्होंने तुरन्त ही अपनी सहज मुस्कान से उन्हें आश्वासित कर दिया।

जड़िया को बचपन में लड़के–लड़कियों के साथ पिट्ठ, खो–खो, रूमाल–चोर, कबड्डी, पतंगबाज़ी, भरा समंदर गोपीचंदर, लँगड़ी आदि खेल तो रास आते थे, पर दूसरी लड़कियों की तरह न तो कभी वह गुड्डा–गुड्डी से खेली और न ही उसने कभी उनका ब्याह रचाया। पता नहीं क्यों, उसे धुर बचपन से ही गुड़ियों से खेलना अच्छा नहीं लगता था। वैसे यह सोचने की बात है कि यदि उसका उर्वर दिमाग़ गुड्डे–गुड्डियों के खेल में मन लगा पाता, तो फिर उसे इस धरती पर पहला 'बकरे का ताँगा' बनाना कैसे सूझता?

एक दिन देखा गया कि जड़िया दोपहर में बगीचे से फुल्लू माली की बकरी के मोटे बकरे को लिये हवेली में घूम रही है और उसे उसी तरह तालिमयाफ़्ता बना रही है जैसे

अंग्रेज़ अपने कुत्तों को बनाते हैं। माँ-दादी चकराई-सी जब भी उससे कुछ पूछना चाहतीं! तो वह धीमे से आँखों पर पलकें डाल और उठाकर उन्हें धीरज रखने का इशारा कर देती। तभी वहाँ कालू दर्ज़ी और रामेसर खाती (बढ़ई) अपने औज़ारों से नाना जी की भेजी हुई उस 'पालकीनुमा चीज़', जिस पर जड़िया के भाई उसे बैठाकर सवारी निकाल चुके थे और जो दरअसल बच्चों के खेलने का हथरिक्शा था, को ठोकते-पीटते नज़र आए। उन्होंने उसके सामने वाले डंडों के बीच, ताँगे में घोड़ा जोतने जैसा ही एक गद्देदार साज़ बनाकर, उसे उस बकरे की पीठ पर कस कर बाँध दिया और ताँगे के घोड़े की तरह ही उस साज़ को सामने वाले हैंडलों से जोड़ दिया; साथ ही उन्होंने सीट के सामने गद्देदार पायदान बनाकर उसे एक नवाबी ठाठ का ताँगा का बना दिया। सच पूछा जाए, तो बच्चों के हथरिक्शे को ताँगा बनाकर उसमें बकरा जोत लेना माशा अल्लाह एक ऐसी असम्भव कल्पना थी कि अलादीन का चिराग़ भी इसे पार (पूरा) नहीं पाड़ (कर) सकता था। पर जड़िया? वह महारानी तो ठहरी अलादीन की भी नानी! सो उसका बकरा-जुता ताँगा न केवल उसे और गुलाब कोचवान को लेकर सरपट दौड़ा, बल्कि और बच्चों की माँगों को भी न्यौता दे बैठा।

देखते ही देखते पूरी भिवानी में उस ताँगे की ऐसी धूम मची कि वहाँ के नामी-गिरामी रइसों के बच्चे अपनी बग्घियों, फिटनों और रथों को परे खिसका कर, जड़िया के बकरे के ताँगे की सवारी के मज़े को तरसने लगे। जड़िया जैसी कोमलमना लड़की के लिए यह तो सम्भव ही नहीं था कि वह किसी को भी ना कहकर उसे इस आनन्द से वंचित रखती, इसलिए गुलाब कोचवान अक़्सर ही हालू, आस्सके, कानूड़िया, पतरामी आदि मोहल्लों की हवेलियों के बच्चों को ही नहीं, ग़रीब बच्चों को भी उस ताँगे पर सैर कराता नज़र आता। दरअसल जड़िया को तो उस बेकार पड़े हथरिक्शे को दूसरे बच्चों के कौतुक और मनोरंजन का एक अनोखा साधन बनाने का ही चाव था, खुद तो वह उस पर मात्र एक बार इसलिए बैठी थी ताकि यह अंदाज़ कर सके कि उसकी सवारी पूरी तरह से सुरक्षित है या नहीं। यह आँखों देखा सच है कि जड़िया की इस साधारण-सी उदारता ने 'वसुधैव कुटुम्बकम्' मंत्र को ज़मीनी हक़ीक़त में बदल दिया था।

केदारनाथ जी को इस बार जड़िया के कलकत्ता-प्रवास में उसमें काफी बदलाव महसूस हो रहा था। न केवल जड़िया की फरमाइशें बल्कि उसकी चाल-ढाल, बोलचाल, उठ-बैठ आदि सभी क्रियाकलापों में उन्हें एक तरह की गम्भीरता का आभास हो रहा था। कोई प्रश्न पूछने पर वह पहले की तरह तुरन्त जवाब न देकर, कुछ ठहरकर और थोड़ा-सा विचार कर ही उसका उत्तर देती थी और किसी साधारण से साधारण बात को भी यों ही आई-गई न करके, उसका समुचित ढंग से क्रियान्वयन करती थी। यहाँ तक कि केदारनाथ जी ने जो 'मारवाड़ी गर्ल्स स्कूल' स्थापित की थी, उसमें भी जड़िया अक़्सर चली जाती थी और बड़ी बहन जी से पूछकर स्कूल की लाइब्रेरी, खाते-पत्तर, रिकॉर्ड आदि के काम में उनका हाथ बँटाती थी।

खिलंदड़ी जड़िया के इस गाम्भीर्य से परेशान होकर एक दिन केदारनाथ जी ने जब जड़िया की माँ कान्ता देवी से यह चर्चा की, तो वे ज़ोरों से हँसकर बोलीं : ''क्या आप जड़िया को सदा बच्ची ही बनाए रखना चाहते हैं? बढ़ती उम्र के साथ लड़कियों में इस तरह के परिवर्तन एकदम स्वाभाविक हैं। सेठ जी! सच पूछें तो ये सारे लक्षण शुभ हैं, क्योंकि आपको एकाध वर्ष में तो जड़िया को ब्याहना ही पड़ेगा। आख़िर आप कब तक लड़के वालों को बहाने बनाकर टालते रहेंगे? सच कहूँ, तो इस बार मेरे कलकत्ते आने का कारण जड़िया के ब्याह की ख़रीदारी करना और रईस बंगालियों के जैसे गहने बनवाना ही है। जब आपने जड़िया को भाइयों के बराबर हिस्सा देना तय कर ही लिया है, तो क्या आप उसके ब्याह में कोई कमी रहने देंगे? मैंने सोचा है कि जड़िया को ब्याह और मुकलावे में हमें कम-से-कम दस किलो सोने के गहने और दो सिल्ली चाँदी के बरतन तो देने ही चाहिए।''

लेकिन कान्ता जी के इन प्रश्नों का जवाब वहाँ कौन देता? केदारनाथ जी तो जड़िया की विदाई की कल्पना से ही इतने आर्द्र हो उठे कि अपने मन के भावों को छिपाने के लिए वहाँ से उठकर बैठक में चले गए और यों ही कुछ काग़ज़ात उलटने-पुलटने लगे।

उनके मन की विचलन को समझकर कान्ता जी उनसे बिना कुछ कहे रसोई-घर में जाकर सुबह के भोजन के निर्देश दे ही रही थीं कि अचानक उन्होंने जड़िया को अपने पास खड़े देखा। इस अचम्भे को साक्षात् होते देख वे एकदम चकरा गईं, क्योंकि जिस जड़िया को रसोई के नाम से छींकनी आती थी, जो बेध्यानी में साग-सब्ज़ी को नदी में तैरते हुए द्वीप बना देती थी, वही हवा-सी उड़ती जड़िया आज एकदम शान्त भाव से रसोई की बातों में रुचि लेकर पूरी प्रक्रिया को आत्मसात् करने की कोशिश कर रही है। पुरानी जड़िया के संदर्भ में यह एक ऐसी अनहोनी स्थिति थी कि वे स्वयं जड़िया के बड़े होने के अपने वक्तव्य को ही पूरी तरह भूल गईं। क्योंकि जड़िया की बेइन्तिहाँ मासूमियत और बाल-सुलभ मिठास से भरा उसका चेहरा हरेक व्यक्ति को इस कदर मुग्ध कर लेता था कि उसे सिर्फ दुलराने का मन करता था।

पहले जड़िया जब भी कलकत्ते आती, तो अपने साथ एक लम्बी-चौड़ी फ़ेहरिस्त लाती और आते ही आर्मी एंड नवी, व्हाइटवे लैडला आदि नामों की म्हारनी पढ़ने लगती, लेकिन इस बार सूची तो दूर, उल्टे जब केदारनाथ जी ने उससे 'चला' कर पूछा : ''बेटा! अंग्रेज़ी स्टोरों में कब चलना है? कल चलें?'' तो जड़िया का अप्रत्याशित उत्तर था : ''बाबू जी, क्या करूँगी वहाँ जाकर? अपना पूरा घर तो यूँ ही इनके सामानातों से पटा पड़ा है। सोचती हूँ, अबकी बार भिवानी जाकर उसमें से बहुत सी चीज़ें दूसरों को बाँट दूँगी, क्योंकि अब मुझे इन शौक़ीनी की चीज़ों में बिलकुल भी रुचि नहीं रही है।''

बेटी को आर-पार देखते हुए केदारनाथ जी उसकी सुरुचिसम्पन्न समझदारी देखकर मुग्ध हुए जा रहे थे और पास खड़ी कान्ता माँ भीतर-ही-भीतर यह सोचकर सिहर रही

थीं कि 'हे भगवान! खाने-पहनने की उम्र में ऐसा वैराग्य? यह लड़की तो जो कुछ करती है, शिखर पर चढ़कर ही करती है। जब शरारतें करती थी तब भी इसकी उड़ान आकाश से ऊपर थी और अब गम्भीर हुई तो ऐसी कि एकदम भूमिसात ही हो गई। ऐसा लगता है कि यह लड़की मध्यम मार्ग तो जानती ही नहीं है।' पर वे ठहरीं सीधी-सादी गृहिणी! उन्हें इस असाधारण अनोखी लड़की की थाह कैसे होती? कैसे अनुमान होता कि जिस अद्भुत लड़की ने आभिजात्य बंगालियों की विनम्रता, शालीनता, संस्कारशीलता और तहज़ीब के साथ ही मारवाड़ियों की कर्मठता और सजगता को भी घुट्टी की तरह घोलकर पी लिया है, उसमें समाहित ये ढेरों गुण उससे न जाने कौन-कौन से प्रतिमान स्थापित करवाएँगे? जब आज ही बड़ी-बड़ी राजबाड़ियों की डिग्रीयाफ़्ता राजरानियाँ इस नवल किशोरी जड़िया की विशेषताओं पर मुग्ध होकर अपनी बेटियों को यह सलाह देती नज़र आती हैं कि : 'जोदि किछु शीखते चाओ, तो जोड़ियार काछे जाओ!' (यदि कुछ सीखना चाहती है, तो जड़िया के पास जाओ) तो क्या भविष्य में कलकत्ते के भद्र समाज में इसकी प्रतिभा का डंका चारों ओर नहीं बजेगा?

इस बार जड़िया न केवल बाबू जी वाले स्कूल में कई बार जाकर वहाँ का काम सँभाल आई, बल्कि जब उसने केदारनाथ जी के प्रकाशित आलेखों की बिखरी हुई अख़बारी क़तरनों को भी सलीक़े से सजा कर, उनकी एक क़िताबनुमा डायरी बनाकर केदारनाथ जी को दिखाई, तो उनकी आँखें ही नहीं, पूरा चेहरा डबडबा आया; और एक छोटे-से बच्चे की तरह जड़िया को अपने से चिपकाकर वे देर तक उसके सिर पर हाथ फेरते रहे।

कुछ दिनों बाद केदारनाथ जी ने जब उससे फिर बाज़ार जाने के लिए पूछा, तो उसने तुरन्त उत्तर दियाः "हाँ, बाबू जी, चलिए, बाज़ार चलते हैं। मुझे किताब की किसी बड़ी दुकान से बहुत-सी किताबें लेनी हैं।"

उसकी इस इच्छा से केदारनाथ जी को इतना आह्लाद हुआ कि उनकी सारी भाव-भंगिमाएँ वसन्त ऋतु में खिले फूल-सी खिल गईं, पर कान्ता सिठानी जी का चेहरा 'पाला पड़ी फ़सल-सा' उतर गया। बाद में उन्होंने किसी तरह अपने मन को दर्शन से भरी ये पंक्तियाँ सोचकर कि 'होइहैं सोई जो राम रचि राखा' समझा लिया। साथ ही उन्होंने यह भी समझ लिया कि अब उन्हें अकेले ही जड़िया के दहेज़ की तैयारी करनी पड़ेगी, क्योंकि जड़िया और उसके पिता जी उनकी सहायता तो दूर, उनके हर निर्णय में भिचकी (बाधा) मारने से नहीं चूकेंगे।

कान्ता देवी में एक सफल गृहिणी का चातुर्य प्रचुर मात्रा में था, इसलिए उन्होंने सोच-समझकर यह निर्णय लिया कि वे गहनों की एक सूची राजा ईश्वर सिंह से भी मँगवाएँगी। राजा ईश्वर सिंह जी से फ़ेहरिस्त मँगवाने की तरक़ीब उन्होंने इसलिए अपनायी थी कि समाज-सुधारक केदारनाथ जी उसमें ज़्यादा अड़ंगा न लगा सकें, क्योंकि यदि वे अपने इस मित्र की दुहाई देकर जड़िया को घर के कामों से मुक्त करवाकर पढ़ाई-

लिखाई, गाना-बजाना आदि सिखाने में लगा सकते हैं, तो उन्हीं मित्र की फ़ेहरिस्त को वे क्या बहाना बनाकर कार्यान्वित होने से रोकेंगे? कान्ता जी की इच्छा यह भी थी कि वे जड़िया के सारे गहने कलकत्ते के सुनारों से ही बनवाएँ, क्योंकि उनकी गढ़ाई में पूर्वी और पश्चिमी दोनों कारीगरियाँ एकाकार होकर गहनों को एक सोफ़ियानी (नफ़ीस) स्पर्श दे देती थीं। पीहर और ससुराल दोनों समृद्ध होने के कारण अधिकतर राजबाड़ियों में उनका आना-जाना था, इसलिए उन्होंने केदारनाथ जी के हेड मुनीम घोष मोशाय से मिठाई के बड़े थाल के साथ लाहा राजबाड़ी, अहिरीटोला राजबाड़ी, सुतानूटी राजबाड़ी, पाथुरियाघाटा राजबाड़ी, मित्रा राजबाड़ी, मल्लिक राजबाड़ी आदि राजबाड़ियों की गिन्नियों (मालकिन) के पास जड़िया के विवाह का समाचार भिजवाने के पश्चात् यह अनुरोध किया कि यदि उन्हें उचित लगे, तो वे अपने सुनारों को उनके यहाँ भिजवा दें, और जैसा कि सम्भावित था कि दूसरे दिन ही उनके दरवाज़े पर नामी-गिरामी जौहरियों की लम्बी कतार लग गई।

आजकल के रईस रुपए-पैसे के मामले में पुराने राजाओं से किसी भी तरह कम नहीं थे। नए डिज़ाइनों की तो बिसात ही क्या? वे रजवाड़ों जैसे पुराने ज़ेवरात भी मिनटों में ही ख़रीद या बनवा लेते थे। वैसे भी आजकल राजघरानों में आमदनी का कोई ख़ास ज़रिया तो बचा नहीं था, ऊपर से उनकी अनाप-शनाप ख़र्च करने की आदत ज्यों-की-त्यों बरकरार थी। इन खर्चों के पेटे उन लोगों के अलभ्य ज़ेवरात और अन्य दामी चीज़ें बाज़ार में पानी के भाव बिकने आती रहती थीं। अपनी झूठी शान-शौक़त को बचाए रखने के लिए वे छिपकर अपनी वस्तुओं को ख़ूब कम क़ीमत में बाज़ार में बिकवाते रहते थे। हालाँकि दलालों और बिचौलियों के कारण उन्हें चौतरफा नुकसान होता था, पर अपनी आन-बान के कारण उनके पास और कोई उपाय भी नहीं था।

कान्ता देवी हर बार अपने कलकत्ते प्रवास में इस प्रकार की ढेरों चीज़ें राजबाड़ियों के सुनारों, मुनीमों आदि से खरीदती रहती थीं और उन्हें बड़े-बड़े ट्रंकों में भर कर हवेली के उस कोठे में रखती जाती थीं, जिसमें एक छिपा-तहख़ाना बना हुआ था।

रोज़मर्रा की तरह एक दिन जड़िया जब मारवाड़ी गर्ल्स स्कूल पहुँची, तो बड़ी बहन जी ने उससे कहा : "जड़िया, तुम सही समय पर आई हो, आज ज़रा तुम 'बालिका समाज' की सभा में छोटा-सा भाषण दे दो।"

उनका निर्देश सुनते ही जड़िया को मारे डर के ऐसे पसीने छूटे कि उसके कपड़े पीठ से चिपक गए। उसके ना-नुकर करने के पहले ही एक छोटी-सी बच्ची ने आगे आकर उसके गले में माला डाल दी और भगवती सुगंध, कौशल्या कालरा आदि बहनजियों ने सबके सामने उसका नाम पुकार दिया। जड़िया को काटो तो ख़ून नहीं! उसकी हालत उस फ़ाँसीयाफ़्ता क़ैदी-सी हो गई थी, जो गले में फंदा पड़ने के कारण पथरा-सा जाता है। जड़िया क्या बोलती? इसका उसे ज़रा भी भान नहीं था। उसकी तंद्रा तो तब टूटी, जब उसके कानों में तालियों की आवाज़ पड़ी। अपनी बन्द आँखों को खोलते हुए जब

उसने सबके चेहरे पर अपने लिए प्रशंसा के भाव देखे, तब कहीं जाकर उसका सफ़ेद पड़ा रंग कुछ गुलाबी हुआ और उसकी जान में जान आई। वैसे उस क्षण वह ख़ुद स्वयं के लिए निर्वाक् थी और घट जाने के बावजूद उसे उस घटना पर विश्वास नहीं हो रहा था, और वह चाहकर भी अपनी मानसिक उथल-पुथल को भाषा नहीं दे पा रही थी।

घर पहुँचते ही केदारनाथ जी ने आनंदित होकर उसे यों गले लगाया मानो कोई व्यापारी का बेटा 'कारूँ का ख़ज़ाना' लेकर सदियों बाद घर लौटा हो! उनकी आँखें गीली थीं और वे इस धन्यताबोध से सराबोर थे कि उन्होंने जड़िया की गलत परवरिश नहीं की है, क्योंकि लकीर से हटकर चलने में भटकने की भी तो गुंजाइश रहती है।

इन दिनों न केवल जड़िया की चंचलता का स्थान गम्भीरता ने ले लिया था, बल्कि उसके हाव-भाव में भी एक नारीसुलभ कोमलता आ गई थी, लेकिन केदारनाथ जी का उसके प्रति अति प्रेमल हृदय किसी भी सूरत में यह मानने को तैयार नहीं था कि जड़िया विवाह के लायक हो गई है। वे उसकी तन्वंगी कद-काठी पर गुमान कर कहते कि : "जड़िया ठहरी राजस्थान और पंजाब की मिश्रित पौध! यदि वह बारह-तेरह वर्ष की उम्र में पाँच फीट छः इंच लम्बी है, तो इसमें क्या ख़ास बात है? जब कान्ता जी और मैं ही नहीं, बल्कि हमारा पूरा ख़ानदान ही लम्बाई में सर्वजेता है, तो जड़िया की लम्बाई को उसका बड़ा होना कैसे मान लिया जाए?"

कान्ता देवी पति के इस पुत्री-प्रेम को समझती थीं, इसलिए बिना कुछ कहे ऐसी राहें निकालती थीं कि केदारनाथ जी पर जड़िया के विवाह का दबाव पड़े। वे कभी बड़ी सिठानी जी की शरण गहतीं, तो कभी नरसिंहदास जी की, पर दोनों ही उन्हें यह सान्त्वना देकर आश्वासित कर देते कि : "बेट्टा! ब्याह की घड़ी आयाँ मिन्टाँ मै ब्याह हो जाग्गा, तैं चिन्ता मत कर।"

पर चिन्ता न करना क्या उनके हाथ की बात थी?

इन्हीं दिनों कन्हैया को अपनी मौसेरी बहन के पगफेरे की रस्म के लिए मंडावा जाना पड़ा। वहाँ पहुँचकर जब उसने श्रीनिवास के बारे में पूछा, तो पता चला कि श्रीनिवास अपने बग़ीचे की कोठी के सरदख़ाने (तलघर) में ऐसे कमरे बनवा रहा है, जो गर्मियों के दिनों में ख़ूब ठंडे रहेंगे। साथ ही वह अपनी नई हवेली की चिनाई पूरी हो जाने के बाद उस पर ऐसा ज़ोरदार पणा भी करवा रहा है कि वह हवेली 'शीशे जड़ी'-सी लगे। इसी संदर्भ में उसने एक विचित्र बात यह भी सुनी कि यह फ़िज़ूलख़र्ची वह अपने बाबा जोखीराम जी की हिदायत से कर रहा है। वैसे कन्हैया पहले से काफी गम्भीर हो गया था, पर उसे यह बात किसी भी तरह हज़म नहीं हो रही थी कि घर के बड़े-बूढ़े श्रीनिवास को इस तरह के बेसिर-पैर के ख़र्च के लिए कहेंगे। यह सोचकर कि इस बात में ज़रूर कोई गोल है, वह श्रीनिवास की उस अद्भुत कृति को देखने के लिए उतावला हो उठा। चूँकि उसकी बहन की विदाई दूसरे दिन होनी निश्चित हो गई थी, इसलिए और कोई ख़ास काम न होने के कारण वह तुरन्त तैयार होकर श्रीनिवास के बग़ीचे जा पहुँचा।

अकस्मात् कन्हैया को आया देखकर श्रीनिवास बेहद ख़ुश हुआ और उसने उमगकर उसे अपने गले लगा लिया। अभी कन्हैया उसकी कुशल-क्षेम पूछ ही रहा था कि झूथा और चौथिया माली एक थाली में मंडावा का प्रसिद्ध गर्मागर्म दाल-हलवा, बीकानेरी हलवाई की ख़स्ता कचौड़ी और मलाई-भरे दूध के गिलास को लेकर वहाँ हाज़िर हो गए।

यह सोच भी कि मालिक के बिना किसी इशारे के वे निरक्षर-भट्टाचार्य्य इतनी नफ़ासत से ऐसी भव्य आवभगत कैसे कर रहे हैं, यह कन्हैया की कल्पना से परे था। सभ्य-शिष्ट संस्कार और परिमार्जित संस्कृति के आचार-व्यवहार के कितने स्तर होते हैं, उन्हें किस तरह शिक्षा से तराश कर गढ़ा जाता है, इसके पीछे श्रीनिवास ने कितनी मग़ज़मारी की होगी, आदि का उसे कोई अन्दाज़ ही नहीं था। उसकी दुनिया तो खेल में बेईमानी खाकर जीत हासिल करना जैसी हरक़तों तक ही सीमित थी, जबकि श्रीनिवास ने स्वयं को सरस्वती के चरणों में समर्पित कर पुस्तकों के माध्यम से बहुत कुछ सीख लिया था। साधारण से आचार-व्यवहार को भी योजनाबद्ध तरीक़े से एक ख़ानदानी पुट दे देना जिस ऊँचे स्तर की बात है बेचारे कन्हैया के लिए तो वहाँ तक विचारों में भी पहुँच पाना असंभव था।

श्रीनिवास की चौतरफा योजना में कोठी और सरदख़ाने के साथ ही कुएँ के विज्ञानीकरण और उसके पानी को छोटे-छोटे फ़व्वारों के माध्यम से सिंचाई का उपक्रम बना लेना, विभिन्न रंग-बिरंगे फूलों की क्यारियों को 'चौपड़' की 'बिछायत' की तरह सजा लेना, आम, अखरोट, बादाम आदि के पेड़ों को कामिनी पत्तों की बाड़ के साथ बग़ीचे के चारों ओर रोप देना, आदि को देखकर कन्हैया चकित था और उसे यह सारा दृश्य स्कूल में भूगोल की कक्षा में पढ़े और चित्र देखे हुए कश्मीर के निशात और शालीमार बाग़ की छोटी प्रतिकृति का आभास करवा रहा था।

कन्हैया अवाक् होकर चारों ओर देख रहा था और सोच रहा था कि उसी की 'दांई' (बराबर) का यह श्रीनिवास इतना बुद्धिमान कैसे है? अब उस बेचारे को कौन समझाता कि कई आत्माएँ जन्मना ही ये तेजस्वी संस्कार लेकर आती हैं। नहीं तो क्या इस अल्पायु में ही श्रीनिवास जितने चमत्कार घटा चुका है, वे किसी औसत व्यक्ति के लिए सम्भव हैं?

बगीची में श्रीनिवास का कमाल देखने के बाद कन्हैया ने श्रीनिवास से कहा : "निवासिया, सुना है कि तूने झूलते बरांडे की एक गज्जब हवेली बनवाई है। भाई, ज़रा मुझे भी तो दिखा, तेरी वह अनोखी हवेली!"

उसकी यह फ़रमाइश सुनते ही श्रीनिवास बोला : "यार! तेरा यह दोस्त श्रीनिवास! यहाँ का काम सँभालकर हवेली ही तो जा रहा है। चलो, दोनों साथ चलते हैं, रास्ते में कुछ बोल-बतलाँ भी लेंगे।"

अब 'मार खाया' और 'मार-पड़वाया' के बीच अंतरंग बातें हों और उनमें सौदामिनी-सी कड़कड़ाती चमकदार जड़िया का ज़िक्र न आए, क्या यह संभव था?

बात-बात में कन्हैया बोला : ''निवासिया, तुझे वह लड़की याद है जिसने तेरी पिटाई की थी?'' श्रीनिवास के चेहरे पर प्रश्नवाचक मुद्रा खिंची देखकर भी कन्हैया ने इस बात का खुलासा नहीं किया और प्रसंग को आगे बढ़ाते हुए बोला : ''कहने को तो वह लड़की आजकल काफी सुधर गई है, लेकिन उसकी खोपड़ी अभी भी कुछ-न-कुछ अफ़लातूनी काम करती ही रहती है। इन दिनों बाई-पूरो ने एक बकरे का ताँगा बनाकर पूरी भिवानी के बच्चों में तहलका मचा रखा है। वैसे तुम्हें एक भेद की बात बताऊँ? मैंने भी एक दिन उस ताँगे की सवारी का मज्जा लिया है।''

''बकरे का ताँगा? कन्हैया, क्या आजकल तू दिन में भी सपने देखने लगा है? यह एकदम फालतू बात है। बकरे का ताँगा? हुँह! कोई मज़ाक है क्या?''

''अच्छा, निवासिया, तो तूने झूलता बरामदा कैसे बनाया? सुनने वाले तो इसे भी एकदम फालतू बात ही मानते हैं।''

लेकिन उसकी यह तुलना सुनने के लिए श्रीनिवास वहाँ था कहाँ? वह तो उड़कर भिवानी के बिचले बाज़ार में खड़ा, जड़िया को बकरे के ताँगे में सवारी करते देख रहा था।

इधर कन्हैया का धाराप्रवाह भाषण चलता जा रहा था, जिसकी रौ में ही उसने कहा : ''सुना है, जड़िया का संबंध शेखावाटी के किसी सेठ के यहाँ पक्का हो गया है और साल-दो साल में उसका ब्याह भी हो जाएगा। वैसे वह आजकल काफ़ी शांत भी हो गई है और सारे दिन पढ़ती रहती है। सुना तो यह भी है कि उसने कोई परीक्षा भी पास कर ली है।''

इतने में ही हवेली आ गई थी इसलिए अपने एकालाप को वहीं छोड़कर कन्हैया श्रीनिवास के साथ उसमें घुस गया।

हालाँकि हवेली का आकार राजसी नहीं था, पर उसकी गढ़त बहुत ही सुघाटु थी। उसमें घुसते ही ऐसा अनुभव होता था मानो आप किसी सद्गृहस्थ के घर आए हैं। यह हवेली संस्कृत के 'गृह' शब्द की कसौटी पर पूर्णतः खरी उतरती थी, पर चारों ओर नज़र घुमाकर देखने के बाद कन्हैया को लगा कि मंडावावासी ठीक ही श्रीनिवास की फ़िज़ूलखर्ची का जिकरा कर रहे हैं। पूरी हवेली पर प्लास्टर हो चुकने के बाद भी इतने सारे चेजारे और चेजारन बड़े-बड़े सिलबट्टों से कौन-सी चीज़ें पीसकर उनका कपड़-छान कर रहे हैं? और अब इतने बड़े पैमाने पर यह मसाला क्यों तैयार किया जा रहा है?

कन्हैया की विस्फ़ारित आँखें देखकर, श्रीनिवास ने उसके कंधे पर दोस्ताना हाथ रखते हुए उसे समझाया : ''यह एक तरह की पॉलिश है, जिसे पणा कहते हैं। इसे बनाने और लगाने में काफ़ी परिश्रम करना पड़ता है, पर यदि तुम इसके बारे में विस्तार से जानने को उत्सुक हो तो धीरज से सुनो : सबसे पहले चूने को ख़ूब महीन पीस और कपड़-छान कर उसमें सिलखड़ी के चिकने पत्थर का महीन चूरा मिलाया जाता है, और फिर उसमें कौड़ियों का चूरा अच्छी तरह मिलाने के बाद, इन सारी चीज़ों को हाथ के पंजों और हथेलियों से रगड़-रगड़ कर ठंडाई की तरह तीन लड़ (अस्तर) की साफ़ी (कपड़ा)

से छाना जाता है। इससे जो लेई जैसा पदार्थ तैयार होता है, वह दूध–सा झकाझक सफेद और मलाई–सा मुलायम होता है। चेजारे पहले उसकी परत–दर–परत इस प्लास्टर पर चढ़ाकर उसे एकदम चिकना और समतल कर लेते हैं, और उसके बाद इसकी घिसाई शुरू करते हैं। घिसाई के लिए नारियल के खोपरे (गिरी) का प्रयोग किया जाता है, जिसे ये चेजारे और इनकी स्त्रियाँ दीवार लगे हुए 'पणे' पर इतना अधिक रगड़ते हैं कि उस चिकनी रगड़ाई से दीवारें शीशे की तरह भलभलाने लगती हैं।"

कन्हैया अपनी सारी ज्ञानेन्द्रियों को आँखों और कानों में केन्द्रित कर एकतार पणा गाथा सुनता जा रहा था, जिसे सुनकर उसकी बड़ी आँखें और भी बड़ी होती जा रही थीं। पणा–कथा समाप्त होते ही उसके मुँह से निकला : "श्रीनिवास, तू भी वैसा ही पागल है।"

श्रीनिवास ने उससे पलटकर पूछा नहीं कि 'कैसा'? वर्ना उसका जवाब होता : 'जड़िया जैसा।'

दूसरे दिन श्रीनिवास कन्हैया को छोड़ने गाँव की सीमा तक गया और उसने छाँट–छाँटकर बाड़े के मीठे मतीरे, काकड़ी, फूट आदि उसके रथ में रखवा दिये। जब कन्हैया ने उसे टोका तो उसने कहा : "देख भाई, मुझे पता है कि तुम पंजाब वाले! शेखावाटी के मतीरों की मिठास पर कुर्बान जाते हो, और हम लोग तुम लोगों के उम्दा अनाज और मंडी में आए बढ़िया मेवा की सराहना करते नहीं थकते, इसलिए कन्हैया, तुम्हें यह बानगी तो ले जानी ही पड़ेगी।"

कन्हैया को समझाने के बाद उसने रथवान से कहा : "बनवारी भाया, तू डूंडलोद स्टेशन पर सारो सामान बाबू के डब्बे मै ध्यान सै जमा दिये।"

सारी औपचारिकताएँ पूरी करने के बाद उसने कन्हैया को खूब प्रेम से गले लगाया और उसे दूर तक देखते हुए विदा किया।

अल्हड़ और साधारण बुद्धि कन्हैया जैसा इन्सान भी श्रीनिवास के दिमाग़ ही नहीं, उसकी भाषा, बोली, क़ान–कायदा, उदारता, व्यवहार, सज्जनता, बड़प्पन, तहज़ीब आदि गुणों से इतना प्रभावित हुआ कि अपने अनुभव और परिचय क्षेत्र को पूरी तरह खँगालने के बाद भी किसी को उसके समकक्ष खड़ा नहीं कर पाया। अंत में उसने यह मानकर संतोष कर लिया कि उस बुनकर भगवान की इस सृष्टि में कभी–आध ऐसा भी घटता है कि कोई कपड़ा फ़र्द (बेजोड़) बन जाता है, और जिसका जोड़ बनाना स्वयं उसके कर्ता के वश में भी नहीं होता। लगता है, श्रीनिवास भी उस परमपिता की एक 'फ़र्द कृति' ही है।...

तोते की टेंऽ–टूँ! गौरैया की किचर–मिचर, बतख की पैंक–पैंक, कठफोड़वा की ठक्–ठक्, कोयल की कुहूऽ–कुहूऽऽ, मोर की पिऊऽ–पिऊऽ, कबूतरों की हुँऊँ–हुँऊँ के साथ ही अनेकानेक पक्षियों के कंठ–स्वर के कलरव ने प्रातः–भ्रमण करते केदारनाथ जी को ठिठककर वहीं रुक जाने को विवश कर दिया। अपने पाँवों को वहीं थाम कर, उन्होंने लालिमा–भरी पूर्व दिशा की ओर देखा, जहाँ धुँधलाए बादलों के बीच से झाँकता युवा सूरज उनसे उनके रुक जाने का कारण पूछ रहा था। उसके सवाल का केदारनाथ जी क्या जवाब देते? वे तो स्वयं ही यह नहीं समझ पा रहे थे कि उनकी प्रतिदिन की चर्या में आज ऐसा नया क्या घट गया, जो वे औसान चूक होकर अपना आपा भूल यह टोह रहे हैं कि वे हैं कहाँ? और पक्षियों के सामूहिक कलरव की ये ध्वनियाँ आ कहाँ से रही हैं?

इस प्रश्न का उत्तर ढूँढ़तीं उनकी आँखें और कान जहाँ जाकर रुके, उससे उनका आश्चर्य कम न होकर, सैकड़ों गुना बढ़ गया, क्योंकि ये आवाज़ें उनके अपने बग़ीचे से ही आ रही थीं। वे पूर्णतः आश्वस्त थे कि उन्हें ज़रूर ही कोई भ्रम हुआ है और उनका यह संदेह कभी भी यक़ीन में तब्दील नहीं हो सकता, लेकिन बग़ीचे के दरवाज़े को हल्का–सा ठेलते ही उनका वह भ्रम तो टूटा ही, वे उस दृश्यावलि को अपलक देखते हुए वहीं स्थिर हो गए।

उनकी आँखों में बचपन की कहानी 'एलिस इन द वंडरलैंड' जीवन्त होकर आ खड़ी हो गई, जिसकी वर्तमान नायिका घास के चबूतरे पर नाना प्रकार के पक्षियों से घिरी बैठी थी; एक तोता उसकी नरम पतली अँगुली में फँसी हुई कच्ची लाल मिर्च कुतर रहा था, तो दूसरा एक थाल में छीलकर रखे हुए आमों में चोंच मार रहा था; वहीं एक ओर गिलहरी अपनी पूँछ को बलेटा मार पीठ पर धरे हुए अपना छोटा–सा मुँह आगे बढ़ाए मेवा और फलों को 'ट्रिंक–ट्रिंक टू' करती हुई कटर–कटर खाए जा रही थी; जापानी छत्ते–सी लम्बी पूँछ वाली एक इन्द्रधनुषी चिड़िया, उस परी के बालों को ऐसे छेड़ रही थी, मानो उनमें फँसे घास के तिनके, फूल की पंखुड़ी और छोटी पत्तियों की सफाई कर रही हो और रंगून से आए दो काकातुआ अपने तीखे चटख़ रंगों को लिये–दिये नायिका के दोनों ओर बैठे ज़ोरों की सीटियाँ मार रहे थे। कोयल रानी का तो कहना ही क्या! वह आम्रकुंज की वनदेवी

बनी पेड़ की डालों पर इधर से उधर फुदकती हुई ऐसा मीठा कूक रही थी मानो आज वह अपना कंठ पेड़ से टपकते शहद के छत्ते में डुबो लाई हो! बग़ीचे के पोषित मोर बादलों के घिरे बिना ही अपने पंखों को फैलाए थिरककर ठुमका देते हुए, पिऊ-पिऊ की बोली से अपनी प्रियतमा को रिझा रहे थे। फलों के भार से झुकी हुई पेड़ों की डालियाँ मन्द हवा से आंदोलित होकर सबका स्वागत कर रही थीं, और उनके आह्वान से खिंचे बाल-बारातियों की संख्या में हर क्षण इज़ाफ़ा होता जा रहा था।

अब तक अवाक् केदारनाथ जी के दिमाग़ में अचानक जड़िया को दिया हुआ 'आम पार्टी' का वादा कौंधा, और वे अपनी घबराहट भरी बेवकूफ़ी पर हँसते हुए शान्तचित्त-से उस सम्पूर्ण दृश्य को आत्मसात् करने में तल्लीन हो गए। उन्होंने जैसे-जैसे प्रत्येक दृश्य की व्याख्या की, अपनी बेटी के प्रति उनका मुग्धता-भाव बढ़ता गया। ख़ास बात यह थी कि जो साफ़ नज़र आ रहा था, उसके अलावा भी कई महीन बातों का पूरा ध्यान रखा गया था, जैसे : चबूतरे के नीचे क़बूतरों की पूरी बिरादरी आपस में गुत्थमगुत्था हुई ज्वार के दाने चुग रही थी और गौरैया मूँग दाल के दाने! नाना प्रकार के पक्षियों के अलग-अलग अनाज! दंग थे केदारनाथ जी बेटी की इस गहरी और विस्तृत सूझ-बूझ से और उनका सिर गर्व से ऊँचा होता जा रहा था।

आज इस दृश्य ने केदारनाथ जी को उनका बचपन फिर से लौटा दिया था और उन्हें वहाँ मौजूद हर पक्षी, पेड़ और पौधे से ही नहीं, एक पूरे इतिहास से ही जोड़ दिया था। उन्हें अपने स्मृति-पटल पर दिखने लगा : 'छोटे से केदारनाथ! नरसिंह दास जी की अँगुली पकड़े हुए फिटन से रोज़ सुबह बग़ीचे आते और नरसिंह दास जी एक हाथ में छड़ी पकड़े हुए हरेक पेड़, पौधे, फूल, पक्षी आदि का अच्छी तरह मुआयना कर किसी को सहलाते, तो किसी को पुचकारकर उसकी पूरी विगत केदारनाथ जी को समझाते जाते। केदारनाथ जी अपनी छोटी-छोटी अँगुलियों से उन्हें छूते और अपनी अचरज भरी आँखों में उन्हें ज्यों-का-त्यों सँजोकर अपने अन्दर उतार लेते।

जीवन की आपाधापी में खो गई उन सुरीली यादों से आज उनका पुनर्मिलन करवाकर जड़िया ने उन्हें कृतकृत्य कर दिया था। इस लड़की ने आज स्थापित कर दिया था कि वह कल्पनाशीलता और व्यवस्था में उनसे बहुत आगे है, क्योंकि एक साधारण-सी हुड़दंगी आम पार्टी को किसी शानदार जश्न में कैसे परिवर्तित किया जा सकता है, जड़िया ने इसकी बेमिसाल मिसाल क़ायम की थी। विस्मयकारी था यह देखना कि वहाँ का अणु-अणु मदमस्त होकर भी अपना सलीक़ा नहीं छोड़ रहा था। बच्चे डालों पर बैठे आम चूस रहे थे, पर न तो वे कच्चे फलों को और न ही डालों और पत्तों को कोई नुक़सान पहुँचा रहे थे। उनकी माँओं का भी निमंत्रण होने के कारण, वह पूरी वानर सेना श्रीराम की साधी हुई सेना-सी लग रही थी।

केदारनाथ जी, अपनी ख़ुशी से 'पनीआई' आँखों से जड़िया को एकटक देखे जा रहे थे कि लगातार पड़ती दृष्टि का आभास होते ही जड़िया दौड़ कर आई और उनसे चिपक

कर उन्हें 'धन्यवाद बाबूजी! धन्यवाद!' कहने लगी। केदारनाथ जी के चेहरे पर प्रश्न घिरा देखकर जड़िया ने कहा : "बाबूजी, आपने 'आम पार्टी' की अनुमति देकर मुझे बहुत ही सुख दिया है। इन बच्चों की माँ–बेचारियों को घर के कामों से इतनी फुर्सत और सुविधा कहाँ कि वे बच्चों का ऐसा लाड़ कर सकें। बाबूजी, जब ये बच्चे मुँह में पके आम का रस घुमाते हैं, तो उनके चेहरे से जो ख़ुशी छलकती है, उसे मैं परमानन्द के बराबर मानती हूँ।

"बाबूजी, मैंने कल रात ही बग़ीचे के सारे पके आमों को बोरों में भरवाकर कुएँ में लटकवा दिया था; ताकि पूर्णिमा की चाँदनी से रस खींचकर वे और भी मीठे और कुएँ के पानी से ठंडे हो जाएँ।"

"बेटा, वो सब तो ठीक है, पर मैं समझ नहीं पा रहा कि चूल्हे पर चढ़ी इस बड़ी सी मिट्टी की हाँडी में कौन–सा पकवान बन रहा है और पत्तों पर परसी हुई ये जलेबियाँ और कचौड़ियाँ कहाँ से आईं? और हाँ, बेटा! एक ख़ास बात यह भी पूछनी है कि तुम इतनी तल्लीनता से उस शहतूत के पत्ते में क्या देख रही थीं?"

केदारनाथ जी के प्रश्न के उत्तर में जड़िया अपनी धवल दंत–पंक्ति दिखाती हुई ज़ोरों से हँसी और उनके हाथ को खींचती हुई, चबूतरे के एक ओर उनसे सटकर बैठते हुए बोली : "बाबूजी! शुरू से सारी बात बताती हूँ। आप अक़्सर आपके अरबी घोड़े 'जेंटलमैन' के कान में चार आने अटका कर उससे कहते हैं–'जेंटलमैन! जा, गुल्लू की जलेबी ले आ' और आपका वह 'स्टैलियन', 'अलेक्ज़ेंडर द ग्रेट' के घोड़े की तरह झब्बर पूँछ उठाए, जलेबी का पूड़ा अपने दाँतों से पकड़े, आपके सामने आकर जोरों से हिनहिनाता है ताकि आप जल्दी से उसे जलेबी खाने को कहें और आपके पीठ थपथपाते ही वह तुरन्त जलेबियाँ खाकर अपने चेहरे पर एक अनुगृहीत मुद्रा भरे आपके पैरों को जीभ से सहलाने लगता है, सो मैंने भी बच्चों के मज़े के लिए कल ही गुल्लू चाचा को जलेबी–कचौड़ी का ऑर्डर दिलवाकर यह समझा दिया था कि वे उस बड़े पूड़े को जेंटलमैन के सिर पर ठीक से जमा दें।

"बाबूजी, आप सोच नहीं सकते कि जब 'टगऽ!–टगऽ!–टगऽ!' करता 'जेंटलमैन' सिर पर पूड़ा धरे यहाँ आया, तो बच्चों ने कैसा–कैसा नाच किया। उनकी तालियाँ, उनकी किलकारियाँ और उनका हँसी से पछाड़ खाकर ज़मीन पर लोट–पोट हो जाना, आदि हरकतें तो देखने ही लायक थीं।

"बाबूजी, आप इस हाँडी के पकवान के बारे में पूछ रहे थे न, तो इसमें बंगालियों की 'हींग की कचौड़ी' के साथ खाई जाने वाली सब्ज़ी 'कोड़ाई–शाक' बन रही है। इसमें मैंने ख़ुशबू के लिए कुछ सूखी पत्तल के पत्ते भी डाले हैं, क्योंकि कच्ची मिट्टी की सुगन्ध तो इसमें हाँडी से स्वत: ही आ जाएगी, अन्यथा मुझे इसमें कच्ची मिट्टी का सिकोरा भी डालना पड़ता। दरअसल मैंने यह ठेठ बंगाली सब्ज़ी लाहाबांड़ी की मोणि माशी से बनानी सीखी है। बाबूजी, आप सोच भी नहीं सकते कि जब मैंने इसमें एक ख़ास प्रकार के पंचफोरन का छौंक लगाया, तो बच्चे तो बच्चे, उनकी माँएँ भी इस सब्ज़ी को अचरज

भरी आँखों से देखने लगीं। यदि आपको लगे कि मैंने कोई बाड़ा–बाड़ी (ज़्यादती) की है, तो माफ़ कर दीजिएगा, पर मैं इन बच्चों का परिचय इस कौतुक–भरे कौतूहल से करवाना चाहती थी।

''हाँ, आपने एक बात और पूछी थी : मेरे शहतूत के पत्ते को ध्यान से देखने की! तो बाबूजी, मुझे पता है कि आपने विभिन्न जगहों से फलों–फूलों के पौधे और पक्षी आदि मँगवाए हैं। मार्बल पैलेस के सँझले मामू ने मुझे बताया था कि आपको यह शौक़ बंगाली और अंग्रेज़ दोस्तों की वजह से हुआ था, और आप यह काम बहुत ही मन और लगन से करते थे। ओह, बाबूजी, मैं तो मूर्खा की मूर्खा ही रही! आप तो यही क्या, सारे काम ही पूरे ध्यान और तल्लीनता से करते हैं। हाँ, तो, मैं इस पत्ते को नहीं, इसके कीड़े को पत्ता खाते देखकर सोच रही थी कि यह कीड़ा इस पत्ते को खाकर बदले में हमें 'रेशम' जैसी बेशक़ीमती चीज़ देता है, जिसे हम इसके नाम से 'मलबरी सिल्क' कहते हैं। बाबूजी, मैं सोच रही थी कि एक छोटा–सा कीड़ा पत्ता खाकर बदले में हमें इतना नर्म और कोमल उपहार लौटाता है और हम–इतने लम्बे–चौड़े आकार के आदमी–धरती का सब कुछ खा–पीकर उसे क्या लौटाते हैं?''

वहाँ कौन किसको माफ़ी देता? केदारनाथ जी हल्का–सा मुँह खोले 'अवाक्' खड़े थे। वे अवाक् थे जड़िया की दूरदृष्टि से, जो दसों दिशाओं के पार जाती है। उसकी करुणा से, जो ग़रीब और अमीर में फ़र्क नहीं करती। उसके 'सर्वे भवन्तु सुखिन:' मंत्र को जीने से, उसकी उस अन्तर्दृष्टि से, जो सबके हृदय को भेद कर उनके सुख–दु:ख का साझा कर लेती है। वे निर्वाक् थे उसकी उदारता से, उसके सौमनस्य से, उसके निरहंकारी होने से, उसके अपरिग्रह से, उसकी भाषा से, उसकी संस्कृति से! 'संगच्छध्वम् संवदध्वम्' के इस मूर्तिमंत रूप से साक्षात्कार कर वे स्तंभित थे और उनकी आँखें वहीं स्थिर होने के बावजूद उनका वह स्तम्भित तत्त्व गंगोत्री से गंगासागर तक की यात्रा कर रहा था। उनकी आँखें जड़िया पर अटकी थीं, पर अब उनमें जड़िया नहीं, इसी वसन्त में मंडावा में घटा एक कालखंड तैर रहा था।

केदारनाथ जी फलेरिया दूज के अनबूझ 'सावे' पर जड़िया की छोटी ननद के विवाह में कच्चे समधियाना का नेग लेकर जब मंडावा पहुँचे, तो वहाँ उनकी गाजी पहले से ही गज रही थी। कारण केदारनाथ जी का वही उसूल, कि 'ठगायाँ ठाकरा कहावो, अर ठग्याँ ठग'। वे लोगों को जी खोलकर ख़र्च करने की अनुमति देते और किसी की बेईमानी पर भी उसे कोई उलाहना न देकर उसे उसकी फ़ितरत के खाते में डालकर आगे के लिए सावधान हो जाते। पठन–पाठन और समाज–सुधार के कामों में लगे रहने के कारण उन्हें समाज में व्याप्त 'फैल–फितूरी' का ज़रा भी अंदाज नहीं था, लेकिन वे अपनी एकमात्र बेटी, जो कि तीन समृद्ध परिवारों में 'एका–एक' लड़की थी, के ससुराल वालों को अतिरंजना के स्तर तक ख़ुश करना चाहते थे। वे अच्छी तरह जानते थे कि दिखावेबाज़ी और आडम्बरों में वे एकदम कोरे हैं, इसलिए उन्होंने अपनी उसी पुरानी सिफ़्त की शरण

ली : 'काम के लिए व्यक्ति विशेष का चुनाव, और फिर उस पर आँख मूँद कर भरोसा।' बहुतों के अनुसार उनका यह सिद्धान्त कि पहले आदमी को अच्छी तरह परख लो और फिर उस पर स्वयं से ज़्यादा विश्वास करो, उनकी सफलताओं का मेरुदंड था।

'ब्याह बिगाड़ै दो जणा, के मूजी के मेह' कहावत के सार को मद्देनज़र रखते हुए, उन्होंने जब अपने मन में घर और ससुराल के परिवार वालों का पूरा नक़्शा ख़ींचा, तो उन्हें दोनों ख़ानदानों में जो सबसे बड़े रईस समझ में आए, वे थे उनके बड़े साले पूनमचंद जी।

पूनमचंद जी जन्मना ही एक नफ़ीस सौन्दर्यबोध लेकर पैदा हुए थे और पारिवारिक समृद्धि के कारण वह बोध आसक्ति के स्तर तक पहुँच गया था। अपनी अप्सरा-सी सौन्दर्यवती एवं गुणवती भाँजी जड़िया पर तो वे उसके पैदा होने के दिन से ही बलि-बलि जाते थे और बच्ची जड़िया भी उन्हें देखते ही अपने दोनों हाथ उठाकर जोरों से किलकारियाँ मारने लगती थी। उनकी रईसी और दातारी के क़िस्से दिल्ली और कलकत्ते तक में सुने-सुनाए जाते थे; अब भला उनको छोड़कर केदारनाथ जी किसी और का चयन क्यों करते? भगवत्कृपा से केदारनाथ जी पर लक्ष्मी जी अपने वरद् और अभय दोनों हस्तों से 'श्री' की वर्षा कर रही थीं, लेकिन स्वयं फिज़ूलखर्ची में असमर्थ होने के कारण उन्होंने जड़िया के ससुराल और विवाह के सारे 'नेगों' के लिए पूनमचंद जी को अपनी हस्ताक्षरित 'चैक़ बुक' और तिजोरी की चाबी सौंप दी थी, और उन्हें अपने इस विश्वास का सुन्दर प्रत्युत्तर भी मंडावा में घुसते ही मिल गया।

गाँव की सीमा पर पहुँचते ही उनकी नज़र शहनाई बजाते बनारस के शहनाईवादकों पर पड़ी और साथ ही वहाँ से जाती सड़क से मंडावा के बाज़ार तक कनातें ही कनातें बँधी दिखाई दीं। तहक़ीकात करने पर उन्हें पता चला कि आज गाँव के प्रत्येक प्राणी को 'जीमन' का न्यौता दिया गया है, और वजह? आज श्रीनिवास के ससुर की ओर से समधी जी के यहाँ 'मिजबानी' भेजी जा रही है। दस्तूर के मुताबिक 'मिजबानी' में मात्र घरवालों के लिए पकवान और व्यंजन भेजे जाते हैं, पर जहाँ मंगतराय-किरोड़ीमल का पूनमचंद हो, वहाँ क्या पूरा गाँव ही समधी जी का घर नहीं मान लिया जाएगा? पूनमचंद जी की इस रईसी का ठाठ देखकर केदारनाथ जी ठगे के ठगे रह गए। वे सोचने लगे : 'भानजी की ननद के ब्याह का ऐसा उत्पात, तो पता नहीं, यह बंदा अपनी लाड़ली भानजी जड़िया के ब्याह में कौन से आसमान से तारे तोड़कर लाएगा?' अचरज की बात थी कि केदारनाथ जी उनके इस ग़ैर-ज़रूरी ख़र्च का बुरा मानना तो दूर, उनके इस उदार दृष्टिकोण से अत्यधिक प्रभावित और प्रफुल्लित थे। वे तो यही सोच-सोचकर आनंदित हो रहे थे कि यहाँ के ग़रीब-गुरबा जब सुस्वादु भोजन खाकर तृप्त होंगे, तो समधी जी को ज़रूर ही ढेरों आशीष देंगे। सो बजाय पूनमचंद जी को डाँटने के उन्होंने आगे बढ़कर उन्हें अपने आलिंगन में भर लिया और उनकी पीठ को ज़ोरों से थपथपा कर बिना कहे ही अनेकानेक धन्यवाद कह दिये।

पूनमचंद जी उनकी इस प्रतिक्रिया से बिलकुल हैरान नहीं हुए, क्योंकि वे अपने फूफा जी का मन–मिजाज़ अच्छी तरह समझते थे। वे जानते थे कि वे स्वयं चाहे हथकता मोटा कुर्ता पहन कर घूमें, पर औरों के लिए 'दिल–दरियाव' थे। पूनमचंद जी के तौर–तरीकों, शान–शौक़त और ठाठ–बाट से मंडावावासी ही नहीं, झुंझुनू, चुरू, सीकर आदि के ठाकर और जयपुर रियासत से आए राजा के ख़ास 'कुर्सीदार' तक चौंधियाये हुए थे।

होली को केवल तेरह दिन बाक़ी होने के कारण पूनमचंद जी ने फ़ागुन के सुहावने मौसम का लाभ उठाते हुए सबके मनोरंजन का ख़ास इन्तज़ाम किया था। उन्होंने ठंडाई के लिए कसेरू की पेटियाँ रंगून से मँगवा कर उन्हें सरदख़ाने के कमरों में जमा दिया था, और निश्चित कर दिया था कि उन्हें अच्छी तरह धुलवाने–पोंछवाने के बाद उस फल को स्वयं घर की धिरानियाँ धारदार चाकुओं से छीलकर काटेंगी।

राजे–रजवाड़ों के यहाँ बननेवाली कसेरू की ठंडाई कभी उनके यहाँ के विवाह में भी बनेगी, जोखीराम जी तो यह कल्पना तक नहीं कर सकते थे। वैसे भी अब तक जो साज–सजावट और खान–पान हो रहा था, वह सब कुछ ही उनके लिए अकल्पनीय था। वे ठहरे सीधे–सादे बनिया, इसलिए इस अनाप–शनाप ख़र्च को देखकर वे जब भी घबराकर पूनमचंद जी से ख़र्च के हिसाब की बाबत पूछते, उन्हें एक ही जवाब मिलता : 'बाबोजी! आप चिंता न करें, यह तो मैं जड़िया के ब्याह के पहले की 'अभ्यासी क़वायद' कर रहा हूँ, इस ख़र्च से आपका क्या लेना–देना?'

जड़िया की ननद कलावती जब विवाहवाले दिन सुबह भीगे बालों के साथ आँगन में 'घरवे' के लिए बैठी, तो मामाओं के साथ ही घर–परिवार और गाँव वालों ने भी उसकी गोद में अपने–अपने नेग रख दिये। तभी पूनमचंद जी कई बड़े खोमचों को भिवानी से साथ आए ठाकरों से उठवाए हुए वहाँ आए और बोले : ''फूफा जी, आइए, बाई की गोद में नेग रखिए।''

और जब 'नरसिंहदास केदारनाथ' का नेग आना शुरू हुआ, तो चारों ओर सरग़ोशियाँ होने लगीं : 'अरे भई! ये अपनी बेटी को 'पहरानी' या 'मुकलावा' दे रहे हैं या उसकी ननद को नेग? क्या इनके हाथ कोई रियासत लग गई है, जो ये राजे–रजवाड़ों–सा खेल खेल रहे हैं?' क्योंकि सबसे पहले दुल्हन की जो 'अढ़ाई तील' आई, उसकी 'ज़रदोज़ी' ऐसी 'जड़ा–जन्त' थी कि असल पोत नज़र ही नहीं आ रहा था और काम भी इतना महीन, मानो आतसी शीशे में देखकर ख़ुद नूरजहाँ ने इसे बनाया हो!

इसके बाद पूनमचंद जी ने दोनों ब्याही हुई बहनों को बुलवाया और केदारनाथ जी से उन्हें नए चलन के बहुत ही महँगे और ख़ूबसूरत ओढ़ने उढ़वाए। अंत में दादीजी और माँजी की तीलें आईं, जो भव्य होते हुए भी उनकी उम्र के अनुरूप सौम्यता लिये हुए थीं। गहने में कलावती बाई के गले का सतलड़ा चन्द्रहार, माथे का टीका, बाजूबंद और उतार–चढ़ाव का चूड़ा था। श्रीनिवास की ओर से दूल्हे को देने के लिए परबों से भरा शिरौपेच और पन्ने की मणियों का तिलड़ा–कंठा था।

ऐसा अद्भुत ताम-झाम देखकर जोखीराम जी खुशी से फूले नहीं समा रहे थे, पर सख़्त मिजाज़ शिवदत्त राय जी इसे समधी जी की ज़्यादती मानकर क्षुब्ध थे। अंत में उनसे रहा नहीं गया और उन्होंने केदारनाथ जी से कहा : "साहजी, थारो इत्तो दिखावो? ब्याह म्हारी बेटी को है, तो म्हानै ही करणै द्यो?"

यह उपालम्भ सुनकर बेचारे केदारनाथ जी तो सहमकर पीछे हट गए, पर उनके प्राणरक्षक पूनमचंद जी ने शिवदत्त राय जी के पैरों को पकड़ते हुए कहा : "बाबूजी! आपको 'पाँवा-धोक' करता हूँ, आशीर्वाद दीजिए। बाबूजी, समझ में नहीं आ रहा है कि आप जैसे समझदार आदमी ने यह तेरा-मेरा क्या लगा रखा है? अपने यहाँ तो बहुत पुरानी कहावत है कि 'समधी समधी की जड़ होते हैं'। वैसे भी बाबूजी, क्या श्रीनिवास बाबू हमारे भी बेटे नहीं हैं? और उनकी बहन? क्या वे हमारी भी बेटी नहीं हैं? बाबूजी, मैं आपकी 'काली गाय'! चाहे जो सज़ा दे दीजिए, पर हमें यों पराया मत कीजिए।"

दुनियादारी से बेख़बर कट्टर शिवदत्त राय जी होशियार पूनमचंद जी की लंद-फंद बातों के लच्छों में फँसकर, चाशनी की नदी में ऐसा बहे कि उसमें ऊब-चूब होकर, उनसे आगामी कार्यक्रम पूछने लगे और यह सुनकर कि पूनमचंद जी ने शाम को बारात की अगवानी के बाद बग़ीची में प्रसिद्ध गायिका रसूलन बाई के शास्त्रीय संगीत का प्रबंध किया है, आनंद विभोर हो गए।

रसूलन बाई का ख़ास तरीक़ा यह था कि वे गायन का आरंभ और समापन वेद की ऋचाओं से करती थीं, अत: यह ख़बर मिलने पर शिवदत्त राय जी के आर्यसमाजी मन का स्पंदित होना तो स्वाभाविक ही था।

केदारनाथ जी पूनमचंद जी के इन्तजाम से भी ज़्यादा श्रीनिवास की गम्भीरता, कर्मठता, सजगता और विनम्रता से इतने अधिक प्रभावित हो रहे थे कि उसके मुरीद ही बनते जा रहे थे। श्रीनिवास उनकी आँखों का केन्द्रबिन्दु तो था ही, पर किसी विचित्र प्रकार के गुरुत्वाकर्षण के कारण वे उसे क्षणमात्र को भी अपनी आँखों की जद से बाहर नहीं जाने देते थे। इतनी छोटी उम्र में जिस निरासक्त भाव से वह सारे कामों को अंजाम दे रहा था, वह उनके लिए एक अभूतपूर्व अनुभव था। माथे पर लेशमात्र शिकन नहीं! गला ऊँचा नहीं! क्रोध का प्रश्न नहीं! धीमे सुर में मीठा बोलता और हवा पर तैरता-सा! बिना कोई काम भूले वह बंदा सबको मोहता हुआ इधर-उधर, दाएँ-बाएँ, ऊपर-नीचे अर्थात् चारों ओर नज़र आता रहता था। उसकी चाल एकदम सधी हुई और बिना किसी हड़बड़ाहट की थी। उसे देखकर ऐसा लगता था कि उसने अपनी आँखों और दिमाग़ में सारे कामों को तरतीबवार सजा रखा है, जिन्हें वह आराम से क्रमश: पूरा करता जा रहा है।

'फेरों' के समय पंडितों के साथ जब श्रीनिवास स्वयं भी शुद्ध स्वर में मंत्रोच्चार करने लगा, तब तो केदारनाथ जी की आँखों में आनंदाश्रुओं की बाढ़ ही आ गई। उन्होंने आकाश की ओर देखकर उस परमपिता को अशेष धन्यवाद दिया कि उसने उन्हें इतना

सुसंस्कृत और विचारशील जँवाई दिया है। केदारनाथ जी पैसे को हाथ का मैल और संस्कारों को ही मनुष्य की सही धरोहर मानते थे। उनके हिसाब से श्रीनिवास अकूत धन का मालिक न सही, पर वह एक ऐसे खज़ाने का स्वामी था, जिसे बिना परिश्रम के पाया ही नहीं जा सकता। श्रीनिवास के क्रियाकलापों को देख-देखकर उन्हें यह विश्वास होता जा रहा था कि आने वाले समय में वह न केवल जड़िया और अपने परिवार को, बल्कि आवश्यकता हुई तो उनके परिवार को भी सँभाल लेगा।

श्रीनिवास के बारे में सोचते ही केदारनाथ जी को एलिफेंटा की 'महेशमूर्त्ति' की स्मृति हो आती; जिसमें 'शिव' मात्र शिव नहीं हैं! ब्रह्मा-विष्णु के साथ एकमेक होकर सत्यम्, शिवम् और सुंदरम् का प्रतीक बन गए हैं। श्रीनिवास की स्मृति मात्र से ही उन्हें लगता, न जाने उनके कितने जन्मों के पुण्यों का उदय हुआ था, जो उन्हें श्रीनिवास-सा 'जामाता' मिला और उस क्षण धन्यताबोध के अतिरेक में वे यह भी भूल जाते थे कि क्या जड़िया भी एक अभिबुद्ध आत्मा नहीं है?

होने को तो केदारनाथ जी की आँखें अभी भी जड़िया पर ही थीं, पर वे तैर अपने अन्तर की भाव-गंगा में ही रहे थे, कि अचानक उनकी अनिमेष आँखों को जड़िया ने ऊँचे कूद कर बंद करते हुए कहा : "ओफ़्फोह बाबूजी! आपने तो मेरे धन्यवाद का बुरा ही मान लिया।"

अब केदारनाथ जी उसे कैसे समझाते कि बुरा मानना तो दूर, आज की स्मृति से तो उन्हें अपनी बेटी के भाग्य पर इतना गुमान हो रहा है कि वे इस सारे चराचर जगत् और उस अदृश्य अगोचर को नमन करते नहीं अघा रहे हैं। उनकी आँखें स्थिर थीं और उनमें उन्हें जड़िया और श्रीनिवास की जोड़ी शिव-पार्वती और विष्णु-लक्ष्मी-सी दिख रही थीं, अलग-अलग गुणों से सम्पन्न, पर एक-दूसरे की पूरक।

उसी भावावेष्टित अवस्था में केदारनाथ जी ने बेध्यानी में जड़िया का हाथ पकड़ा और दरवाज़े की ओर बढ़ने लगे। जड़िया ठहरी आनन्द के प्रत्येक क्षण को पूरी तरह जीकर उसे हज़ारों में परिवर्तित करने वाली जादूगरनी! उसने केदारनाथ जी का हाथ हिलाते हुए ऊँचाई तक उठाया और पूछा : "बाबूजी, आज टहलते हुए हवेली चलें?"

केदारनाथ जी की प्रश्नसूचक दृष्टि को समझकर जड़िया ने कहा : "बाबूजी, सड़क पर सबके बराबर में चलने में मुझे बहुत ख़ुशी होती है। पता नहीं क्यों, मुझे लगता है कि इससे मेरा आकार, विचार और समझ सब बढ़ जाते हैं। दूसरों की दुनिया जब अपनी दुनिया से जुड़ जाती है तो बाबूजी, उसका विस्तार तो हो ही जाता है न? बस्स, इसीलिए।"

केदारनाथ जी यह देखकर हैरान थे कि जड़िया रास्ते के अधिकतर व्यक्तियों को प्यार से सम्बोधित कर उनका कुशल-क्षेम पूछ रही थी, गोया यह सारी दुनिया उसकी अपनी हो!

"गुल्लू चाचा, नमस्ते! थमनै भोत-भोत प्रणाम। थारै कारण आज बच्चाँ नै खूब मजा आया। चाचा जै या पार्टी आज पार नहीं पड़ती, तो समझ ल्यो कि सब बंटाधार ए हो

जाता, क्यूँकि इस्सा लागै सै कि 'भ्याणी' मै जलदिए बरखा महाराणी गड़गड़ाती-झमझमाती आ धमकैगी।''

कहते हुए जब जड़िया झुककर गुल्लू हलवाई के पैर छूने लगी, तो गुल्लू ऊक-चूक होकर केदारनाथ जी से बोला : ''सेठजी, इतणै बड़ै घर की लिछमी मेरे पैर छू सै? सेठ जी, बरजो इसनै।''

जड़िया की इस छोटी-सी करनी से उसके चरित्र के विस्तार को मापते हुए केदारनाथ जी किसी और ही भावलोक में जा पहुँचे थे, इसलिए थोड़ा ठहरकर गुल्लू से बोले : ''भाई, या तेरी भी तो बेटी सै! कलकत्ते मै आप सै बड़याँ नै इस्स तरियाँ प्रणाम करैं सैं। इसके बदलै म तैं भी इसनै 'धाप' कर आशीर्वाद देकर मन की काढ ले।''

केदारनाथ जी के इस कथन से गुल्लू हलवाई गद्गद होकर ज़मीन से जा लगा। उसका शरीर क्या, रोम-रोम जड़िया और केदारनाथ जी की जय-ध्वनि कर रहा था। उसे लग रहा था, बिना 'तंदुल' लाए ही आज श्रीकृष्ण ने उसे परम पद दे दिया है।

जड़िया रानी बारिश की ऐसी दीवानी थी कि हर वक़्त किसी न किसी बहाने से बारिश में भीगती रहती थी। आज भी वह हवेली की बड़ी छत पर लयबद्ध धीमे कदमों से इधर से उधर चक्कर काटती हुई बारिश की लगातार पड़ती फुहारों के मोतियों को कभी अपने चेहरे पर, तो कभी हाथों पर महसूस कर, कभी काले आकाश की ओर देखती है, तो कभी अपनी लम्बी-घनी केश राशि को चेहरे के सामने लाकर उनसे झरते हुए पानी की धार को अंजुरियों में भर कर गोल-गोल घूमती हुई परिन्दे के भीगे पंखों की तरह झड़का कर चारों ओर छिटका रही है। प्रकृति के इस लास्य-नृत्य में वह उसके साथ एकरस है—अपने तन-मन से पूरी तरह ग़ाफ़िल! और उसमें आकाश, बारिश, बूँद, धरती, मोर, मल्हार, यक्ष, मेघदूत और सम्पूर्ण प्रकृति समाहित हो गए हैं। वैसे भी क्या प्रकृति और सृष्टि एक ही नहीं है? क्या है गर्जन-तर्जन करता शिव का तांडव? क्या है मद्धम फुहारों-सा पार्वती का लास्य नृत्य? धरती के बीचोबीच उत्स की तरह फूटीं ये धरती की नाना प्रकार की सजावटें—क्या ये सब एक ही नहीं हैं? इतने में ही पावस ने अपनी झंझा और चक्रवात् को भी वहाँ बुला भेजा और उस नन्हीं-सी काया में 'ये' बड़ी-बड़ी कल्पनाएँ बवंडर की तरह घूमने लगीं, साथ ही घूमने लगा दोनों हाथ फैलाए जड़िया का शरीर, जिसमें सारे मल्हार रागों के वादी, संवादी और विवादी सुर अपने पूर्ण यौवन में नाचने लगे। इस स्वर और नृत्य के समंजन से एक चित्र-विचित्र चित्र रच गया, और उसी चित्रवत् क्षण में जड़िया धम्म से मुँह के बल ज़मीन पर गिर पड़ी।

इस दृश्य ने जड़िया को दूर से निहारतीं कान्ता देवी के तो प्राण ही हर लिये। वे दौड़ती हुई आईं और धप्प से ज़मीन पर पसारा माँड कर बैठ गईं। आनन-फ़ानन में ही जड़िया की आधी से ज़्यादा काया उनकी गोद में थी, और वे उसके सिर और बालों को सहला कर मुँह पर फूँक मारती हुई लगातार रोती हुई बोले जा रही थीं : ''जड़िया, आँख खोल बेटा! देख, तेरी माँ की जान जा री सै! बेटा, जल्दी सै आँख खोल।''

कान्ता देवी का यह आर्त्तनाद बारिश के शोर पर भारी पड़ा और जड़िया ने अपनी घनी पलकों से ढकीं आँखों के पत्तों को धीमे से उठाया। कहने को वे आँखें तो कान्ता देवी पर थीं, लेकिन उनमें जो दिख रहा था, वह इस धरती का नहीं, किसी 'परा-लोक' का था। अपरिचय की इस भंगिमा से कान्ता देवी दहल गईं! उन्हें लगा, हो न हो, उनकी बेटी का दिमाग़ ख़राब हो गया है। साथ ही उनका सहज स्वाभाविक आक्रोश उबला केदारनाथ जी पर, कि उन्हीं के 'सुजाए' सिर की वजह से ही यह लड़की धरती पर नहीं, आकाश पर चलती रहती है। ख़ैर, क्रोध अपनी जगह और बेटी की भयंकर चिन्ता अपनी जगह!

वे थर्रायी-सी ख़ुद को सँभाल ही रही थीं कि जड़िया उठ बैठी और मीठे स्वर में बोली : ''माँ, थम्म चिन्ता मत करो, मै एकदम ठीक सूँ। या तो यूँ ए बस म कदै-कदास दूसरी दुनिया म खो जाया करूँ। माँ मै कम-से-कम एक हजार बरस तो पक्की ए जीऊँगी, पर उसकै आगै की गारन्टी कोन्नी।'' कहकर वह माँ से ऐसे लिपटी कि कोई बेल भी पेड़ से क्या लिपटेगी? और प्यार से माँ के गालों और हाथों को सहलाने लगी।

कान्ता देवी सरीखी व्यावहारिक गृहस्थिन भी उसकी इन मार्मिक उक्तियों में ऐसी बहीं कि मारे प्रेम के उनकी आँखों से झर-झर पानी गिरने लगा और उन्होंने हुमककर जड़िया को ख़ुद से चिपका लिया। वे उसकी पीठ पर हाथ फेरती हुई आहिस्ते स्वर में बोलीं : ''जड़िया, तन्नै बरखा का ईस्सा ए शौक सै तो बेटा! काल तैं तड़काऊ उठकर, तेरी गोमती और रुक्मणी भायली कै सागै कोठी चली जा। उठै खूब बहार आरी स। सेठ जी नै तो सावण आत्ते ही पेड़ाँ पर ऊँचे-ऊँचे हिंडे (झूले) घलवा दिये थे कि जड़िया गाँव की छोरियाँ कै सागै लम्बी-लम्बी पींग लेवगी। बेटा! काल सावण का सोमवार भी सै, सो आपणै शिवाले मै भी खूब रौनक होवगी। तँ नहा-धो कर थोड़ी सी पूजा भी कर लिए और पार्वती जी सै सोणा सा बींद और सुहाग भी माँग लिये, क़हवँ सँ कि सच्चै मन सै मांग्येड़े वर तो पार्वती जी देवँ ए देवँ सैं।''

''माँ, फ़ालतू बात, फ़ालतू बात,'' कहती हुई जड़िया! जब शर्म से गुलाबी पड़ गई, तो कान्ता देवी को दरसाव हो गया कि अब जड़िया ब्याह के लायक सयानी हो गई है, और उसका दूल्हा तो शिव-सा सुन्दर होगा ही, क्योंकि उसे सेठ नरसिंह दास और केदारनाथ जी सरीखे उन दो-दो 'शाह पुरुषों' ने चुना है, जिनकी अक़्ल का लोहा सारी दुनिया मानती है। इसी तरह की बातों से एक माँ के हृदय को सुख से भरती हुई कान्ता देवी कुछ देर तो वहीं बैठी रहीं और फिर नीचे जाकर ठाकरा जी, शन्नो आदि को सुबह के कार्यक्रम की हिदायतें देने लगीं।

सुबह के मुर्गे ने बाँग़ दी कि नहीं, सूरज निकला कि नहीं, अलार्म बजी कि नहीं, इन सबसे बेपरवाह जड़िया सुबह के झुटपुटे में ही आधी आँखें मूँदें, जाकर फिटन में बैठ गई।

कान्ता माँ ने तैयारी में कोई कोर-कसर नहीं छोड़ी थी; भायलियों समेत फिटन तैयार खड़ी थी। बग्घी में ज़रूरत का सामान भरा था। व्यंजनों और मिठाइयों की इतनी भरमार थी, गोया किसी बरात की 'ज्यौनार' हो!

कोठी पहुँचते न पहुँचते जड़िया धीमी चलती हुई फिटन से कूद पड़ी और ज़मीन पर पैरों को सँभालकर जैसे ही कोठी का दरवाज़ा खोलने लगी, शन्नो का चिल्लाना शुरू हो गया : "ए मेरी माँ! आज तो मै मरी रे! या जड़िया बाई प्हलै तो जरा सा साँस लिये बिना ए चालती फिटन से कूद पड़ी, और इब 'दड़ा-छंट' होकर भागी जा रही सै। भगीरथा जी! थम्म देख लियो या मन्नै नौकरी से 'कढ़ा' कर मानैगी। थम्म ज़रा भाग कर पकड़ो न उस अला-बला नै।"

लेकिन इन सब ज़हमतों की ज़रूरत ही नहीं पड़ी। दरवाज़े का एक पल्ला ज़रा-सा खोले हुए जड़िया वहीं की वहीं थिर खड़ी हो गई, एकदम मूर्तिवत्! उसे लगा, कोठी के उलटी ओर के परकोटे के पास से चित्रों में देखी हुई 'डेविड' जैसी कोई मूर्ति तेज़ी से दौड़ती हुई गुज़री है। 'डेविड' के बिम्ब से जड़िया को याद आया कि एक बार केदारनाथ जी बनारस से आए कुछ कलाविदों के साथ उसे कलकत्ते के अजायबघर ले गए थे और घंटों वहाँ की मूर्तियों के सौन्दर्य को विश्लेषित करते रहे थे। बातचीत के बीच में ही उन्होंने कहा था : 'मैं माइकेल ऐंजलो के 'डेविड' या उसकी अन्य मूर्तियों को कमतर नहीं बता रहा, पर जिस तरह उनके मूर्ति-शिल्पों की क़ीमत अरबों-ख़रबों में आँकी जाती है, उनसे क्या हमारी यह दीदारगंज की यक्षी! अधोक्षी बुद्ध! यह सातवाहन-तोरणद्वार! ये शाल भंजिकाएँ! या कि एलोरा और अजंता की मूर्ति एवं चित्र-शिल्प किसी भी माने में कम हैं? क्या कोई जोड़ है इनका पूरी दुनिया में? पर हमें न तो इनका प्रचार करना आता है, न ही सुरक्षा। राय साहब, अब तो आप जैसे लोग ही इस दिशा में कोई हस्तक्षेप कर सकते हैं।'

तब बित्ते भर की इस जड़िया ने खुद से वादा किया था : 'मैं बड़ी होकर बाबूजी की यह इच्छा ज़रूर पूरी करूँगी।'

इतने में ही एक हवा-मूर्ति जड़िया के स्मृति-खंड को झकझोरकर उसे छूती-सी गुज़री और बायीं ओर के घने पेड़ों के पीछे खो गई। जड़िया अत-थत् खड़ी सोचने लगी : 'लगता है, मेरा दिमाग़ आधा नहीं, पूरा का पूरा ख़राब हो गया है, जो आँखें खोले सपने देख रहा है।'

अपनी मूर्खता पर मुलकती हुई वह गोमती और रुक्मणी के साथ आगे बढ़ी और झूले पर बैठ गई। शन्नो और भगीरथा झूले को रस्सियों से खींचकर आकाश के पार ले जाने लगे और उस कोकिल-कंठी के खुले कंठ की हँसी से फूलों में, पत्तों में, पेड़ों में, बतखों में, दृश्य में, अदृश्य में, मरे में, जीये में—सबमें प्राणों का संचार होने लगा। तभी जड़िया की दोनों सहेलियाँ पास के झूलों पर झूलती हुई सावन के लोकगीत गाने लगीं, तो जड़िया भी उनके सुर में सुर मिलाकर उनका साथ देने लगी।

अब बारी थी नहाकर पूजा करने की, सो जड़िया बड़ी डिग्गी की बगल से होती हुई छोटे तालाब की ओर बढ़ ही रही थी कि उसकी सहेलियों ने उसे गहरे पानी की बड़ी डिग्गी में ढकेल कर कहा : "जड़िया, हमें पता है कि तू कलकत्ते की गंगा में ही नहीं,

ढाका की पद्मा तक में तिर चुकी है, इसलिए पटकने की माफ़ी देकर ज़रा हमें तेरा तैरना और पानी की कलाबाज़ियाँ दिखा दे। जड़िया, हमारा बहुत मन है, दिखा दे न!''

जन–जन का मन रखती जड़िया अपने दोस्तों का मन न रखे, यह कैसे सम्भव था? इसलिए उसने पानी से बाहर आकर सबसे पहले अपने हाथ सीधे खींचे और कमर तक पानी में झुककर साँय से 'सील' मछली की तरह पानी के भीतर ही भीतर तैरती हुई डिग्गी के दूसरे किनारे जा खड़ी हुई। यह देखकर गोमती और रुक्मणी तो ऐसी हक्का–बक्का हुई, मानो उन्होंने भरी दोपहरी में भूत देख लिया हो! तभी जड़िया पीठ की तरफ से 'गुरगंडियाँ' खाते हुए वापस पानी में नज़र आई और उनका मन भरने के लिए उन्हें पानी में तरह–तरह के करतब दिखाने लगी। वह कभी मेंढक की तरह उछलकर, तो कभी पंख फैलाए तितली–सी, तो कभी मृगी की तरह चकित नैनों से बाएँ–दाएँ देखकर तैरती रही। कई तरह के कमाल दिखाने के बाद अंत में उसने जल–क्रीड़ा के समापन के लिए हंसिनी की तरह गर्दन ऊँची कर सीधी दिशा में तिरना शुरू कर दिया। उसका पूरा शरीर पानी में अदृश्य था और उसकी मृणालिका–सी गर्दन पर खिला कमल–मुख बीच–बीच में पानी में डूबकर इस तरह बाहर आ रहा था मानो क्षीर–नीर–विवेक कर रहा हो, 'गहरे पानी पैठ' कर मोती ढूँढ़ लाएगा!

पानी से बाहर आते ही जड़िया ने दोनों सहेलियों के सिर पर दिखावटी धौल जमाए और फिर नाटक करते हुए बोली : ''क्यूँ पटकी मन्नै पाणी मै?''

सुनकर वे दोनों बर्फ़–सी जमी मूर्तियों–सी धीरे–धीरे पिघलीं और जड़िया से ज़ोरों से चिपटकर लगातार तालियाँ बजाने लगीं। वे तीनों अपने–आपमें इतनी खोई हुई थीं कि उन्हें यह भी भान नहीं हो रहा था कि कोई दूसरे किनारे पर दूर खड़ा उनकी सारी क्रीड़ाओं को अपने पूरे वजूद में समो रहा है।

नियमानुसार पूजा करने के बाद वे सहेलियाँ मंदिर से गुनगुनाती हुई निकलीं : ''मन चाही राच्यो मिलैं ही सो वर, सहज सुन्दर साँवरो। करुणा निधान सुजान सील, सनेह जानत रावरो।''

हाथों और बालों में फूलों के गजरे! गले में चम्पा, जूही, मोगरा और गुलाब की लम्बी माला! माथे पर केसर मिले चंदन का ललछौंहा तिलक, और हाथ में पूजा की थाली लिये जब जड़िया दरवाज़े की ओर बढ़ी, तो उसे देखकर ऐसा लग रहा था, मानो 'कुमारसंभव' की पार्वती में सीता, अहल्या, शकुन्तला, राधा आदि सर्वसुन्दरियों का रूप समाहित होकर अपने लावण्य की कांति उसकी त्वचा के बाहर तक फैला रहा है।

तभी अचानक सुबह वाले 'डेविड' की आभासी–छाया उसके सामने आ खड़ी हुई। अब भला रसिक शिरोमणि 'कवि बिहारी' राधानागरी को अपनी अर्ज़ी देने से कैसे चूकते? उन्होंने दोनों के पार्श्व में खड़े होकर अपनी गुज़ारिश पेश कर दी : '' मेरी भवबाधा हरो, राधानागरी सोय, जा तनु की झाँई परे, स्याम हरित द्युति होय।''

लेकिन जड़िया ठहरी केदारनाथ जी की बौद्धिक बेटी! उसने ख़ुद से कहा : 'आजकल तू शेख़चिल्ली की तरह हर वक़्त कल्पना के घोड़े पर क्यों सवार रहती है?

आज तक तो तू चाँद, तारे, बादल, फूल, पत्ते, पशु, पक्षी, पहाड़, नदियाँ, धरती और आकाश से सरगोशियाँ करती थी, पर अब लगता है, तेरे दिमाग़ में एक छः फुटिया आदमज़ाद के अक़्स ने बड़ी जगह घेर ली है। जड़िया, खुद को सँभाल, वर्ना तू कविता, कहानी तो क्या लिखेगी, पागल ज़रूर हो जाएगी।' ऐसे ही विचारों के जंजाल में फँसी जड़िया शिथिल-गात लिए आहिस्ता से फिटन में बैठ गई और हवेली जा पहुँची।

हवेली पर केदारनाथ जी उद्विग्न-से इधर से उधर चक्कर काट रहे थे कि वे जड़िया को देखते ही खिल गए। वे दौड़ते-से दरवाज़े तक आए और फिटन से जड़िया को उतारकर बोले : "जड़िया बेटा! जल्दी से पाड़ की साड़ी पहन लो, सुभाष बाबू की सभा में चलना है।"

"सुभाषचंद्र बोस बाबूजी? सुभाष चन्द्र बोस भिवानी आए हैं? ओह, बाबूजी, कैसे बताऊँ कि मुझे कैसा लग रहा है! ऐसा लगता है, जैसे आज मेरा जीवन सफल हो गया।"

जड़िया जब नीली पाड़ की सीधे पल्ले वाली साड़ी में बाहर आई, तो हाथ में एक छोटा-सा तिरंगा लिये गा रही थी : 'कदम-कदम बढ़ाए जा, ख़ुशी के गीत गाए जा, ये ज़िन्दगी है क़ौम की, तू क़ौम पै लुटाए जा'। उसका स्वरूप ऐसा लग रहा था, मानो साक्षात् भारत माता स्वयं अपने सपूत की आरती उतारने जा रही है!

सभास्थल पर भारी भीड़ थी, पर सभा का सारा सरंजाम केदारनाथ जी का ही होने के कारण वे जड़िया का हाथ पकड़े हुए सीधे मंच के पास चले गए। दोनों ने मंच पर जाकर जब सुभाषचन्द्र बोस को पैर-छूकर प्रणाम किया, तो सुभाषचन्द्र जी के चेहरे पर केदारनाथ जी से पुराने परिचय की छाया उभरी और उन्होंने केदारनाथ जी को कंधे से पकड़कर गले लगा लिया। केदारनाथ जी ने विगलित कंठ से कहा : "मैंने अकाल-राहत कोष का साधारण-सा कार्य किया था और मैं आपको याद हूँ, शायद बड़ों का बड़प्पन यही होता है।"

सभास्थल विभिन्न नारों के कोलाहल से भरा था कि माइक पर आवाज़ आई : 'अब एक नवयुवा सुभाष बाबू को अपनी स्वरचित कविता भेंट करेगा।'

सुभाष बाबू ने जब ध्यान से कविता सुनी, तो उन्हें लगा कि अठारह पंक्तियों की उस छोटी-सी कविता का एक-एक शब्द अर्थपूर्ण था और उसमें लय, छंद, अलंकार आदि का मार्मिक और सटीक प्रयोग हुआ था।

कविता ख़त्म होते ही वातावरण तालियों की गड़गड़ाहट से गूँज उठा। सुभाष बाबू ने प्रणाम के लिए पैरों पर झुके हुए उस नवयुवक को ऊपर उठाया और कहा : "बहुत सुन्दर! इतनी अच्छी कविता तो आज तक किसी बड़े कवि ने भी मुझ पर नहीं लिखी।" यह कहते हुए उन्होंने अपनी माला उसके गले में डाल दी।

केदारनाथ जी मंच पर आगे आए और अचरज से उस सजीले जवान को कई क्षणों तक देखते रहे, फिर होश में आकर बोले : "बेटा, तुम भिवानी आए, पर न घर पर ठहरे, न ही कोई ख़बर दी? मैं समझ नहीं पा रहा कि तुम-सा बुद्धिमान बच्चा ऐसी भूल कैसे कर सकता है?"

यह सुनते ही श्रीनिवास अपने दोनों कान पकड़कर बोला : "बाबूजी! घर में किसी को पता नहीं है कि मैं यहाँ आया हूँ। मैं यहाँ दिल्ली से सीधा भाग आया हूँ। 'कुँवारा जमाई' ससुराल में ठहरे, यह ज़रा 'ओपरा' लगता है। इसीलिए मैंने कन्हैया से एक रात के लिए कोई इन्तज़ाम करने का अनुरोध किया था। कहने की देर थी कि कन्हैया ने अपने किसी रईस रिश्तेदार की कोठी माँग दी। बाबूजी! मैं कल रात आया था और आज ही लौट जाऊँगा। आशा है, आप मेरी मजबूरी समझकर मुझे माफ़ कर देंगे।"

अपलक अपने 'भविष्य' को देखते हुए केदारनाथ जी ने पुलकित होकर ज़ोरों से श्रीनिवास का आलिंगन किया और उसके सिर पर आशीर्वाद का हाथ फेरते हुए गुनगुनाने लगे : " 'स्वागत वीर सुभाष- सुभाषी! माँ के राजदुलारे तुम!' वाह, श्रीनिवास! 'सुभाष-सुभाषी' का कितना सुन्दर प्रयोग किया है तुमने! और 'पराधीनता तिमिर हेतु प्रभात'– बहुत ही अच्छा अलंकारिक प्रयोग है। और बेटा, संदेश देने की विशेष भंगिमा! 'पराधीन लोगों उठ बैठो, बुला रहा है पूज्य स्वदेश'। वाह, बेटा, आज तुमने मुझे अनन्त आनन्द से भर दिया है। मैं तुम-सा सुपात्र ही चाहता था और प्रभु ने मुझे तुम सरीखा बेटा देकर मेरी मनोकामना पूरी कर दी। बेटा, मेरी बेटी अत्यन्त प्रतिभाशाली तो है, पर बहुत ही सहज और सरल है और उसके लिए तुम सर्वथा उपयुक्त पात्र हो, क्योंकि मेरा पक्का विश्वास है कि तुम उसकी बाल-सुलभ ग़लतियों को ख़ूबसूरती से ढाब लोगे। मैं धन्य हुआ! बेटा, आज मैं धन्य हुआ!"

केदारनाथ जी आज सचमुच ही त्रिलोक के परमानन्द का अनुभव कर रहे थे। एक मारवाड़ी लड़का इतना तेजस्वी और मनस्वी हो सकता है, ऐसा उनके परिचय-संसार में पहली बार घटा था। श्रीनिवास के अन्य गुणों के तो वे पहले से ही कायल थे, पर आज सुभाष बाबू पर इतनी भावपूर्ण कविता लिखकर तो उसने जैसे उन्हें ख़रीद ही लिया था। स्वयं लेखक होने के कारण वे बार-बार कविता को मन-ही-मन दोहराते हुए 'वाह-वाह!' करते जा रहे थे।

तभी श्रीनिवास ने देखा कि एक नत शिर तन्वंगी कोमलांगी सुन्दरी आकर केदारनाथ जी के हाथ को पकड़कर उनसे कोई बात करती हुई दरवाज़े की ओर बढ़ रही है। दरअसल आजकल जड़िया का मानस हर वक़्त प्रश्नाकुल रहता था। कोई हल्की-सी चर्र-मर्र तेज़ बयार! पत्तों का खड़कना, चन्द्र-ज्योत्स्ना का पत्तों से छन कर आता चांदरणा, तूफ़ान में पेड़ों का साँय-साँय करना चीटियों का नाल बदलना, परनालों से पानी का तिरछा गिरना, चड़स की सिहराती चूँ-चूँ की प्रतीति से बेचैन होना, आधी रात को आती अनाहद ओंकार ध्वनि, आदि अनगिनत-तत्त्व उसे प्रति क्षण चौंकाते रहते थे और वह सारे दिन कभी आकाश को, तो कभी धरती को कृतज्ञता का प्रणाम करती रहती थी।

इसी करुणामयी संवेदनशील मानसिकता में उसने पास की दीवारों से पानी का रिसना देखा। केदारनाथ जी जैसा 'ज्ञानकोश' साथ हो, और जड़िया प्रश्न पूछने से चूक जाए?

प्रश्न जड़िया का : ''बाबूजी, मैंने आज ही पढ़ा था कि मनुष्य को पानी-सा तरल और दाता होना चाहिए। सबको जीवन देकर भी वह अहंकार नहीं करता, इसलिए वह गुह्यतम गुफाओं में भी बिना किसी आहट या शोर के चुपचाप प्रवेश कर जाता है। बाबूजी, इसका साक्षात् उदाहरण मुझे अभी-अभी दिखा। आप भी देखिए, पानी कैसे धीमे से रिसता हुआ उन महीन दरारों में भी जा पहुँचा है जहाँ आमतौर पर हमारी दृष्टि तक नहीं पहुँचती।''

जड़िया आगे कुछ कहती कि केदारनाथ जी ने उसे चुप करा दिया। वे अवाक् थे! अचम्भित थे! और भयभीत भी थे कि क्या जड़िया ने प्रेमचंद, रवीन्द्रनाथ, शरत्चन्द्र, प्रसाद आदि रचयिताओं और रामतीर्थ, बर्टेंड, रसैल आदि दार्शनिकों के सिद्धान्तों का अर्क़ निकालकर पी लिया है? आख़िर इसकी इस ज़रा-सी काया में प्लेटो, अरस्तू, सॉक्रटीज़ आदि कैसे बिना आहट के घुस गए कि किसी को कानों-कान ख़बर तक नहीं हुई? और न ही कोई भनक पड़ी?

इधर श्रीनिवास हैरत से उसे देखता हुआ सोचे जा रहा था : 'चेहरा-मोहरा तो कुछ पहचाना-सा लग रहा है, पर यह जड़िया तो हो ही नहीं सकती? कहाँ वह बिजली और कहाँ यह ठंडी फ़ुहार! कहाँ वह लम्बी चोंचवाली झपट्टा मारती 'किंगफ़िशर' चिड़िया और कहाँ यह शान्त, रेशम-सी नर्म मानसरोवर की हंसिनी! लगता है, मेरा दिमाग़ ही ख़राब हो गया है, जिसे संसार की सारी लड़कियों में वह पटाखा ही नज़र आती है?'

इतने में ही केदारनाथ जी की फिटन आ गई तो उन्होंने हँसकर कहा : ''श्रीनिवास, घर न सही, पर गाड़ी में तो साथ बैठ जाओ। हमें हवेली उतारकर गाड़ी तुम्हें तुम्हारे मित्र के रिश्तेदार की कोठी पर ले जाएगी। वहाँ से स्टेशन पास ही है, सो दया करके फिटन से चले जाना।''

बेचारा श्रीनिवास सोच रहा था कि इन्हें कैसे पता कि मेरे आवास से स्टेशन पास है? पर वह किस मुँह से कुछ पूछता या ना-नुकर करता? वह तो पहले ही उन्हें ख़बर न करने का अपराध कर चुका था।

जब फिटन तीनों को लेकर हवेली के विशाल दरवाज़े पर रुकी, तो श्रीनिवास को आस-पास की जगहें देखी-सी लगीं, पर इसे भी अपना एक भ्रम ही मानकर उसने उस सड़क का नाम तक नहीं पूछा। खेल विधना का कि श्रीनिवास ने अपने भ्रम का निवारण नहीं किया। बड़प्पन केदारनाथ जी का कि उन्होंने श्रीनिवास को उस आवास का परिचय नहीं दिया, जो दो दिन पहले ही कन्हैया अपने किसी ख़ासम-ख़ास मेहमान के लिए उनसे माँगने आया था।

आज की सारी घटनाओं से केदारनाथ जी बहुत ही आनन्दित थे, इसलिए सूरदास के पद 'राधा-माधव, माधव-राधा' की तरह ही उन्हें 'जड़िया-श्रीनिवास, श्रीनिवास-जड़िया' एकाकार और एकात्म लग रहे थे।

"भैया जी, ज़रा यहाँ आइए!" कान्ता देवी की पुकार सुनते ही 'सी-लेजरस', पेरिस के फ़र्नीचर को देखने में तल्लीन पूनमचन्द जी, जल्दी से अपनी बहन के पास आए और 'स्वयं को सौ नवाबों का एक नवाब' मानने वाले वे महोदय ठेठ लख़नवी अदा में बोले : "फ़रमाइए मोहतरमा, क्या ख़िदमत करूँ?"

"भैया जी, क्या आप जड़िया का सारा फ़र्नीचर 'हॉल एंड एंडरसन' से ही ख़रीद लेंगे या 'व्हाइटवे लैडला' और 'आर्मी नैवी' भी चलेंगे?"

तभी कुछ दूर खड़े मैनेजर की नज़र इस जोड़े पर पड़ी और उसने इन्हें देखते ही पहचान लिया कि ये दोनों भाई-बहन अक़्सर ही 'एंड्रयूल' और 'रैली कम्पनी' के बड़े साहबों की मेमों के साथ यहाँ आकर बड़ी ख़रीदारी किया करते हैं। उसने बिना एक क्षण गँवाए झट से अपना टोप उतारकर उनका अभिवादन किया और तिजारत के लिए प्रसिद्ध अंग्रेज़ जाति के उस बंदे ने झुक-झुककर बोली हुई अपनी मीठी बानी से उन्हें ऐसा घेरा कि कान्ता जी दूसरी जगह जाने के अपने सारे सुझाव भूल गईं। वैसे भी पूनमचन्द जी ने उनके कान में भुनभुन कर दिया था कि विविधतापूर्ण फ़र्नीचर का सर्वोत्तम संग्रह इन्हीं के पास है और यह स्टोर उन लोगों को काफ़ी छूट भी देता है।

कान्ता देवी को राजसिंहासन-सी बड़ी कुर्सी में बैठाकर उस शासक जाति के प्रतिनिधि ने नौकर की तरह आदाब बजाते हुए उनके सामने की मेज़ पर 'कट ग्लास' की तश्तरियों में तरह-तरह के मेवे और फल सजवा दिये और ऐप्रन बाँधे 'हंगरी-गुड़िया-सी परिचारिकाएँ' सिर झुकाए हुए कान्ता देवी की ख़िदमत में खड़ी हो गईं। ऐसे श्रद्धापूर्ण आतिथ्य से खुश होकर कान्ता देवी भी पूनमचन्द जी के साथ दत्तचित्त होकर फ़र्नीचर पसन्द करने में जुट गईं और मंडावा की पूरी हवेली और बग़ीचे के नक्शों को रटे बैठे पूनमचन्द जी स्थानानुसार ऑर्डर लिखाने लगे। उन्होंने मैनेजर से लिखित रूप में यह वादा भी ले लिया कि फ़र्नीचर पेरिस से सीधा मंडावा जाएगा और उसके साथ अंग्रेज़ कारीगर भी वहाँ जाकर सारे फ़र्नीचर को यथास्थान सजाएँगे। इतना ही नहीं, टूट-फूट का सारा हर्ज़ाना भी 'सी-लेजरस' कम्पनी ही देगी।

हज़ारों के फ़र्नीचर के ऑर्डर के बाद कान्ता देवी और पूनमचन्द जी के बीच एक

पालकी को लेकर बहस छिड़ गई। पूनमचन्द जी एक जैसी दो पालकियाँ ख़रीदना चाहते थे–एक जड़िया को हवेली से विदा करने के लिए और दूसरी मंडावा की सीमा से श्रीनिवास की हवेली तक जाने के लिए, लेकिन कान्ता देवी का कहना था कि 'विदाई वाली बात तो ठीक है, लेकिन मंडावा वाली पालकी का दस्तूर तो समधियों का होता है, इसलिए उन्हें इसमें बेकार का पैसा नष्ट करने की क्या ज़रूरत है?' कान्ता देवी की इस उक्ति को 'ओछी सोच' का परिचायक मानकर पूनमचन्द जी एकदम बौख़ला गए और कहने लगे : "कान्ता! लगता नहीं है कि तू केदारनाथ जी की पत्नी और मेरी बहन है। जड़िया के ब्याह पर लाखों-लाख खर्च होंगे और तू है कि एक ज़रा सी चीज़ पालकी को पकड़े बैठी है?"

पूनमचन्द जी के इस धिक्कार भरे कटु कटाक्ष से बेचारी कान्ता देवी ऐसी 'शरमा-मरी' कि बाद में वे अपनी गर्दन नीची किए उसे सिर्फ़ हामी में ही हिलाती रहीं।

फ़र्नीचर का काम ख़त्म कर वे लोग जैसे ही घर पहुँचे, केदारनाथ जी ने उन्हें एक अत्यन्त दुखद समाचार दिया कि जड़िया की बड़ी ननद में 'दुख' पड़ गया है। उसकी ससुराल का पूरा का पूरा गाँव ही प्लेग की चपेट में आ गया था, जिसमें दुर्भाग्यवश श्रीनिवास के 'कँवर जी' का भी निधन हो गया है। बड़ी बाई चूँकि पीहर आई हुई थीं, इसलिए बच गईं, हालाँकि यह बचना उन्हें मौत से भी ज़्यादा बदतर लग रहा होगा।

केदारनाथ जी ने कलकत्ते से सीधे मंडावा जाना तय किया और मंगतराय जी की अनुमति से वे पूनमचन्द जी को भी अपने साथ ले गए। तय हुआ कि कान्ता देवी कुछ दिन अपने पीहर में रुक कर किसी सही-सागै के साथ भिवानी चली जाएँगी।

केदारनाथ जी को पक्का विश्वास था कि जड़िया के दक़ियानूसी ससुराल वाले विवाह की तिथि को अवश्य ही आगे बढ़ाएँगे, पर उनके आश्चर्य का ठिकाना नहीं रहा, जब जोखीराम जी ने उनसे कहा : "साहजी, यो दुख तो इब मर्याँ ई छूट सी! पण जीणो तो पड़सी ई। ई लिये म्है सोच-विचार कर या जचाई है कि ब्याह आगै कोनी सरकाँवा।"

जोखीराम जी का यह निर्णय सुनते ही पूनमचन्द जी के तो 'घुँघरू' ही बँध गए और उन्हें भिवानी और कलकत्ता जाकर बाकी के काम सलटाने की ताला-मेल लग गई। वे मंडावा से केदारनाथ जी के साथ भिवानी गए और वहाँ पहुँचते ही उन्होंने भिवानी के प्रसिद्ध सुनारों, चर्मकारों, कुम्हारों, मोदियों, हलवाइयों, राजमजूरों आदि को बुला भेजा। उन्होंने सिलसिलेवार सबको उनकी ज़िम्मेदारियाँ समझा दीं, और उनसे बिना ख़र्च की चिन्ता किए पूरे मन और खुले हाथ से बारात की अगवानी करने का अनुरोध किया।

राजमजूर बारात के रास्ते की सड़क पर पड़ते सभी मकानों की मरम्मत और रँगाई-पुताई में लग गए। ऊँटवाल! डाँगरों (जानवरों) के लिए बढ़िया घास जमा करने लगे। ठठेरे रोज़मर्रा के चाँदी के बर्तनों के अलावा ठोस चाँदी का बड़ा कलश, नहाने का टब, टोंटीदार रामसागर, झारी, चाँदी का बड़ा पानदान, नहाने की बाल्टियाँ, पीकदानियाँ,

चिलमचियाँ, शृंगारमेज, नक्काशीदार गुलाबपाश, गंगा–जमनी इत्रदान, पलंग के पाए, मसहरियों के डंडे, बारह बड़े थाल, सौ कटोरियाँ, बारह बड़े कटोरे, बारह गिलास, चिमटे, चमचे, कलछी, चाय का सेट, ढक्कनों सहित देगचियाँ, चौपड़ खेलने की गोटियाँ, सोने और चाँदी की शतरंज की मुहरें, कलम–दावात, चाँदी की मूठ का एक जोड़ा चँवर, चाकू, कलमदान, सिंदोरा, सुरमादानी आदि बनाने में जुट गए।

सुनारों ने गहनों में एक जोड़ा बाजूबंद, पौंची और हाथ के गजरे लिये हथफूल, करपृष्ठ को ढकने का 'काँठला', माथे की बिन्दी, माँग पर पन्ने की मणियाँ लटकती हुई 'फिणी', जड़ाऊ तागड़ी, पैर के पंजों से ऊपर की ओर के पूरे पैर को ढकता पगपान, टखनों से नीचे तक जाती घुँघरदार पाजेब, हीरे और पन्ने के बड़े टुकड़े जड़ी हुई अँगूठियाँ, जड़ाऊ–मछलियाँ लटकता सिर–फूल, जड़ाऊ अनन्त, अँगूठे जितने बड़े पोखराज से जड़ी हँसली आदि बनाए थे।

जड़िया के लिए सोना, मोती और जड़ाऊ ज़ेवरों के और भी तीन सेट बने थे। यदि इन सबका मूल्य आँका जाता, तो चार लाख से कम नहीं बैठता। मोती का सारा ज़ेवर हिसार वाली माँ के यहाँ से आया था, जड़ाऊ जड़िया के ननिहाल से, और माँ कान्ता देवी ने रोज़मर्रा पहनने के फ़ैशनेबल गहने बनवाए थे। यह पहले ही निश्चित कर लिया गया था कि कौन से गहने कहाँ से आएँगे, ताकि एक ही तरह के दो ज़ेवर न बन जाएँ। ज़ौहरियों के यहाँ से तैयार ज़ेवर कम ही लिये गए थे, क्योंकि घर के बड़ों की धारणा थी कि घर में बैठाकर ज़ेवर गढ़वाने से गहनों में ज़्यादा शुद्धता रहती है।

वर के गहनों में : पचास हजार के मूल्य का पन्ने का एक कंठा था, जो जड़िया के पिताजी की ससुराल से आया हुआ था; साथ ही हीरे, पन्ने, माणिक आदि लगा हुआ एक जड़ाऊ शिरोपेच, बड़े नीलाभ–हीरे की एक अँगूठी और हीरे की ही कानों की भी लौंगें थीं। विदाई में वर को दी जानेवाली तलवार की मूठ सोने की थी, जिस पर बहुमूल्य रत्न जड़े हुए थे।

बारात में आनेवाले आत्मीय स्वजनों के लिए मोती और पन्ने की कंठियाँ बनवाई गई थीं। सारे बारातियों को देने के लिए एक–एक शिरोपा तैयार किया गया था, जिसमें ज़री की पगड़ी, शेरवानी के लिए बिना सिला किमख़्वाब का कपड़ा, एक ज़री का दुशाला और पाजामे एवं कमीज़ के लिए एक बढ़िया सफेद कपड़ा रखा गया था।

सुनार और ठठेरों की तरह ही दर्ज़ी भी कपड़े सीने में लगे हुए थे। मोदियों और हलवाइयों ने घी, चीनी, मेवा आदि का ऑर्डर दे दिया था। निश्चित किया गया कि बारात में जो पाँच मन पापड़ और मंगौड़ी लगेंगे, वे घर में ही बनाए जाएँ। भूरामल नरसिंहदास का प्रताप और बाई जड़िया का प्रेम—इस कार्य को क्रियान्वित करने के लिए प्रतिदिन समाज की ठठ्ठ की ठठ्ठ महिलाएँ हवेली आ जातीं और नेवगनों (नाईन) से दाल धुलवा–पिसवा कर उसकी छोटी–छोटी मंगौड़ी चूँटतीं, पापड़ बेलतीं और विभिन्न मसाले तैयार करने में भी अपना योगदान देतीं। ये सारे काम कई महीने पहले से ही शुरू हो गए थे और

सारी दोपहर इन कामों के साथ ही गाने-बजाने और खाने-पीने का सिलसिला भी ज़ोरों से चलता रहता। पता नहीं क्यों, किसी के कहे बिना ही पूरी भिवानी में यह बात फैल गई थी कि जड़िया के विवाह के साज-बाज का सारा ख़र्च सेठजी उठाएँगे, जिसके अन्तर्गत घरातियों की साज-सज्जा भी शामिल होगी। इस पर किसी के यह टोकने पर कि 'केदारनाथ! इतना खर्चा क्यों कर रहे हो?' का जवाब केदारनाथ जी ने यों दिया : ''भाई जी! यह हमारा भ्रम मात्र है कि इस सद्इच्छा पर बेहिसाब ख़र्च होगा, जबकि हक़ीक़त तो यह है कि यह तो 'हर्र लगे न फ़िटकरी रंग भी चोखा आए' जैसा मामला है, क्योंकि 'हमास्तिए' तो बिना पैसे दिये कुछ बनवाएँगे नहीं, और बचे थोड़े से कमज़ोर स्थिति के परिचित, तो यदि वे अच्छे कपड़े बनवा भी लेंगे, तो 'गाड़ले में क्या छाजले का भार'! और ज़रा सोचिए कि इस नाम मात्र के ख़र्च से बारातियों के बीच अपनी कितनी शोभा बढ़ जाएगी!''

दूरदर्शी पूनमचन्द जी ने भिवानी के सारे दुकानदारों से हाथ जोड़कर यह अर्ज़ कर दी थी कि वे बारात के आने और वापसी तक किसी भी खरीदार से कोई पैसा न लें। बाद में दुकानदार जो भी हिसाब बताएँगे, वह बिना किसी हील-हुज्जत के उन्हें दे दिया जाएगा।

पूनमचन्द जी ने कलकत्ता, लखनऊ, बनारस, बीकानेर, जयपुर आदि जगहों से हलवाइयों और कारीगरों के दो-दो दल बुलवाए थे, ताकि जो लोग बारात में नहीं आ पाएँ, वे मंडावे में ही श्रीनिवास के विवाह का पूरा आनंद ले सकें। उन्होंने मन-ही-मन जचा रखा था कि वे मंडावा से बारात के प्रस्थान के समय से ही बारातियों की ख़ातिरदारी के लिए अपने कामदारों को छद्मवेश में उनके साथ ही मंडावा से रवाना करवा देंगे।

पूर्व नियोजित कार्यक्रम के अनुसार बारात ने जैसे ही मंडावा से रवानगी दी, पूनमचन्द जी के जलवे ने रंग दिखाने शुरू कर दिये। उनके 'सिखाए-पढ़ायों' ने हर घड़ी फलों के रस, मिठाइयाँ, गर्म खाना और विविध नाश्तों की ऐसी झाम बाँधी कि सारे बाराती बानगियाँ चखते-चखते थक गए।

बारात में जो समाज के गणमान्य व्यक्ति थे, वे भी ऐसा बेहतरीन इन्तज़ाम देखकर 'अश-अश!' करने लगे। जोखीराम जी, पूनमचन्द जी की ऐसी उछाल का नमूना अपनी पोती के विवाह में देख चुके थे, इसलिए वे बिना किसी अचरज के मोद में भरे हुए थे, और बार-बार अपने पुरखों और भगवान को इस उत्तम संबंध के लिए धन्यवाद दिये जा रहे थे।

मंडावा के पाहुनों के साथ यदि ठाकराँ और ठिकानेदार आए थे, तो केदारनाथ जी की ओर से भी नामी-गिरामी सेठ-साहूकार, तहसीलदार, मजिस्ट्रेट, जज, वकील, अनेकानेक समाज-सुधारक, साहित्यकार और नेता आदि उनकी अगवानी करने को पलक-पाँवड़े बिछाए हाज़िर खड़े थे। बुज़ुर्गों में स्वनामधन्य आसाराम भिवानीवाला,

बलवंतराय जी तायल, मंगतराय जी, किरोड़ीमल जी और नरसिंहदास जी ने जब जोखीराम जी के पैर छूकर उन्हें प्रणाम किया और नीचे तक झुककर श्रद्धा और आस्था से भरी अपनी हथेलियों से उनकी पगथलियों को उठाकर उन्हें उनके लिए खड़ी कन्वर्टेबल कैडिलक! में बैठाया, तो जोखीराम जी की आँखें ख़ुशी के आँसुओं से डबडबा आईं और उन्होंने एक बार फिर आकाश की ओर हाथ जोड़ते हुए उस परमपिता को नमन किया।

विवाह की सजावट और ठाठ-बाट का क्या वर्णन किया जाए? वहाँ तो बस चारों ओर एक ही वाक्य पूरे वायुमंडल में तैर रहा था; 'ऐसा ब्याह न देखा न सुना।'

कल्पना की जा सकती है कि जिस पूनमचन्द ने 'अभ्यासी कवायद' में ताम-झाम का प्रचंड तूफ़ान खड़ा कर दिया था, उसने अब क्या कुछ नहीं किया होगा? और फिर यह तो उसकी अपनी माँद थी, जहाँ शेर तो शेर, गीदड़ भी ख़ुद को शेर समझने लगता है। ऊपर से हिसारवाली लक्ष्मी बेबे और उनकी माँ चम्पा देवी उन्हें यह कहकर गिन्नियों की थैलियाँ पकड़ाती रहती थीं कि 'देख पूनमचन्द, केदारनाथ जी को तो दीन-दुनिया की कोई सुध है नहीं, इसलिए तू यह रख ले और इसके अलावा भी यदि तुझे कोई ज़रूरत पड़े, तो मुझे धीरे से बता देना, किसी को ज़रा सा भी पता नहीं चलेगा।'

पूनमचन्द जी माँओं और नानियों के ऐसे 'मनगिरे' प्यार को देखकर, अपनी प्यारी भानजी जड़िया के लिए और भी गदगदा जाते और जड़िया को छोटी बच्ची की तरह उठाकर नाचने लगते। विवाह के घर में जड़िया का मीठी आवाज़ में, 'मामू-मामू' करते हुए खिलखिलाना उस उल्लासमय वातावरण को और भी ख़ुशगवार कर देता।

घरवे में जड़िया की गोद में बिछी चूनड़ी पर ज़ायदादों के कागज़, गिन्नियाँ, गहने और चाँदी के सिक्कों का ऐसा अम्बार लगा कि लक्ष्मी माँ ने आगे बढ़कर, उसकी चूनड़ी को बचाने के लिए, उसके नीचे अपनी साड़ी का आँचल लगा दिया। देखने लायक बात यह थी कि धन्ना सेठों से लेकर कुंजड़े, मणिहार, हलवाई, माली, कोचवान, पानी वाला भिश्ती, शन्नो, भगीरथा और घर के सभी नौकर-चाकर कतारबद्ध खड़े बतौर जड़िया के प्रेम-ऋण के कुछ-न-कुछ प्रणामी उसकी झोली में डालते जा रहे थे; तभी अपनी विनोदप्रियता के लिए प्रसिद्ध छोटे मामू ने एक खेल रचा; घरवे की भीड़ से भरे आँगन के बीचोबीच 'जेंटलमैन' आ खड़ा हुआ, और लगा जड़िया के सामने जोरों से हिनहिनाने! ...जड़िया के स्वभाव का वादी-स्वर ठहरा खिलंदड़ापन! और संवादी ज़ोरों से खिलखिलाना! हालाँकि इन दिनों उसने गम्भीरता के विवादी-स्वर को भी काफ़ी तवज़्ज़ोह दे दी थी, पर किसी का मूल स्वभाव कभी बदलता है क्या? देखते ही देखते वह अपना आपा भूल हड़ककर उठी और जेंटलमैन की गर्दन में बाँहें डालकर झूलने लगी। बेचारी दादियाँ, नानियाँ, माएँ, ताइयाँ, चाचियाँ और मौसियाँ, 'हाय-हाय' करती हुई बिखरा हुआ गहना-पैसा बटोरने में लग गईं। तभी दूर खड़े राघव मामू ने अब सामने आकर 'जैंटलमैन' की गर्दन से एक भारी जड़ाऊ-हार उतारकर जड़िया को पहनाया तो

जड़िया हार की अनदेखी कर छोटे मामा के 'लटूम' कर उनसे पूछने लगी : ''मामू, आप विलायत से कब आए? क्या डिग्री लाए? अब कब जाएँगे?''

इन सारे प्रश्नों को परे खिसका कर छोटे मामू बोले : ''डिग्री-फ़िग्री छोड़! मैं तो वहाँ से केवल तुम्हारे लिए मात्र एक खुली मोटर-गाड़ी लाया हूँ, जिसमें बैठकर तुम और श्रीनिवास खूब घुमक्कड़ी करना।''

जड़िया ने जब हवेली के बाहर खड़ी लाल रंग की 'पैकॉर्ड' गाड़ी देखी, तो एक बार फिर 'मामू-मामू' करती हुई राघव मामा से चिपक गई।

वैसे ये सारी बातें तो हक़ीक़त का दस आना भी नहीं हैं। साधारण सी बात है कि करोड़पति नरसिंह दास जी की पोती, हिसार में मीलों ज़मीन के मालिक बलवंतराय जी की दत्तक पुत्री, अरबपति मंगतराय किरोड़ीमल की दौहित्री, और ऊपर से सबकी इकलौती जड़िया के दहेज़ का अनुमान कैसे हो? चूँकि अमीरों के आत्मीय-स्वजन भी अमीर ही होते हैं, और उन सभी को अपने एहसान चुकाने का यही एकमात्र अवसर मिला था, अतः सभी यथाशक्ति उपहार देकर अपने 'मन की निकाल' रहे थे। ऐसे में इस विवाह की विविधताओं और विचित्रताओं का क्या हिसाब रखा जा सकता है?

पर अचंभे की बात यह थी कि जड़िया इस सारे वैभव के बीच वैसे ही थी, जैसे कमल के फूल का पत्ता, जो जल में रहते भी उससे परे रहता है।

विवाह के सारे नेगचार 'ही-हा' करते हुए बहुत ही प्रेम से हो रहे थे कि केदारनाथ जी और शिवदत्त राय जी में दुल्हन के घूँघट को लेकर मतभेद हो गया।

केदारनाथ जी ने नरसिंहदास जी से कहा : ''बाबूजी, जड़िया का कन्यादान आप कर दीजिए, क्योंकि मैंने तो लोटे में नमक डालकर कसम खाई है कि मैं पर्दे के विवाह में सम्मिलित नहीं होऊँगा।''

केदारनाथ जी के सिद्धांत को मद्देनज़र रखते हुए 'श्याणे' जोखीराम जी ने बीच का रास्ता निकालते हुए शिवदत्त राय जी और मंडावा के दूसरे बुजुर्गों को यह कहकर समझाया : ''यदि वरमाला और फेरों के आध-घंटे में अपने घर के लोगों के ही बीच बहू का मुँह खुला भी रहे, तो क्या फ़र्क पड़ता है! क्योंकि बाद में तो बहू अपने हिसाब से ही रहेगी।''

उनके इस कथन पर कोई प्रतिवाद नहीं हुआ, और 'मौनं स्वीकृति लक्षणम्' के अनुसार उन्होंने नरसिंहदास जी से कहा : ''साहजी, ब्याह आगै बढ़ाओ।''

यह सुनते ही ज़ोरों की शंख-ध्वनि के बीच आम के पत्तों की बंदनवार वाले अल्पना से सजे 'पाटे' के बीचोबीच सिकुड़कर बैठी हुई एक 'बंग-लक्ष्मी' का आविर्भाव हुआ, जिसने अपनी लम्बी अँगुलियों में पान के दो पत्ते थाम रखे थे और उनसे अपनी आँखें तथा आधा चेहरा ढक रखा था। जड़िया के सातों भाइयों ने उस पाटे को अपने हाथों में सँभाल रखा था और शकुन के लिए जड़िया की सारी बंगाली 'माशीमाँएँ' लगातार 'उलू'-ध्वनि कर रही थीं।

सारे बाराती ही नहीं, घराती तक इस दृश्य को देखकर असमंजस में पड़े हुए थे कि

केदारनाथ जी ने इसका खुलासा यों किया : "आप लोग तो जानते ही हैं कि कलकत्ते में बहुत सारी राजवाड़ियाँ हैं, जिनमें से कई-एक परिवारों से हमारा बहुत ही घनिष्ठ परिचय है। ये परिवार जड़िया को अपनी बेटी ही मानते हैं, इसीलिए कलकत्ते से 'चलाकर' जड़िया के ब्याह में आए हैं। आप आँखें पसारकर ज़रा उस ओर देखिए, जहाँ ऊपर से नीचे तक सुरुचिपूर्ण बंगाली चुन्नटदार धोती, रेशमी कुर्ते और अंगवस्त्र में राजकँवरों-से सजे जड़िया के मामू लोग खड़े हैं और सोने की चाबियों का गुच्छा लटकाए उल्टे पल्ले की बांग्ला बनारसी में जड़िया की माशीमाँएँ 'उलू'-ध्वनि कर रही हैं।"

दूर से ही बातचीत का विषय स्वयं से सम्बन्धित समझकर एक हिन्दी-भाषी राजसी ठाठवाली रूपसी महिला आगे बढ़ी और केदारनाथ जी की अनुमति लेकर उन लोगों को विवाह की इस पद्धति के बारे में समझाने लगी : "सर! आप सब जानते हैं कि वर-वधू अग्नि के चारों तरफ चार फेरे ही लगाते हैं। इसलिए हम बंगाली बाहर ही वर के चारों ओर तीन फेरे लगवाकर इस सप्तपदी को पूरा कर लेते हैं।"

इतने में ही 'उलू'-ध्वनि के बीच पाटे पर विराजित वधू को वर के पार्श्व में पत्ते से मुँह ढँके हुए ही खड़ा कर दिया गया और बंगाली मौसियाँ बड़ी सिठानी जी से वर का 'बरण' कराने लगीं। बरण में वर की नाप-जोख और नाक-कान खिंचाई के बाद उन्होंने छोटी सिठानी कान्ता देवी से आरता करवाया और वधू को उसी पाटे पर फिर से बैठा कर जड़िया के सातों भाइयों से उस पाटे को उसे वर के चारों ओर तीन बार घुमाने को कहा। इस रस्म के बाद, वधू को वर की बगल में खड़ा कर दिया गया और उसे आदेश दिया गया कि अब वह चेहरे से पान के पत्ते हटा दे।

जड़िया ने जैसे ही पान के पत्ते हटाकर अपनी भारी पलकों वाली बड़ी आँखें ऊपर उठाईं, श्रीनिवास और जड़िया दोनों के चेहरों पर एक अचरज-भरा-रहस्यपूर्ण स्मित भाव खिंच गया, जिसका अर्थ केवल वे दोनों ही समझ सकते थे।

वरमालाओं से शोभित इस छवि-सी युगल-जोड़ी के शोभा-वर्णन में स्वयं को अक्षम पाकर भक्तिकाल और रीतिकाल के कवियों ने अपने हाथ ऊपर उठाकर कह दिया : 'अस सोभा बरनी न जाइ'! और महाकवि गंधर्वराज पुष्पदंत भी 'असित गिरि समं स्यात कज्जलं सिन्धु पात्रेः..' कहकर चुप बैठ गए।

दरअसल सौंदर्यबोध के धनी महाशय पूनमचन्द जी ने ऐसी अद्‌भुत प्रकाश-व्यवस्था की थी कि नीली रोशनी ऊपर से आकर सिर्फ वर-वधू पर पड़ रही थी, जिससे उस पूरे वातावरण में एक दिव्यता सृष्ट हो गई थी, और भव्यता एवं दिव्यता का यह अद्‌भुत समंजन उन लौकिक पुतलों में अलौकिकता का सृजन कर रहा था। उस एक विशिष्ट पल में सबको ऐसी अनुभूति हुई, मानो सब कुछ थम-सा गया है! और उस भीड़-भरे आँगन में उस जोड़े के सिवा कोई और उपस्थित नहीं है।.. तभी सारी माशीमाँओं ने अपने-अपने शंखों से ऐसा घोष किया कि वातावरण की जड़ता और मनुष्यों की तंद्रा दोनों भंग हो गई।

पंडित जी के निर्देशानुसार अग्नि की साक्षी में वर–वधू ने तीन फ़ेरे लिये और चौथे के पहले ली जाने वाली कसमों के लिए केदारनाथ जी के आग्रह से वर–वधू ने स्वयं वे कसमें भावपूर्ण ढंग से शुद्ध संस्कृत में उच्चरित कीं। उपस्थित समुदाय को यह नयापन अनोखा लगा, पर अब तक वे सब मान चुके थे कि यह विवाह भारतीय संस्कृति के उच्चतम आदर्शों पर आधारित और पोंगा पंडितों की धूर्तताओं से पूर्णतः वंचित एक 'सम्पूर्ण–विवाह' है।

फ़ेरों के बाद की सजनगोठ ऐसी थी कि राजे–रजवाड़ों के भोजों को भी मात दे रही थी।

परहानी (विदाई) में चार लाख नक़द, दस किलो सोना और भिवानी के एक बड़े कटरे (बाज़ार) के काग़ज़ात थे। वर के गहने 'कोरथ' में दिये जा चुके थे, फिर भी राजसी हेमिल्टन दुकान की हीरे–माणिक जड़ी पॉकेट घड़ी और अशर्फियों से भरा हुआ एक 'कचोला' वर को रत्नजड़ित तलवार के साथ दिया गया।

जड़िया की विदाई इतनी अधिक भावपूर्ण और आँसुओं से भरी थी कि केदारनाथ जी, पूनमचन्द जी आदि तो उस स्थान से ही हट गए।

बारात जब स्टेशन की ओर रवाना हुई, तो उसके पीछे इतना बड़ा समाज चल रहा था, जैसे पूरी भिवानी ही अपनी बेटी को विदा कर रही है!

श्रीनिवास जड़िया के किलक–किलक कर रोने को देखकर हैरान था, क्योंकि उसका परिचय जिस 'जब्बर जड़िया' से था, वह तो इस चम्पा–सी नर्म जड़िया के एकदम विपरीत थी।

बारात जब नई बींदणी को लेकर हवेली पहुँची, तो नेवगण ने जड़िया के लम्बा–सा घूँघट खींच दिया। उस घूँघटे ने जड़िया के होश उड़ा दिये। उसने नीचे के नेगचार तो नेवगण को पकड़े–पकड़े किसी तरह पूरे कर लिए, पर ज़ब सैठानी दादी ने उसे सीढ़ी से नीचे आने को कहा, तो वह धड़ाम से सीधी आँगन में आ गिरी। हालाँकि वह तुरन्त ही उठ खड़ी हुई, पर परिवार की औरतों की फुसफुसाहट का स्वर जब सैठानी जी तक पहुँचा, तो उन्होंने वक़्त की नज़ाक़त समझकर जल्दी–जल्दी सारे नेग निबटाए और जड़िया से कहा : "बींदणी, जा, जरा आराम कर लै।"

नेवगण का हाथ पकड़कर जड़िया, जब उस झूलते बरामदे और भलभलाती भीत वाले चौबारे में पहुँची, तो श्रीनिवास की कारीग़री पर मुग्ध हुए बिना नहीं रह सकी।

हालाँकि उसके पीहर की तुलना में उसके ससुराल का वैभव पासंग भर भी नहीं था, पर जड़िया ने उसे ही ख़ूब बढ़ा–चढ़ाकर अपने हृदय में स्थान दिया और तन–मन–धन से ससुरालवालों की सेवा में दिन–रात एक करने लगी।

जोखीराम जी और सैठानी दादी तो जड़िया पर ऐसे रीझे कि उन्होंने आपस में बातचीत कर जड़िया को बहू नहीं, बेटी का दर्जा देना तय किया।

स्त्री और पुरुष की उदारता और सोच में बित्ते भर का नहीं, गज़ों का फ़र्क होता है, इसलिए दादीजी ने जड़िया से केवल यह कहा : "बींदणी! आज सै तू घर–आँगण मै

खुले मुँह घूम–फिर सकै है, और बाहर वाला कै सामनै एक बार घूँघट काढ़ कर तू तुरत ही उप्पर चोबारै मै चली जाए।''

दादी जी के इस भाव को भी जड़िया ने अपने प्रति गहन प्रेम और उदारता माना और मन–ही–मन ताउम्र उनकी आप्राण सेवा करने का व्रत लिया।

जड़िया ने व्यर्थ के रस्मो–रिवाज़ में समय नष्ट किए बिना बड़ी बाई को इसी घर में रखने के लिए सैठानी दादी को मना लिया। उसने दादीजी को समझाया कि भगवान ने तो बाई में 'खारी' कर ही दी है, पर हमें उन्हें बेकार के पचड़ों से बचाना चाहिए।

सैठानी दादी कल की आई नई बींदणी का अपनी 'बड़ी पोती' में ऐसा मोह देखकर उस पर और भी रीझ गईं और उन्होंने भी सच्चे मन से जड़िया को बेटी मान लिया।

जड़िया ने अपनी मुँहदिखाई में श्रीनिवास से गाँव की सीमा के पास वाले एक खाली नोहरे को माँग लिया था। सही समय जानकर उसने दादीजी को पटाया और उनके पीछे–पीछे जोखीराम जी की बैठक में हाज़िर होकर उनसे उस नोहरे में बड़ी बाई के नाम से एक स्कूल खोलने की इजाज़त माँगी।

जोखीराम जी ने कुछ विचारते हुए कहाः ''इसमें तो नक़द रुपए भी चाहिएँगे, मैं शिवदत्त से पूछकर बताऊँगा।''

इसके पहले कि बात वहीं ख़त्म हो जाती, जड़िया ने अपने हाथ का बड़ा मखमली थैला दादीजी को पकड़ाकर कहा : ''यह धन मैंने बचपन से लेकर आज तक दान के लिए ही जोड़ा है और मेरी इच्छा है कि इसको बाई के स्कूल के काम में लिया जाए।''

जोखीराम जी तो यों ही जड़िया और उसके घरवालों पर बलि–बलि जाते थे, उसके इस कृत्य से तो वे ऐसे भावविभोर हुए कि उनका आशीर्वाद देने को उठा हाथ उठा ही रह गया, और उनके मुँह से एक बोल न निकला। किसी तरह अपने को सँभालकर उन्होंने सैठानी दादी से कहा : ''हुकम मेरो आज सै, कि जड़िया कोई सै भी पर्दो नईं करैगी और मेर सै बेटाँ की तरियाँ ही बात करैगी। मै आज सै इनै 'बेटा जी' अर या मन्नै 'दादोजी' कहकर बुलावैगी।''

वैसे कायान्तरण शब्द से सभी का परिचय है, पर जड़िया का ससुराल में रच–बस कर उसमें पूरी तरह एकाकार हो जाना इसके सही अर्थ को सिद्ध कर रहा था। वह भूले से भी कभी अपने पीहर की कोई चर्चा नहीं करती और सुबह से रात तक घर और बाड़े के सारे कामों को सँभालती रहती। ऐसे में जड़िया को साज–शृंगार तो दूर, अपने तन की सुध तक लेने की भी फुर्सत नहीं रहती थी कि अचानक एक दिन दोपहर के समय उसके उल्टियाँ होने लगीं।

आज तक बीमारी को डराती आई जड़िया उसके इस आकस्मिक आक्रमण से बहुत घबरा गई। बहू की बिगड़ी तबीयत की ख़बर सुनते ही सैठानी दादी तुरन्त वहाँ आईं और उन्होंने जड़िया की नब्ज़ पकड़ते ही हँसते हुए घोषणा कर दी : ''बींदणी एकदम ठीक है। ये उल्टियाँ तो ओजणा (गर्भ का संकेत) है।''

भगवान जाने कि उन्होंने जड़िया के कान में क्या कहा, जो वह मुस्कुराते हुए उठी और दौड़ती–सी जाकर छत पर बनी हुई मड़ैया में बैठ गई।

यह खुशख़बरी पाते ही न जाने कब वहाँ श्रीनिवास–रूपी शिव आ गए और अपनी पार्वती की आँखें मूँदकर उसे 'कार्त्तिकेय' के आगमन की सम्भावना पर बधाई देने लगे। कनकलता–सी जड़िया आपादमस्तक लज्जा की लालिमा से ढकी हुई, कभी अस्ताचली सूर्य की आभा में स्वर्णशिखर–सी चमके, तो कभी प्रियतम के स्पर्श से पुनः रक्ताभ कमल–सी शोभित होने लगे।

यह आनन्ददायक ख़बर मिलते ही केदारनाथ जी ने जोखीराम जी से जड़िया की पहली 'जच्चगी' भिवानी में करवाने की अनुमति माँगी। वहाँ के डफ़रिन अस्पताल में आधुनिक सुविधाएँ तो थीं ही, साथ ही वहाँ की बड़ी डॉक्टरनी 'सप्रे' से उनके घनिष्ठ पारिवारिक सम्बन्ध भी थे। जड़िया भी उन्हीं के हाथों पैदा हुई थी, इसलिए वे जड़िया से विशेष स्नेह भी रखती थीं। बड़ों की मर्ज़ी के कारण जड़िया को जाना तो पड़ रहा था, पर उसे यह बात अखर रही थी कि उनके गाँव में एक अच्छा प्रसूति–गृह क्यों नहीं है?

जड़िया ने 'पड़पोते' को 'नदीद' सैठानी दादी से यह वचन लिया कि उसके पीछे से वे स्कूल का काम आगे बढ़वाएँगी और उसके बेटा होने पर उसे मुँहमाँगा इनाम देंगी। सैठानी दादी ने ज़ोरों से 'हाँ' में गरदन हिलाकर जड़िया के दोनों प्रस्ताव मान लिये और मुस्कुराते हुए उसे विदा करने की तैयारी में लग गईं।

सातों भाइयों में सबसे बड़ा यशवंत हिसार से और छोटे मामू राघव बाबू ढेरों उपहारों से लदे–फँदे जड़िया को ले जाने के लिए आ गए थे। सबको प्रणाम कर जड़िया ने चारों ओर नज़रें घुमाईं, पर उसे श्रीनिवास कहीं नहीं दिखा। वह क्षुब्ध मन से रथ पर चढ़ी और मुँह फुलाकर बैठ गई। चिढ़ के मारे उसने मुड़कर हवेली की ओर देखा तक नहीं।

रथ गाँव की सीमा पर पहुँचा ही था कि नीची गरदन किए अँगूठे से रथ की सतह को कुरेदती जड़िया को लगा कि जैसे कोई उससे एकदम सटकर उसकी बगल में आ बैठा है। इसके पहले कि वह चीख़ पाती, उस 'कामदेव' ने अपनी हथेली उसके मुँह पर धर दी। जड़िया ने फटी आँखों से अपने प्रियतम को देखा और आनन्द से आँखें मूँद कर, अपनी साँसों की लय को दिल की धड़कनों में मिला दिया। पता चला कि श्रीनिवास को किसी काम से दिल्ली जाना था, इसलिए उसने अपनी सूझ–बूझ से उस कार्यक्रम को जड़िया के साथ जोड़ लिया था।

दो घंटे बाद डूडलोद स्टेशन पर खड़ी गाड़ी में उसने जड़िया को ठीक से डिब्बे में बिठा दिया और रेल छूटने के बाद भी जड़िया के धकियाने से ही डिब्बे के बाहर कूदा और जहाँ तक उसकी नज़रों की पहुँच में जड़िया रही, वह एकटक उसे देखता ही रहा।

मंडावा में जड़िया के स्वस्थ पुत्र की माँ बनने की सुख़बर के कुछ ही अन्तराल पर कलकत्ते से एक बहुत ही बुरी ख़बर आई कि शिवदत्त राय जी को मोतीझरा (टॉयफॉयड) हुआ था। एक तो अकेले होने के कारण वे अपना बिलकुल भी ख़याल नहीं रखते थे

और ऊपर से पोते होने की ख़ुशख़बरी से आह्लादित होकर उन्होंने दो-तीन बड़ी गोठें (भोज) भी आयोजित कर ली थीं। इन बदपरहेज़ियों के कारण उनका बुख़ार बिगड़ता ही चला गया और यह सोचकर कि यह मामूली बुख़ार है, ठीक हो जाएगा, उन्होंने किसी को ख़बर तक नहीं दी।

औरों से ख़बर पाकर जब श्रीनिवास और जोखीराम जी कलकत्ते पहुँचे, तो वे उखड़ी हुई साँसें ले रहे थे। प्रभु कृपा से अंतिम समय में उनका सिर पिता की गोद में था और उनका एक हाथ आशीर्वाद-मुद्रा में श्रीनिवास के सिर पर था।

जो हवेली कल तक बधाई के गीतों से गुंजरित हो रही थी, वही आज मौत के सन्नाटे से घिर गई थी। जोखीराम जी और श्रीनिवास कलकत्ते में शिवदत्त राय जी का 'कारज' कर जब मंडावा लौटे, तो जोखीराम जी ने कहा : "जड़िया बेटी को इस ग़म के माहौल में बुलाना ठीक नहीं रहेगा। उसे कुछ दिन ठहरकर बुलाएँगे।"

लेकिन वह ठहरी जड़िया! बेटी केदारनाथ जी की! देखा गया कि वह बिन बुलाए ही अपने पीहरवालों को साथ लेकर वहाँ हाज़िर है। इतना ही नहीं, उसने बाबोजी को भी एक बड़ा-सा उलाहना दिया : "कहने को तो आप मुझे 'बेटा' कहकर बुलाते हैं, पर दुःख के समय मुझसे परायों-सा सलूक करते हैं? यह भेदभाव क्यों दादाजी? क्या इस घर के लिए मेरी और इनकी ज़िम्मेदारियाँ समान नहीं हैं?" ये बातें कहते-कहते वह ऐसा हिलक कर रोई कि आदमी तो आदमी, आसपास की 'दरो-दीवार' तक बिलख पड़ी। यहाँ तक कि सैठानी दादी, छोटी सैठानी, बड़ी बाई आदि सभी अपनी मर्मांतक पीड़ा भूलकर जड़िया को अपने से चिपकाकर उसे समझा-बुझाकर शान्त करने लगीं।

इसी बीच माया नौकरानी ने एक गोलमटोल गुलगुले बच्चे को लाकर जड़िया की गोद में रख दिया। पलक झपकते ही जड़िया बच्चे को लिये हुए अपनी सास के सामने जा खड़ी हुई और बोली : "माँ ! आज से आप ही इसे सँभालिए और अपने बेटे जैसा सर्वगुण-सम्पन्न बना दीजिए।"

सूखती खेती में यदि अचानक पानी बरसकर उसे बचा ले, तो किसान को जो आत्यंतिक सुख मिलता है, वैसी ही सुखानुभूति माँ शान्ति देवी को भी हुई और उन्होंने कसकर उस बच्चे को अपनी छाती से चिपका लिया।

दो-एक दिन बाद शान्ति देवी ने सैठानी दादी से कहा : "माँजी! अब अपने को छमाही करके शोक ख़त्म कर लेना चाहिए। मुन्ने की जन्मकुंडली, नेगचार, नामकरण आदि सब कुछ बाक़ी है। अब आपको ही हिम्मत से खड़े होकर ये सारे काम सलटाने हैं।"

सैठानी दादी अपनी बहू के इस नए रूप को देखकर अवाक् रह गईं। आज तक वे उन्हें एक बहुत ही औसत बुद्धि की महिला मानती थीं, पर इस संकट की घड़ी में उनके इस बुद्धिमत्तापूर्ण वक्तव्य को सुनकर उन्हें बहुत ही अच्छा लगा। सौभाग्य जड़िया का कि उन्होंने अपनी बहू के इस परिवर्तन का कारक-तत्त्व भी जड़िया को ही माना।

शिवदत्त राय जी की छमाही के बाद कालीचरण जी ने बच्चे की तेजस्वी जन्मकुंडली

बाँचकर सुनाई और 'ग' को उसका 'जन्मना-अक्षर' बताया। सैठानी दादी ने कहा : "मेरी समझ से 'गुरदयाल' नाम ठीक रहेगा।"

इस पर कालीचरण जी ने सुझाव दिया : "माँजी! गुरदयाल की जगह 'गुरुदेव' रख लें तो कैसा रहे?"

यह नाम सुनते ही श्रीनिवास और जड़िया दोनों के चेहरे खुशी से खिल उठे और सर्वसम्मति से बच्चे का नाम 'गुरुदेव' रख दिया गया।

दुःख और सुख को रात-दिन के चक्र की तरह ही मानते हुए जड़िया ने दोनों ही स्थितियों को एकदम समभाव से लिया और पूरे दमख़म से स्कूल के काम में जुट गई।

उसकी ऊर्जा और समर्पण देखकर श्रीनिवास सोचता कि 'क्या जड़िया ने गीता की 'स्थितप्रज्ञता' को पूर्णतः आत्मसात् कर लिया है?' और उसके मन में जड़िया के प्रति आदर बहुगुणित हो जाता।

जड़िया ने जब वास्तुकला में पारंगत श्रीनिवास से सिद्धि बाई के स्कूल का नक़्शा बनाने का अनुरोध किया, तो उसने आनन्द-भरी मुस्कान से मुस्कुराते हुए कहा : "जड़िया, मैं यह देखकर अचंभित हूँ कि तुम मेरी बहन के काम के लिए भी मुझसे इतने अनुनय-भरे शब्दों में अनुरोध कर रही हो! सच पूछो, तो तुम्हारा यह व्यवहार इस बात का परिचायक है कि तुम मेरे घरवालों को मुझसे भी ज़्यादा अपना मानने लगी हो। जड़िया, यों भी तुम्हारे ढेरों-ढेर गुण मुझे हमेशा से आकर्षित करते रहे हैं, पर तुम्हारी ऐसी 'अपनायत' देखकर तो मैं इतना अधिक आनंदित हूँ कि तुम्हारी प्रशंसा के लिए शब्द नहीं जुटा पा रहा हूँ।"

साधारण दस्तूर यह है कि पति, पत्नी के किसी भी योगदान को ख़ास तवज्जोह नहीं देता और पत्नी की सराहना? यह तो वह स्वप्न में भी नहीं सोचता। आम तौर पर वह अपनी पत्नी के गुणों और बलिदानों को उसके कर्तव्य के खाते में डालकर उसे हमेशा अकिंचन ही समझता रहता है, इसीलिए जड़िया ने जब श्रीनिवास के ये भाव सुने, तो वह समझ गई कि उसका पति अत्यधिक भला और संवेदनशील है, जो सौभाग्य से ही किसी विरले को मिलता है। वह श्रीनिवास की मितभाषिता और प्रखर मेधा की भक्त थी, इसलिए उसके बोले हुए प्रशंसा के ये शब्द उसके लिए बहुत मायने रखते थे। श्रीनिवास की इस शुभोक्ति के अनूठेपन ने उसमें एक सिहरन पैदा कर दी और उसने तुरन्त झुककर धरती को प्रणाम कर प्रार्थना की : "हे माँ! तुम इसी प्रकार मेरी रक्षा करना और कृपा कर यह भी ध्यान रखना कि प्रशंसा के आकाश में उड़ते वक़्त मेरे पैर मज़बूती से तुम्हारी पकड़ में रहें, ताकि मैं वृक्षों की तरह ही ऊपर उठकर भी हमेशा तुमसे जुड़ी रहूँ।"

श्रीनिवास ने अपने नक्शे में नोहरे की मज़बूत चहारदीवारी को बहुत ही ख़ूबसूरती से काम में ले लिया। यह तय करके कि आरम्भ में छोटी कक्षाओं से स्कूल की शुरुआत करेंगे, उसने प्रवेश-द्वार को ज्यों का त्यों बीच में रखकर उसके सामने खुला चौक छोड़ दिया और बाकी के हिस्से में आयताकार मज़बूत छत ढलवाने का प्रावधान कर दिया। उसने जँचवा लिया था कि उस मोटी प्राचीर की नींव इतनी सुदृढ़ थी कि उस पर तीन-

चार तल्ले के भवन का निर्माण भी किया जा सकता था। चूँकि फ़िलवक़्त उन्हें केवल प्राथमिक कक्षाओं के छोटे बच्चों के लिए कमरे बनवाने थे, इसलिए उन लोगों ने यह तय किया कि वे उन कमरों के बीच सीमेंट की दीवारें नहीं बनाकर, काठ के ऐसे 'पार्टीशन' बनाएँगे, जिन्हें आवश्यकतानुसार आगे-पीछे किया जा सकेगा।

इस पर जड़िया ने कहा कि उनकी हवेली में बाबा मातुलाल जी ने ऐसा ही एक पार्टीशन अपने बड़े कमरे में लगा रखा है, जिसके नीचे गोल पहिए लगे हुए हैं।

उसका इतना कहना भर था कि श्रीनिवास ने उसे अपना किताबों से भरा वह कमरा दिखाया, जो उसने अपने शुरुआती दिनों में बनवाया था, और जिसकी किताबों से भरी बड़ी-बड़ी अलमारियाँ अँगुली के इशारे से आगे-पीछे हो जाती थीं।

उस कमरे में जाकर जड़िया दंग रह गई। उसे दो बातों की हैरानी थी। पहली तो श्रीनिवास के यांत्रिकी ज्ञान की, और दूसरी, किताबों के उस ख़ज़ाने की। छोटे से गाँव का एक मारवाड़ी लड़का क्या कभी इतनी किताबें पढ़ सकता है? सोचकर अविश्वास से भरी जड़िया ने श्रीनिवास की परीक्षा लेने की गरज से कहा : ''अच्छा, ज़रा बताइए तो, शेक्सपियर की 'जूलियट-सीज़र' और बर्नार्ड शॉ की 'आर्म्स एंड द मैन' कहाँ रखी है?''

प्रश्न से चिपके हुए उत्तर की तरह श्रीनिवास के मुँह से तुरन्त निकला : ''दो नम्बर अलमारी के तीसरे शेल्फ़ की बाईं ओर की आठवीं पुस्तक 'जूलियट-सीज़र' है और 'आर्म्स एंड द मैन' पिछली सातवीं अलमारी के चौथे खन की दाहिनी ओर से ग्यारहवीं किताब।''

उसके इस उत्तर से जड़िया स्तंभित रह गई। उसे उसकी विद्वता के बारे में कुछ तो पता था, पर 'कैमरे के फोटो जैसी' उसकी स्मरणशक्ति देखकर वह अचंभित रह गई। उसे विश्वास ही नहीं हो रहा था कि श्रीनिवास भी सबकी तरह ही हाड़-मांस से बना एक आम आदमी है। उसकी प्रखर बुद्धि और अन्त:प्रज्ञा के कई उदाहरण तो वह देख चुकी थी, पर आज उसकी धारणाशक्ति देखकर उसे पक्का विश्वास हो गया कि आध्यात्मिकता का स्पर्श किए बिना उसे यह महान उपलब्धि नहीं हो सकती थी, तो क्या सुबह से रात तक घर-संसार के काम में तल्लीन श्रीनिवास ने 'रैदास' और 'कबीर' की तरह 'अपना पूरा आपा' उस ऊपरवाले को समर्पित कर रखा है, जो वह हर काम इतनी पूर्णता से कर लेता है?

'मुखरा' जड़िया का मौन और उसका टकटकी बाँधकर उसे एकटक देखना—दोनों ही घटनाएँ श्रीनिवास के लिए नई थीं। उस क्षण वहाँ समय भी जैसे थम-सा गया था। वातावरण को गतिमय करने के लिए श्रीनिवास ने जड़िया के सिर पर टोहका मारकर कहा : ''या देवी सर्वभूतेषु, सर्वगुणेन् संस्थिता, नमस्त्तस्यै, नमस्त्तस्यै, नमस्त्तस्यै नमो नम:।''

इसके पहले कि श्रीनिवास कुछ और कहता, जड़िया ने चारों ओर देखा, और उसे चिढ़ाकर अँगूठा दिखाती हुई दौड़कर सीढ़ियाँ उतर गई।

उसके पीछे-पीछे श्रीनिवास भी नीचे आ गया और उसने सबके सामने स्कूल का पूरा नक्शा खोलकर रख दिया। संसार के सर्वश्रेष्ठ वास्तुकारों की पुस्तकों से राय-मशविरा कर और उसमें अपने व्यावहारिक ज्ञान का पुट देकर श्रीनिवास ने जो नक्शा बनाया था, वह औरों को कितना पसन्द आया, यह तो पता नहीं, पर जड़िया की आँखों में खुशी की ऐसी चमक थी कि उसके सामने सैकड़ों शरद पूर्णिमा के चाँद और मेघालय में चमकती सौदामिनी भी कमतर ही ठहरते।

श्रीनिवास ने प्रत्येक कक्षा के विद्यार्थियों की आँखों की ऊँचाई के अनुकूल ही सारे पार्टीशनों पर चित्र लगाने का नक्शा भी बना दिया था। उसने चित्रों के चयन में इस बात का ख़ास ख़याल रखा था कि वे लुभावने होने के साथ ही शिक्षाप्रद भी हों।

और जड़िया एक बार फिर उसकी दूरंदेशी और महीन सोच को देखकर विस्मय से भर गई थी।

श्रीनिवास ने हवेली वाले मजूरों से पहले ही बात कर ली थी, इसलिए नक्शा तैयार होते ही वे सब पूरी आन-बान-शान और समर्पण से स्कूल 'चींणने' में अपना रात-दिन एक करने लगे। अबकी बार उनके मन में एक विशेष उछाह यह भी था कि यह स्कूल उनके बच्चों को भी पढ़ा-लिखाकर, उनके भविष्य को सुन्दर बनाएगा। श्रीनिवास तो सदा से ही उनका प्रिय पात्र था, पर अब वे सब जड़िया की मिठास और करुणा का विस्तार देखकर और भी निहाल हो रहे थे। वे अपने घर-परिवारों में ही नहीं, राह-बाट में भी यह चर्चा करते नज़र आते कि जड़िया जैसी स्त्री उन्होंने न देखी है, न सुनी है।

आजकल केवल श्रीनिवास ही नहीं, बल्कि सैठानी दादी, शान्ति माँ, बहन सुशीला समेत सब-के-सब! चकोर की तरह टकटकी लगाए जड़िया के मुख-चंद्र को देखते रहते कि कब उसके मुँह से कोई बोल फूटे और कैसे वे सब उसे तुरन्त पूरा करने में जुट जाएँ। बाबा जोखीराम जी तो जड़िया को देखते ही ऐसे भाव-विभोर हो जाते कि उसे एक बच्ची की तरह अपने से चिपकाकर उसके सिर पर हाथ फेरने लगते। घरवालों को उनका व्यवहार परम्परा से अलग तो लगता, पर चूँकि जड़िया उन सबके हृदय में भी विराजित थी, इसलिए उन्हें जोखीराम जी की यह स्नेहाभिव्यक्ति बिलकुल नहीं खटकती।

श्रीनिवास तेज़ी से स्कूल बनवा रहा था और जड़िया और सुशीला बाई, मदन जी शर्मा की बी.ए.पास पुत्र-वधू, रामोतार जी की मैट्रिक पास बेटी, बनवारी जी के छोटे भाई की मेरठी एफ.ए.बहू आदि घरों की महिलाओं के कभी पैर छूकर, तो कभी हाथ जोड़कर, उनसे यह विनती करतीं कि वे अपने घरों का काम करके दोपहर के कुछ घंटे स्कूल की लड़कियों को दे दें, तो बहुत बड़े पुण्य का काम होगा।

जड़िया ने श्रीनिवास से कालीचरण जी की मनुहार करवाकर उन्हें स्कूल के हेड मास्टर का पद सँभालने के लिए भी बाध्य कर दिया था। यह देखकर गाँव वाले ही नहीं, केदारनाथ जी तक जड़िया की इस सूझ पर दंग रह गए थे, क्योंकि यह निश्चित था कि

कालीचरण जी का इस परिवार पर अपरिमित स्नेह और दीर्घकालीन शैक्षिक अनुभव, दोनों का सम्मिश्रण इस स्कूल को बहुत आगे तक ले जाएगा।

आजकल जड़िया और श्रीनिवास की दीन–दुनिया स्कूल तक ही सीमित हो गई थी। श्रीनिवास भाग–भागकर जयपुर और दिल्ली जाता और आए दिन स्कूल के लिए नई चीज़ें लेकर लौटता। तय किया गया कि यदि स्कूल में किसी कक्षा में एक बालिका भी प्रवेश लेगी, तो उसके अनुरूप वह कक्षा खोल दी जाएगी।

जड़िया और सिद्धि बाई घरों में घूम–घूमकर बच्चियों की माँओं की चिरौरी करतीं और उनके इन प्रश्नों का कि 'हमारे यहाँ कौन से नौकर–चाकर लगे हैं, जो इनका खाना स्कूल ले जाएगा?' वे अत्यन्त विनम्रता से उत्तर देतीं कि 'यह काम हम करेंगे; या तो हम खुद खाना लेने आएँगे या हमारी स्कूल की दाई, लेकिन आपकी बच्ची को खाना समय पर मिलेगा।' तो 'हमारे पास कौन सी सोने की खान गड़ी है, जो हम आपको स्कूल की फ़ीस दे सकेंगे?' का तैयार उत्तर था : 'हम आपसे फ़ीस कब माँग रहे हैं? आपकी जो इच्छा हो वह दे दें, हम उसे 'सिर–माथे' स्वीकार करेंगे।'

अविश्वसनीयता से भरे लोगों में विश्वास का दीपक जलाने में जड़िया को एड़ी–चोटी का ज़ोर लगाना पड़ा। कई जगह तो वह वृद्धा सैठानी दादी तक को अपने साथ लेकर गई, क्योंकि सैठानी जी के रुतबे के सामने बच्चियों की माँओं की 'ना' कहने की हिम्मत ही नहीं होती थी, और जैसे दीये की एक बाती से कई दीये जल उठते हैं, वैसे ही धीरे–धीरे 'शान्ति गर्ल्स स्कूल' में भी बच्चियों के आगमन का प्रकाश फैल गया।

गुरु कालीचरण जी की साख और सैठानी दादी का घरों में जाना—दोनों बातों का साधारण लोगों पर गहरा असर हुआ और घरों के पुरुषों ने आगे बढ़कर अपनी बेटियों को स्कूल भेजना शुरू कर दिया।

ढेरों अड़चनें आईं, पर उठती–गिरती जड़िया बिना एक क्षण रुके आगे बढ़ती रही। यहाँ तक कि कई बार तो ऐसा भी हुआ, मानो किसी ने उसे पहाड़ पर से खाई में धकेल दिया हो और वह गोल पत्थर की तरह लुढ़कती–पुढ़कती नीचे आ गिरी है! पर जैसे एक छोटा बच्चा गिरते ही झट से इसलिए उठ खड़ा होता है कि कहीं उसके दोस्त देख न लें—बस, वैसे ही जड़िया भी झट से खड़ी होकर और भी ज़्यादा शक्ति से अपने काम में लग गई। उसने अपने साथ शान्ति माँ को भी स्कूल ले जाना शुरू कर दिया और देखते ही देखते श्रीनिवास की 'ये' माताजी स्कूल में ऐसह रमीं कि उन्हें घर कम सुहाने लगा। बुजुर्गों के उम्र–पके अनुभव जब जड़िया को अनायास ही प्राप्त होने लगे, तो उसे इस स्कूल की सफलता पर कोई संदेह नहीं रहा।

कालीचरण जी के पढ़ाए कई सेठों के बेटे भी उनके कहने से स्कूल में अपना योगदान देने लगे और 'पर लगाकर उड़ते दिनों' की तरह थोड़े ही समय में स्कूल की पाँचवीं कक्षा खुल गई।

जड़िया के आग्रह के कारण श्रीनिवास ने छुट्टियों में नीचे की कक्षाओं के ऊपर पाँच कमरे और बनवा दिये। हालाँकि अभी इनकी ख़ास ज़रूरत नहीं थी, लेकिन अब

तक श्रीनिवास को जड़िया की महत्त्वाकांक्षाओं का काफ़ी कुछ अंदाज़ हो गया था और वह जानता था कि जड़िया इसे 'हाई-स्कूल' बनाकर ही चैन की साँस लेगी। हालाँकि अभी यह आकांक्षा भविष्य के गर्भ में थी, पर उसे पता था कि इसे कभी न कभी तो पारित होना ही है।

तभी जड़िया ने एक और क्रान्तिकारी काम किया। उसने सुशीला बाई और शान्ति माँ को भी स्कूल में यह समझाकर भर्ती करवा दिया कि 'इससे उनका और स्कूल दोनों का भला होगा।'

जड़िया की ऐसी सटीक दलीलों के आगे भला किसी की क्या चलती? इसलिए संकोच होते हुए भी वे दोनों बिना किसी हील-हुज्जत के स्कूल की छात्राएँ बन गईं।

उन दोनों के उसी स्कूल में भर्ती हो जाने से स्कूल को बहुगुणित लाभ हुए, यथा : उनकी उपस्थिति के कारण शिक्षक-शिक्षिकाएँ ध्यानपूर्वक पढ़ाते, बच्चियाँ अनुशासन में रहतीं और कर्मचारीगण भी सतर्क रहते।

जोखीराम जी अब तक परोक्ष से सब कुछ देख-परख रहे थे लेकिन जड़िया के इस सीधे और सही सोच से तो वे इतने प्रभावित हुए कि उन्होंने सबके सामने आकर जड़िया को आशीर्वाद देते हुए कहा : "बेटा जड़िया! आज मन्नै इत्तो आनन्द हो रह्यो है कि के कूहँ? मानो मेरा सौ बेटा धन कमा कर ल्याया है। जीवती रह! ओर परिवार को नाम आगै बढ़ाती रह, तन्नै आई आसीस है।"

यह सुनकर जड़िया की आँखों में इतना पानी भर गया कि बहुत थामने पर भी वह कोरों से बह निकला, और भाव-विगलित होकर जड़िया एक छोटी-सी बच्ची की तरह दादाजी से चिपक गई।

यह एक ऐतिहासिक क्षण था; क्योंकि पर्देदार मारवाड़ी सेठों के यहाँ तो बहुओं का 'जेठ' तक के सामने आना वर्जित था और यह तो दो पीढ़ी ऊपर की बात थी! पर जड़िया ने अपने रचनात्मक कार्यों से उस पुराणपंथी परिवार को इतना अधिक परिवर्तित और परिमार्जित कर दिया था कि सही अर्थों में वहाँ उसकी 'साख' घर के बेटे जैसी ही हो गई थी।

दादाजी के आशीर्वाद के तत्क्षण बाद जड़िया ने मन-ही-मन धरती को प्रणाम करते हुए उसे यह धन्यवाद दिया कि 'हे माँ! जैसे तुमने मेरे अत्यन्त साधारण कामों से इस घर में इतना बड़ा बदलाव ला दिया है, वैसे ही तुम अपनी और बेटियों का भी ऐसा ही मार्गदर्शन करना कि वे जड़ता के तालाब में कम-से-कम एक छोटा-सा कंकड़ तो फेंकें। हो सकता है, उसमे उठी एक छोटी-सी तरंग कभी बड़ी लहर भी बन जाए!'

कालीचरण जी ने उस स्कूल में अपना रेखांकित योगदान यह दिया कि उन्होंने अपने सहधर्मा परिचितों से कह-पूछकर आसपास के गाँवों, कस्बों, यहाँ तक कि जयपुर शहर तक में 'अच्छी शिक्षिका चाहिए' की मुनादी-सी फिरवा दी।

चारों ओर से बरसते ढेरों आशीर्वादों के कारण वह स्कूल काफ़ी शीघ्रता से बीज से अंकुर, अंकुर से पौधा, और फिर पौधे से एक छोटा वृक्ष बन कर लहलहाने लगा था।

स्कूल की इस उन्नति से न केवल जड़िया और श्रीनिवास ही हर्षित थे, बल्कि पूरा मंडावा गाँव ही इसे अपनी एक बड़ी उपलब्धि मान रहा था।

एक दिन जड़िया हमेशा की तरह सुबह-सकारे ही स्कूल आकर वहाँ के ढेरों कामों को सँभालने में जुटी हुई थी कि लगभग दो वर्ष पहले की घटना की पुनरावृत्ति हुई। इस बार फ़र्क केवल इतना था कि 'उल्टी' होने पर न तो सैठानी दादी की गुहार मची और न ही जड़िया घबराई। उसने मुँह धोकर पानी पीया और मुँह में एक इलायची रखकर सीधी हवेली जाकर अपने चौबारे में लेट गई, लेकिन वह कहे, न कहे, इतनी बड़ी बात क्या कभी छिपती है? उसके घर पहुँचने के पहले ही यह सुख़बर वहाँ पहुँच गई थी, और सैठानी दादी ने हाथोहाथ श्रीनिवास को भी बुला लिया था। दादीजी कई एक जड़ी-बूटियों का ख़मीरा बनाकर उसे जड़िया की जीभ पर धीरे से रखकर इस तरह चटा रही थीं जैसे बिना माँ के बिल्ली के नवजात बच्चे को दीये की बाती से टपकाकर दूध पिलाया जाता है। जड़िया उनके इस असीम वात्सल्य की अभिव्यक्ति को देखकर खुद को सँभाल नहीं पाई और आधी 'उटंग' कर उनके कंठ से जा लगी।

जड़िया को गर्भवती हुए अभी महीना भर ही हुआ था कि अचानक अच्छी-भली सैठानी दादी का स्वर्गवास हो गया। डॉक्टर का कहना था कि शिवदत्त राय जी के 'जाने को' वे बाहर से तो झेल गई थीं, लेकिन भीतर-ही-भीतर एकमात्र पुत्र को खोने का ग़म उन्हें दीमक की तरह चाट कर खोखला कर गया था।

उनका जाना जड़िया के लिए बहुत ही भारी था, क्योंकि प्रथमागमन के दिन से वे ही इस घर में जड़िया की 'पितु, मातु, सहायक, स्वामी, सखा—सब कुछ थीं और उनका रौब, रुतबा एवं अधिकार—सब अहर्निश जड़िया पर न्यौछावर होते रहते थे।

जड़िया ने भी उनके प्रति अपने प्रेम और श्रद्धा को ज़ाया नहीं किया और बारह दिन के भीतर ही मुकलावे में आए हुए 'दस सेर सोने के पोटले' को लिवा कर बड़े सेठ जी के दरबार में जा खड़ी हुई।

दीर्घ समय की समझदार संगिनी के चले जाने से जोखीराम जी एकदम बिखर गए थे, इसलिए उन्होंने अत्यन्त कष्ट से खुद को संयत कर प्रश्नवाचक दृष्टि से जड़िया की ओर देखा।

जड़िया भारी कदमों से चलकर उनके क़रीब आई और एक माँ की तरह उनके सिर को अपने कंधे पर रखकर, उनकी पीठ पर हाथ फेरने लगी।

श्रीनिवास समेत पूरा परिवार इस विचित्र वाक़ये से स्तब्ध था, क्योंकि किसी पौत्र-वधू में माँ का दर्जा हासिल करने की क़ाबिलियत भी हो सकती है(?) यह सबके अनुभव ही नहीं, कल्पना से भी परे था।

इस आकस्मिक सांत्वना से जोखीराम जी का दुःख उनकी आँखों से परनाले की तरह तेज़ी से बह निकला, जिसे देखकर परिवार वाले मन-ही-मन जड़िया पर क्षुब्ध होने लगे, लेकिन जब कुछ देर बाद स्वस्थ होकर जोखीराम जी ने गला ख़ँख़ार कर परिचारक

को आवाज़ दी : 'म्हादिया! पाणी ल्या', तो जड़िया के कृत्य से अन्दर तक हिले हुए पूरे परिवार को जोखीराम जी के इस 'ख़ँख़ारे' ने एकदम सहज कर दिया और जड़िया के इस अभिनव प्रयोग के अप्रत्याशित परिणाम से वे उस पर नाराज़ होने के बजाय उसके कृतका हो गए।

"बेटा जी, फरमाओ, के हुक्कम है," सुनते ही जड़िया आगे बढ़कर बाबोजी के पैरों में बैठ गई और बोली : "बाबोजी! दादीजी ने मुझे वचन दिया था कि वे अपने पहले प्रपौत्र के आगमन पर मुझे मेरा मनचाहा इनाम देंगी, लेकिन दूसरे कामों की अफ़रा-तफ़री में मेरा इनाम बाक़ी ही रह गया। क्या आप दादीजी के दिये हुए वचन की रक्षा करेंगे?"

बेचारे जोखीराम जी के पास 'हाँ' कहने के सिवा उपाय भी क्या था। इसलिए वे तुरन्त बोले : "बेटा जी, अपना मन खोलकर बोलो! वचन जोखीराम का! यदि इनाम म्हारे बूते में हुआ, तो जरूर पूरा होगा।" बाबोजी ने अपनी टूटी-फूटी मारवाड़ी-हिन्दी में जवाब देने का प्रयास किया।

"बाबोजी, आपको तो ध्यान ही होगा कि अपनी चार चौक वाली पुरानी हवेली बेकार पड़ी है। मेरी हार्दिक इच्छा है कि उसमें दादीमाँ के नाम से 'दाखीदेवी प्रसूति अस्पताल' खोला जाए।"

"जड़िया बेटा, अस्पताल खोलना कोई हँसी-खेल नहीं है! मेरे ख़याल से तो हम यह काम नहीं कर पाएँगे, क्यूँ श्रीनिवास?"

श्रीनिवास निर्विकारी मुद्रा में जड़िया को देखे जा रहा था कि जड़िया की ओर से ही उत्तर आ गया : "बाबोजी, हालाँकि विस्तार से सारी बात करने का यह उचित समय नहीं है, फिर भी आपको बताना मेरा फ़र्ज़ है कि मैंने यह सारी योजना भिवानी के अस्पताल में उसी समय बना ली थी, जब मैं गुरुदेव की जच्चगी के लिए वहाँ भर्ती हुई थी। यदि आप अनुमति दें, तो मैं आपको वे सारे बिन्दु, जो मैंने इस काग़ज़ पर लिख लिये थे, बता देती हूँ; फिर आपको जैसा जँचे, आप वह निर्णय ले लीजिएगा।"

इसके बाद जड़िया ने उन्हें बहुत ही बारीक़ी और कारीग़री से सारे कामों की जो व्यावहारिक सूची सुनाई, उसे ध्यान से सुनता हुआ श्रीनिवास बीच में ही बोल पड़ा : "जड़िया, ये सब तो बहुत ही साधारण-से काम हैं।"

श्रीनिवास की इस बात को दरकिनार कर जड़िया ने अपनी बात आगे बढ़ाते हुए कहा : "बाबोजी, आप लोगों को ध्यान नहीं है कि अपनी पुरानी हवेली बेशक़ीमती बेल्जियम झाड़-झूमरों से भरी हुई है। शायद नई हवेली के चक्कर में उस हवेली की सम्पदा को ज्यों का त्यों छोड़ दिया गया था। बाबोजी, आपको तो बड़े मामा पूनमचंद जी की तीखी नज़र का अन्दाज़ है ही। उनका अनुमान है कि यदि वे पुराकालीन वस्तुओं के सर्वश्रेष्ठ संग्राहक 'सूदबी' को यहाँ बुलाकर इन्हें बेच देंगे, तो हमें बड़ी मात्रा में धन मिल सकता है, बाबोजी! यह भी पता चला है कि अस्पताल बनने के बाद उसे चलाने का भार अंग्रेज़ सरकार सहर्ष ले लेगी, क्योंकि भिवानी का वह लम्बा-चौड़ा अस्पताल

भी वर्तमान सरकार ही चलाती है। बाबोजी, इसके साथ ही मेरी एक विनती और भी है : मैं यह 'दस सेर सोने का पोटला' और नहीं रख पाऊँगी। आज से आप ही इसे सँभालिए और अपने पोते से कहकर यह धन स्कूल और अस्पताल के काम में लगा दीजिए, क्योंकि मैं तो मन-ही-मन इसका दान कर चुकी हूँ!''

उसकी इस अंतिम उक्ति से दूसरे ही नहीं, स्वयं श्रीनिवास भी चकित था और अवाक् होकर सोच रहा था कि 'क्या जड़िया कोई उत्कृष्ट लोकोत्तर आत्मा है जो इसने इतनी कम उम्र में 'अपरिग्रह' का सिद्धान्त साध लिया है? जब इसकी उम्र की औरतें पहनने-ओढ़ने और शृंगार-पटार करने में लगी रहती हैं, तो इसमें इतना साधुभाव कहाँ से आ गया? दूसरों का भला करने, और अपना सब कुछ दे देने की यह भगवत्ता इसमें कहाँ से आई? न तो यह मंदिर-मस्जिद जाती है, न ही गीता-रामायण का पाठ करती है, न ही इसका कोई धर्मगुरु है, तो फिर 'ऋक्' की नींव पर खड़ी यह सच्ची-धार्मिकता इसने कैसे सीखी?''

श्रीनिवास की दृष्टि जड़िया पर थी और वह इन्हीं विचारों में उलझा, उसे एकटक देखता हुआ भी यथार्थ में उसे नहीं देख रहा था! उसकी आँखें ज़रूर वहाँ थीं, पर वह कहीं और ही था। तभी कमरे में ज़ोरों की हँसी के स्वर गूँजे और सबकी नज़रें अपने पर स्थिर देख, वह बिना कुछ कहे, वहाँ से बाहर आ गया, क्योंकि बहुत-सी बातों का न तो कोई उत्तर होता है और न ही उनकी कोई सफ़ाई दी जा सकती है।

जड़िया इस बात पर कटिबद्ध थी कि वह अपनी प्रसूति 'दाखी दादी' के अस्पताल में ही करवाएगी, इसलिए उसे यथासमय खोल देने के लिए औरों को भी प्रतिबद्ध होना पड़ा। केदारनाथ जी और पूनमचन्द जी भी श्रीनिवास का हाथ बँटाने भिवानी से मंडावा आ गए थे। केदारनाथ जी एक ओर तो जड़िया के इस निर्णय से क्षुब्ध थे, पर दूसरी ओर उन्हें अपनी बेटी पर गर्व भी हो रहा था कि वह अपने इस त्याग से इतना बड़ा काम करवा पा रही है। आजकल वे अक़्सर यह कहते नज़र आते थे : 'जो काम मैं नहीं कर सका, देखना, वे सब जड़िया कर दिखाएगी।'

केदारनाथ जी ने आशाराम जी से अनुरोध कर वॉयसरॉय के 'स्वास्थ्य कोष' से इस प्रसूतिगृह को एक बड़ी 'ग्रांट' दिलवा दी; जिसके अन्तर्गत अस्पताल के काम में आने वाले सारे उपकरण अर्थात् डॉक्टरी औज़ार, विशेष पलंग एवं शल्य चिकित्सा के अन्य अनेक सामानात शामिल थे। इसके अतिरिक्त एक बड़ी डॉक्टरनी का मासिक ख़र्च, नर्सों का ख़र्च और गरीबों की दवाओं के ख़र्च के साथ ही 'आपात्कालीन उचंत' ख़र्च के लिए भी प्रतिमाह तीन हज़ार की नक़द राशि का प्रावधान था।

इस ग्रांट का विवरण पढ़कर श्रीनिवास इतना ख़ुश हुआ कि कुर्सी से उठकर उस पर्चे को दोनों हाथों में पकड़कर उसे नचाने लगा। आश्चर्यजनक था यह देखना कि वह लगातार 'वाह, जड़िया, वाह' किए जा रहा था, गोया यह सब अकेले जड़िया ने ही उपलब्ध किया हो! वैसे यदि इसे दूसरे दृष्टिकोण से देखा जाए, तो शायद श्रीनिवास बहुत

ग़लत भी नहीं था, क्योंकि इस 'अस्पताल सागर' की प्रत्येक बूँद का आविर्भाव और अस्तित्व जड़िया के कारण ही तो सम्भव हुआ था।

पूनमचंद जी के लुभावने निमंत्रण से 'सूदबी' कम्पनी के लोग तुरत-फुरत मंडावा आ गए और हवेली के रंग-बिरंगे, पुरातन झाड़-झूमरों को देख 'अश-अश' करने लगे। यह सोचकर कि यहाँ कौन ठेठ अंग्रेजी समझता है, वे आपस में रहस्यमयी मुद्रा में गिटपिट करने लगे, लेकिन उन्हें क्या पता था कि सैकड़ों घाघों के घाघ पूनमचंद जी गूँगे-बहरे-गँवार का साज सजे हुए उनसे इसलिए 'मोम की मक्खी' की तरह चिपके हुए हैं कि समय आने पर जब उन लोगों का पर्दाफ़ाश करेंगे तो वे पानी तक नहीं माँग पाएँगे।

जब वे सयाने व्यापारी उनसे चतुराई-भरा हिसाब करने बैठे, तो उन्होंने उन होशियार अंग्रेजों को ऐसी पटखनी दी कि वे सकते में आ गए और जब पूनमचन्द जी ने उनके जोड़ से अठगुनी राशि की माँग की, तो उनकी समझ में आ गया कि हिसाब-किताब में वे उनसे भी बड़े खिलाड़ी हैं। बावजूद इसके कि रक़म बड़ी थी, पर चूँकि सही थी, इसलिए वे लोग ना भी नहीं कर सकते थे; अतएव बाध्य होकर उन्हें एक बड़ा सा चेक़ पूनमचन्द जी को थमाना ही पड़ा।

उस चेक़ को देखकर श्रीनिवास के मुँह से बेसाख़्ता निकल पड़ा : "वाह! अपनी यह जड़िया तो बड़ी जादूगरनी है। बाबूजी, मामाजी, देखिए न, इसने कैसे बिना कोई 'भूणी भांग' ख़र्च किए, दादी के नाम से इतना बड़ा अस्पताल खोलने का पूरा इन्तज़ाम कर लिया है। धन्य है इस देवी की माया!"

श्रीनिवास की यह अंतिम उक्ति जब वहाँ घुसती हुई जड़िया के कानों में पड़ी, तो वह मंत्र-मुग्ध-सी अपने पति को देखती हुई सोचने लगी : 'क्या इस पूरी धरती पर आज तक किसी भी पति ने अपनी पत्नी के प्रति ऐसा प्रेम और आस्था ज़ाहिर की होगी? कितनी सौभाग्यशाली हूँ मैं कि बिना कुछ किए ही, मेरे आत्मीय-स्वजन मुझसे इतना स्नेह करते हैं! मुझे लगता है कि वह ऊपरवाला भी इन सबके साथ आ मिला है, और मुझे सर्वदा अपनी आलोक-छाया के घेरे में सुरक्षित रखता है। ओह, आज मेरे आनन्द का ठिकाना नहीं है। ऐसा लगता है, जैसे यह ख़ुशी मेरी शिराओं को झनझना रही है और हर्षातिरेक से मेरे पाँव डगमगा रहे हैं।'

अपने-आपको सँभालने के लिए बिना कुछ कहे ही वह झुकी और धरती को प्रणाम करने के बाद सबकी ओर मुख़ातिब होकर बोली : "बाबूजी, मामाजी, और 'ये'! आप सबसे करबद्ध प्रार्थना है कि इस अस्पताल का कोई भी श्रेय मुझे न दें, क्योंकि पुण्यात्मा दादीजी के स्नेहाशीर्वाद ने ही मुझे यह प्रेरणा दी, और सौभाग्य से मैं एक अच्छे काम का निमित्त बन गई। न ही वे मुझे इनाम देने का वादा करतीं, और न ही अस्पताल की परिकल्पना मेरे दिमाग में आती। और, जिनके रक्त, मांस-मज्जा और संस्कारों से मेरा तन-मन गढ़ा गया है, उन बाबूजी और मामाजी को मैं क्या तो धन्यवाद दूँ और क्या प्रणाम करूँ? सिर्फ इतना कह सकती हूँ—धन्योस्मिऽहम् अनुगृहीतोस्मिऽहम्। लेकिन अपने हृदय की अतल गहराइयों से मैं 'इन्हें' धन्यवाद देना चाहती हूँ, जो मेरे मुँह से निकले प्रत्येक

शब्द को ब्रह्म-वाक्य मानकर उसे बिना किसी प्रश्नचिन्ह के जी-जान से पूरा करने में जुट जाते हैं। मैंने तो आज तक पति का ऐसा चरित्र न तो किसी पुराण में और न ही आजकल के साहित्य में पढ़ा है। वैसे कहावत तो यह है कि प्रेमी प्रेमिका के लिए आकाश के तारे भी तोड़ लाता है, पर मेरा अनुभव है कि इन जैसे पति पर ऐसे तथाकथित सैकड़ों प्रेमी न्यौछावर किए जा सकते हैं। मैं अपने इस सौभाग्य के लिए विधाता के साथ-साथ अपने पिताजी को भी नमन करती हूँ, जिन्होंने अपनी सूक्ष्म दृष्टि से 'इन्हें' खोज कर मेरा जीवन-साथी बना दिया।''

इतना कहकर वह आगे बढ़ी और श्रीनिवास की बगल में जाकर खड़ी हो गई। आपस में एक अक्षर बोले बिना, उन दोनों ने परस्पर एक-दूसरे का मनोभाव समझ लिया और वहाँ उपस्थित सभी गुरुजनों को पैर छूकर प्रणाम किया। इसी बीच जोखीराम जी भी वहाँ आ गए थे। प्रणाम करने को झुके इस दम्पती को उन्होंने नीचे तक झुकने ही नहीं दिया और बीच रास्ते में ही उन्हें अपने से चिपकाकर, दोनों को अपनी आँखों की स्नेह-वर्षा से भिगो दिया। इसके बाद उन्होंने जड़िया की पीठ थपथपाते हुए उसे मुनीम जी के हाथ वाला दस-सेरिया सोने का पोटला भी लौटाने का प्रयास किया!

'साँप देखकर डरे आदमी' की तरह जड़िया चमककर पीछे हट गई और केदारनाथ जी को साक्षी बनाकर बोली : ''बाबूजी, एक बार दान दी हुई चीज़ क्या हम वापस ले सकते हैं?''

बेचारे केदारनाथ जी धर्मसंकट में फँसे हुए थे कि जड़िया के अन्तर्मन को अच्छी तरह समझ चुके श्रीनिवास ने आगे बढ़कर कहा : ''बाबोजी! 'थे' ई धन को स्कूल और अस्पताल कै लिए एक ट्रस्ट बणा द्यौ।''

यह सुनते ही जड़िया ने उसमें जोड़ दिया : ''यदि आपको जँचे, तो उसका नाम 'शिवदत्तराय ट्रस्ट' रख दीजिए।''

केदारनाथ जी जड़िया और श्रीनिवास की त्यागमयी भावना को देखकर अत्यधिक आनन्दित थे, और उन्होंने आज एक बार फिर इस 'हीरे'-से जँवाई के लिए परमपिता को धन्यवाद दिया।

संकल्प की पक्की जड़िया ने न्यूनतम सुविधाओं के बीच उसी अस्पताल में एक हृष्ट-पुष्ट बालक को जन्म दिया। कालीचरण जी ने उस बालक के जन्मना अक्षर 'स' पर उसका नाम 'सत्यदेव' रखा। उसकी जन्मकुंडली पढ़ते वक्त उन्होंने यह बात साफ़ कर दी कि 'यह बालक बुद्धिजीवी तो होगा, पर इसकी प्रकृति 'गुरुदेव' की तरह व्यावहारिक न होकर आध्यात्मिक होगी। इसके ग्रहों और राशि के अनुसार सम्भवतः इसका स्वभाव बुद्ध या संत कबीर-सा होगा और यह सारे प्रपंचों से परे एक सात्विक जीवन-यापन करेगा।'

अस्पताल और स्कूल अच्छी तरह चल रहे थे कि व्यापार के लिए कलकत्ते की दिसावरी की बात उठी। जोखीराम जी की बड़ी उम्र और पारिवारिक दुःखों से जर्जरित

उनकी काया को दृष्टिगत रखते हुए श्रीनिवास ने उन्हें कलकत्ता जाने से मना कर दिया। उससे सहमत होते हुए जड़िया ने जोखीराम जी को एक नया विकल्प सुझाया। उसने कहा : "बाबोजी, ज़माना बदल रहा है, अब अपने लोगों को भी दूरदर्शिता से भविष्य के बारे में सोचना चाहिए। यदि आपको छोटा मुँह बड़ी बात न लगे, तो मैं कहना चाहूँगी कि आप कलकत्ते में एक ऐसा मकान खरीद लीजिए, जिसमें अपना पूरा परिवार रह सके और आज जैसे आप लोग कलकत्ते की दिसावरी करते हैं वैसे ही अपना परिवार समय-समय पर कमाने के लिए नहीं, ख़र्च करने के लिए देस की 'दिसावरी' करे। आपलोग कलकत्ते में कमाइएगा और उसे मंडावा में ख़र्च करके अपने जन्मस्थान का ऋण चुकाइएगा। बाबोजी, यदि आप लोग अपना 'अरमेनियन स्ट्रीट' वाला 'इन्टरनेशनल स्टोर' स्वयं सँभालेंगे, तो वह दूना-चौगुना कमाने लग जाएगा और 'इनकी' तीव्र मेधा वहाँ और भी कई नए काम ढूँढ़ लेगी।"

तर्कसम्मत युक्ति से सम्पन्न जड़िया का यह प्रस्ताव जोखीराम जी को उचित लगा और उन्होंने कलकत्ता निवासी अपने चचेरे साले को ख़बर करवा दी कि वह उनके स्तर के अनुरूप किसी बढ़िया-से मकान का अग्रिम बयाना देकर उसे बाँध ले; बाक़ी के पैसे वे कलकत्ता पहुँचकर चुका देंगे।

मंडावा के कामों को तरतीबवार पूरा करने और उन्हें पुराने मुनीम जी को 'सँभलाने' में लगभग पन्द्रह दिन लग गए। सारा जाचा-जचाने के बाद जोखीराम जी ने जब कालीचरण जी को शुभ मुहूर्त देखने को कहा, तो जड़िया ने गुरु जी से एक प्रतिप्रश्न किया : "गुरु जी! क्षमा करें, एक पुरानी बात दोहराती हूँ। क्या गुरु वशिष्ठ का निकाला राज योग का मुहूर्त श्रीराम के वनवास योग में परिवर्तित नहीं हो गया था? क्या अच्छा काम स्वयं में ही एक मुहूर्त नहीं है?"

यह सुनकर जोखीराम जी ने श्रीनिवास के कान में कुछ कहा, जिसे श्रीनिवास ने सबके सामने यों दोहराया : "आज से हमारे यहाँ तारा, दिशा-शूल, मलमास आदि कुछ भी नहीं माने जाएँगे। भगवान की सृष्टि में प्रत्येक क्षण अच्छा और बुरा, दोनों एक साथ ही घटते रहते हैं, इसलिए मेरा यह निर्णय है कि आज से इस परिवार में कोई भी शकुन-अपशकुन के इन वहम-विचारों को नहीं मानेगा।"

जोखीराम जी के इस निर्णय को सुनकर सब आश्चर्यचकित थे और हैरत से एक-दूसरे को देख रहे थे। अनुभवी जोखीराम जी उनकी दुविधा समझ गए, और उन्होंने खुले आम एक ऐसा ऐलान किया कि जड़िया शर्म से ज़मीन में गड़ गई। उन्होंने कहा : "मै बिना लुकायाँ-छिपायाँ सै कै सामनै बोलणो चाहूँगा कि आज मै जो कुछ हूँ, जड़िया कै कारण हूँ। बा धीरे-धीरे करकै मन्नै जगा दियो है, ई कै लिए मै बिको कर्जदार हूँ।"

जोखीराम जी के स्वयं से सम्बन्धित इस उद्गार के खत्म होने के पहले ही जड़िया मारे संकोच के वहाँ से ग़ायब हो गई, और दूसरी ओर जाकर कलकत्ता-प्रवास की तैयारी में लग गई।

आम तौर पर यात्रा पर जाने के पहले लोग–बाग मंदिर, शिवालय आदि जाते हैं, पर जड़िया स्कूल, अस्पताल और कालीचरण जी को प्रणाम करने के बाद अपने रथ पर चढ़ गई, और उसके दोनों बेटे अंगरक्षक–पार्षदों की तरह उसके अगल–बगल बैठ गए। दूसरे रथ में जोखीराम जी और श्रीनिवास थे, और सामान का छकड़ा पीछे–पीछे चल रहा था। मंडावा की सीमा पर रथ रोककर जड़िया ने दोनों बेटों से कहा : "रथ से उतरकर इस रज को माथे से लगाकर प्रणाम करो।"

दूसरे रथ से जब जोखीराम जी ने जड़िया को इस अनूठे तरीके से बच्चों में संस्कारों का बीजारोपण करते देखा, तो उनके पूरे शरीर में सन्तोष से भरी शीतलता व्याप गई, और उन्होंने अपने दोनों हाथ जोड़कर आकाश में बैठे उस 'अनन्त असीम' को पुनः–पुनः प्रणाम किया।

डूँडलोद स्टेशन पर रेल के डिब्बे में सारा सामान जचाने के बाद दोनों रथवानों ने जोखीराम जी और श्रीनिवास को प्रणाम किया एवं परम्परा के विरुद्ध जड़िया को भी प्रणाम करने आगे बढ़े, पर वह ठहरी जड़िया! उसने उनकी मंशा भाँप ली और उनके झुकने से पहले ही वह तेज़ी से आगे बढ़ी और उन दोनों के पैरों को छूकर प्रणाम करते हुए कहा : ''कल्लू खाँ चाचाजी और फ़तेहचंद काकाजी! आप दोनों से एक विनती है : मैं आप लोगों के भरोसे ही हवेली, माँ और सिद्धि बाई जी को छोड़कर जा रही हूँ। कसम आपको मेरी और निज़ाम औलिया की जो आपने एक पल के लिए भी ख़ुद को इस घर का प्राणी न माना तो! आज से आप दोनों चौबीसों घंटे माँ और सिद्धि बाई के पास रहेंगे और हवेली में ही जीमेंगे। आपके परिवार के बाक़ी लोगों के लिए मुनीम जी पूरे महीने का 'सीधा' अच्छी तरह से आपके घर भिजवा दिया करेंगे।'' कहते हुए जड़िया ने मुनीम जी की ओर देखा।

अनुभवी पुराने मुनीम जी मार्मिक इशारों का मर्म समझने में माहिर थे, इसलिए उन्होंने तुरन्त दोनों रथवानों के कंधों पर हाथ रखकर कहा : ''भाया! बेफिकर रहो, थानै जरा सी भी तकलीफ नई होण देऊँगो। राज नवाब को अर वचन सूरजमल मुनीम को। साक्षी पूरै चराचर की।''

उनका यह 'करारा' क़रार सुनते ही सबके चेहरों पर हँसी की लहर दौड़ गई।

इसी बीच जड़िया के नज़दीक आ गए जोखीराम जी और श्रीनिवास ने भी यह वार्तालाप सुन लिया, और श्रीनिवास ने बेशर्म की तरह जोखीराम जी के सामने ही कहा : ''हे जड़िया देवी! कृपा कर मेरी भी एक इच्छा पूरी कर दें!'' जड़िया की प्रश्नसूचक आँखों का श्रीनिवास ने यूँ जवाब दिया : ''हे कल्याणी! यदि आप अपने चरणों में थोड़ी सी जगह इस अकिंचन को भी दे दें, तो इसका भी कल्याण हो जाए,'' कहकर उसने जैसे ही जड़िया के पैरों की ओर झुकने का नाटक किया, जोखीराम जी ठहाका मारकर हँसने लगे, और दोनों बच्चे भी बिना कुछ सोचे-समझे हँस-हँसकर लोट-पोट होने लगे।

श्रीनिवास की इस मसख़री से मन-ही-मन धन्यताबोध करती हुई जड़िया ने,

बाहर से श्रीनिवास को अपनी शंखनुमा बड़ी-बड़ी आँखों से घुड़की पिलाई, और जोखीराम जी को प्रणाम करने के लिए उनके पैरों की ओर झुकी ही थी कि जोखीराम जी ने उसे अधबीच में ही रोक कर कहा : ''बेटा, हम लोग बेटी को 'लक्ष्मी' मानते हैं, और उससे पैर नहीं छुआते। जड़िया, तू तो मेरी बेटी है न, फेर मैं तुझसे अपने पैर कैसे छुवा सकता हूँ?''

यह सुनते ही जड़िया की आँखों से बेमौसम बरसात होने लगी और उसने झुकी नज़रों से ही बिना किसी को दरसाए धरती माँ को प्रणाम किया।

रेलगाड़ी जैसे ही दिल्ली स्टेशन पहुँची, दोनों बच्चे अपने बालिश्त की सीटी बनाकर उसे मुँह पर रखकर बजाते हुए 'छुक-छुक करती रेल है आई, हमें घुमाने आई भाई' गाना गा-गाकर रेलगाड़ी का खेल खेलने लगे। पता चला कि ऐसी कई बाल-कविताएँ जड़िया ने स्वयं लिखकर बच्चों को सिखाई हैं। चूँकि कलकत्ते की रेल चार घंटे बाद जाने वाली थी, इसलिए साथ आए दोनों ठाकरा और कहारों ने फर्स्ट क्लास के रिटायरिंग रूम को खूब अच्छी तरह धो-पोंछकर उस पर एक बड़ी 'शतरंजी' (दरी) बिछा दी और उसी के माप की धपाधप सफेद चाँदनी (चादर) चारों किनारों से कस-खींचकर उस पर लगा दी। शतरंजी के बीचोबीच बड़े सेठजी की मोटी गद्दी लगा दी गई और उसके आस-पास गाव-तकिए, मसनद आदि सजाने के बाद वहाँ सेठजी का 'चीत्तन' किया हुआ चाँदी का पुश्तैनी हुक्का, ख़ुशबूदार तम्बाकू से महकता हुआ, धर दिया गया।

उधर जड़िया ने दोनों बच्चों को तैयार कर दिया और खुद भी नहा-धोकर अगली यात्रा की तैयारी में लग गई।

श्रीनिवास दूर खड़ा प्रेमल नज़रों से उसे देखकर सोचे जा रहा था: ''क्या इस लड़की को सिवा काम के कुछ सूझता ही नहीं है? मिनट के साठ सेकंड तो पढ़े और देखे हैं, पर यह तो सेकंड को भी टुकड़ों में बाँटती रहती है। बाएँ हाथ से एक, तो दाएँ से दूसरा, और मुँह से तीसरा काम! यह इतना सब एक साथ कैसे कर लेती है ? अभी कुछ कहूँगा, तो आँखों से ऐसा घुड़केगी कि मेरा सारा लाड़ धरा रह जाएगा।'

तभी उसके सिर पर खट से एक 'ठोला' लगा और उसकी अचकचाई आँखों को अपने सामने एक त्रिभुवन सुंदरी खड़ी दिखी, जो अँगुलियाँ चटकाने का नाटक करती हुई यह उपालंभ दिये जा रही थी : 'हे भगवान! सिर है या पत्थर? मेरी अँगुली बेचारी तो टूट ही गई! ऐ जनाब बेख़बर! देख रही हूँ, आप न जाने कब से किसी 'आकाशी-मोहिनी' को टकटकी बाँधकर निहारे जा रहे हैं इस तपस्या से कुछ ठोस हासिल भी हुआ या बस यों ही समय ज़ाया हुआ?''

अब बेचारा श्रीनिवास कैसे स्वीकार करता कि उसके तीनों लोक तो जड़िया से शुरू होकर उसी में ख़त्म हो जाते हैं?

कलकत्ते की रेल जैसे ही प्लेटफॉर्म में घुसी, बच्चे खुशी से तालियाँ पीटने लगे,

गोया उनके सामने कलकत्ता जाने वाली रेल नहीं, 'मल्लिका विक्टोरिया' की राजधानी स्वयं आ खड़ी हुई हो! आखिर वे बेटे भी तो उस श्रीनिवास के थे, जिसने उन्हें कलकत्ते के बारे में इतना दिखा-पढ़ा दिया था कि वहाँ के बंगाली बाशिन्दों का सामान्य-ज्ञान भी उनकी जानकारी के आगे कुछ नहीं था।

रेल छुटे अभी दो घड़ी भी नहीं हुई थी कि गुरुदेव ने श्रीनिवास के कान में कहा : "बापूजी, भूख लगी है। माँ से कहिए न कि मुझे ख़स्ता कचौड़ी और 'दिलखुशार' खाने को दे।"

दस्तूर ही है कि रेल चलते ही बड़े-बड़ों को भी भूख लग जाती है, ऊपर से मनभाते पकवान और व्यंजनों के टोकरे अपनी मदमाती ख़ुशबू से बच्चों के पेट में चूहे नहीं, हाथी दौड़ाने लगते हैं! ऐसे में बेचारे बच्चे माँओं की नहीं, बापों की ही शरण गहते हैं, क्योंकि पिता लोग इस मामले में कुछ सदाशयता बरतते हैं।

श्रीनिवास ने थोड़ी अटकल लगाई और कहा, "बाबोजी! कुछ नास्तो कर ल्यो।"

जोखीराम जी कनखियों से पोते और पड़पोतों का खेल देख रहे थे, अतः पट से बोले : "निवासिया! तू तो मैरै मन की कह् दी। नागसेर सिंह, टोकरा काढ़ भाया।"

जड़िया सारा माज़रा समझकर भी अनजान बनी रही, क्योंकि हँसी-खुशी के इन अनमोल क्षणों को अनुशासन की दुहाई देकर गँवा देना निहायत ही बेवक़ूफ़ी का काम होता।

रेल का सफ़र इसी तरह हँसते-खिलखिलाते बीत रहा था कि अचानक मानसिंह ठाकरा की ज़ोरों की डपट गूँजी : "ऐ छोरा! तन्नै सुणै कोनी? दस बार बरज दियो कि जंगले (खिड़की) सै मत्ता झाँक, पर तू मेरी बात नै कान कै नीचे मार देव है। देख छोरा! अबकी बार झाँक्यो तो 'इस्सो थोबड़ो मसलूँगो' कि नानी याद आ जासी।"

पर वह ठहरा 'अचपला' गुरुदेव! अर्क़ जड़िया और श्रीनिवास के बचपन की शरारतों का! उसने तुरंत पलटकर पूछा : "ठाकरा जी! 'थोबड़ो मसलणों' के होवै है?"

यह सुनते ही मानसिंह का गुस्सा परवान चढ़ गया और उसने अपनी चौड़ी ख़ुरदरी हथेलियों वाले हाथों से उस गोरे-चिट्टे बच्चे गुरुदेव के दोनों गालों को इतने जोरों से मरोड़ा कि वे लाल भभूका होकर फूल गए। इतना ही नहीं, बिना कोई दया दिखाए उसने कहा : "अब समझ ग्यो ना, थोबड़ो मसलणो के होवै है?"

डिब्बे में मौजूद सारे लोग गुरुदेव का चेहरा देखकर बहुत दुखी थे और मन-ही-मन मानसिंह को कोस भी रहे थे, पर बड़प्पन बड़ों का! कि न तो किसी ने गुरुदेव को पुचकारा और न ही मानसिंह ठाकरा से कुछ कहा।

दरअसल रेलगाड़ी की खिड़की में सींखचे न होने के कारण कभी-कभी यह भी सुनने में आ जाया करता था कि फलाँ का बच्चा ऊपर की सीट से धचका खाकर खुली खिड़की से बाहर गिर गया था।

दौड़ती रेलगाड़ी से भागती चीज़ों को देखने का कौतूहल बच्चों का और बड़ों का

काम उन्हें समझाने का, इसलिए भारी वातावरण को बदलने की गरज से जड़िया ने कहा: "गुरुदेव-सत्यदेव, जल्दी से यहाँ आओ और खेतों में काँस के फूलों का लहराना देखो। बच्चो, आगे से इन्हें देखते ही समझ लेना कि अब बंगाल की धरती आ गई है।"

इस पर सत्यदेव ने अपनी धीमी-मीठी आवाज़ में कहा : "माँ! देखिए, ये सारे-के-सारे फूल कैसे झुक-झुककर आपको प्रणाम कर रहे हैं!"

यह बाल-सुलभ वाक्य सुनते ही जड़िया को कालीचरण मास्टर जी की भविष्यवाणी याद आ गई और उसने हुमककर अपने दोनों बेटों को छाती से लगा लिया, और वे दोनों भी मृग-शावक-से उससे चिपक गए।

रेल जब टन्-टन् करती हावड़ा स्टेशन में घुसी, तो गुरुदेव और सत्यदेव वहाँ की भीड़ को, अपनी बड़ी आँखों को और भी बड़ी-बड़ी करके देखने लगे। वे हैरान थे कि पूरे मंडावा में जितने लोग नहीं हैं, उतने तो इस इतनी सी जगह में ही ठुँसे पड़े हैं- तो क्या यह 'गुलिवर की यात्रा' जैसा ही कोई विचित्र शहर है?

रेलगाड़ी के रुकते ही पूनमचंद जी और केदारनाथ जी दो गाड़ियाँ लेकर वहाँ आ गए और मेल-भेंट के बाद केदारनाथ जी अपनी आँख के तारों को अपने दाएँ और बाएँ कंधे पर बिठाकर एक बड़ी खुली गाड़ी के पास ले गए और उसकी आगे की सीट पर उन्हें बैठा दिया।

जोखीराम जी, जड़िया और पूनमचंद जी दूसरी गाड़ी में बैठे ही थे कि तभी वहाँ जोखीराम जी के साले महोदय भी आ गए। उनसे मकान का ठिकाना सुनते ही पूनमचंद जी और केदारनाथ जी तो जैसे सकते में आ गए, लेकिन वे दोनों समधियाने का मामला होने के कारण चुप रह गए।

गाड़ियाँ स्टेशन से निकलकर आगे बढ़ी ही थीं कि गंगा किनारे पहुँचते ही पुल खुल जाने के कारण रोक दी गईं। बच्चे हैरानी से इस पुल का खुलना देख रहे थे जिस पर से उनकी गाड़ी जाने वाली थी। एक बड़े जहाज के आ जाने से वह पुल दो टुकड़ों में बँट गया था।

बच्चे इस कौतुक को देखकर गाड़ी में छटपट कर रहे हैं, यह ध्यान में आते ही श्रीनिवास ने गुरुदेव और सत्यदेव का हाथ पकड़ा और उन्हें गंगा किनारे ले जाकर उस 'पोनटून पुल' का इतिहास-भूगोल बताने लगा। उसने कहा : "1862 में ईस्ट इंडिया रेलवे कम्पनी के प्रमुख इंजीनियर 'जॉर्ज टर्नबुल' ने 29 मार्च को इस पुल के जो वृहत् नक्शे बनाए थे, इनमें 400 फ़ीट के पाँच और 200 फ़ीट के दो 'स्पैनर' (झूलता-पुल पद्धति) का प्रयोग दिखाया गया था। हालाँकि नक़्शा एकदम ठीक था, लेकिन बेचारे जॉर्ज टर्नबुल को ना कह दी गई और बाद में 1870 में 'सर ब्रेडफोर्ड' से इस पुल का क़रारनामा कर लिया गया। उनकी ही निगरानी में 1874 ई. में लगभग 25 लाख की लागत से यह पुल बनकर तैयार हो गया।"

इतने में ही भोंपू बजाकर जहाज़ के गुज़रते ही पुल का वापस जुड़ना शुरू हो गया और साथ ही शुरू हो गया था बच्चों का ऊँची छलाँगें भरकर नाचना। बच्चों को गाड़ी में बैठाने के बाद जड़िया ने धीमे से श्रीनिवास के कान में कहा : "आज से मैं आपको 'इन्साइक्लोपीडिया' कहकर पुकारा करूँगी। दंग हूँ कि सौओं बार कलकत्ते आने के बावजूद न तो मैंने इस पुल पर ध्यान दिया और न ही कुछ जाना, जबकि आपने मंडावा में ही इतने विस्तार से इस पुल के बारे में सब कुछ जान-बूझ लिया। आपका यह गहन- ज्ञान और जानकारी का अर्थ-विस्तार शायद आपके रक्त में ही रचा-बसा हुआ है, तभी तो आपने उस छोटी-सी उम्र में ही 'झूलता बरामदा' बना लिया था। हे ज्ञान के देवता! मैं आपको प्रणाम करती हूँ और यह वचनबद्ध वरदान चाहती हूँ कि आप सर्वदा मेरा मार्ग-दर्शन करेंगे।"

जड़िया की इन ईमानदार उक्तियों से उसके प्रति श्रीनिवास का प्रेम और आस्था और भी बढ़ गई और उसने पुलककर कहा : "ऐ पागल लड़की! तुम बहुत ही भोली, सहज और सरल हो; जिसे दूसरों में ही सारे गुण दिखाई देते हैं। जानती हो, जैसे हिरण को अपनी कस्तूरी की महत्ता का अंदाज़ नहीं होता, वही हाल तुम्हारा भी है। जड़िया, सच कहूँ तो, तुम गुणों की खान हो और मैं मात्र एक छोटा-सा 'ज़र्रा।"

जड़िया ही नहीं, ऊपर बैठे सरस्वती और ब्रह्मा भी श्रीनिवास के इन उद्गारों को 'न भूतो न भविष्यति' मानकर अविश्वसनीयता से एक-दूसरे को देखते हुए यह प्रश्न कर रहे थे कि 'कलियुग की तो ख़ैर छोड़ ही दें, पर क्या किसी भी युग में एक साधारण- से दम्पती के बीच कभी ऐसा सौहार्द और ऐसी श्रद्धा देखी या सुनी गई है?"

तभी गुरुदेव की आवाज़ आई : "माँ, माँ! देखो, यहाँ सड़क पर भी एक छोटी रेलगाड़ी चल रही है, और उसके सामने फिटन की तरह घोड़ा जुता हुआ है। माँ, क्या यह रेलगाड़ी का बच्चा है?"

यह सुनते ही जड़िया और श्रीनिवास खिलखिलाकर हँसने लगे और जड़िया ने श्रीनिवास से कहा : "इन्साइक्लोपीडिया जी! बच्चे को जवाब दीजिए।"

सही था जड़िया का कहना, क्योंकि क्षण भर में ही श्रीनिवास ने ट्राम के इतिहास का तलपट उनकी हथेली पर रख दिया। उसने बताना शुरू किया : "1873 में पहली बार यह ट्राम चलाई गई थी, पर फ़ेल हो गई। बाद में सात साल तक शोध करने के बाद 1880 से ये घोड़ा-जुती ट्रामें आराम से कलकत्ते की सड़कों पर दौड़ने लगीं। अब तो ट्राम कम्पनी की सम्पत्ति में लगभग 166 ट्राम गाड़ियाँ, हज़ार घोड़े और सात भाप वाले इंजन भी शामिल हो गए हैं, समझे बरख़ुरदार!" कहकर बात ख़त्म करते हुए श्रीनिवास ने गुरुदेव के सिर पर टोहका मारा।

कान और आँखों से एकरस होकर गुरुदेव श्रीनिवास के एक-एक अक्षर को पीकर आत्मसात् कर रहा था, इसलिए अचानक पड़े टोहके से वह किसी लोकोत्तर

जगत से वापस धरती पर आ गया और झेंप कर मुस्कुराने लगा।

उसकी ऐसी तन्मय एकाग्रता देखकर जड़िया और श्रीनिवास ने आँखों-ही-आँखों में उस विशेष-सुख का साझा किया और बच्चों के सिर पर हाथ फेरते हुए उस परमपिता के प्रति कृतज्ञता ज्ञापित करने लगे।

इतने में ही खड़-खड़ ट्राम लाइन पर चलकर गाड़ियाँ चितपुर के उस मकान के सामने जा खड़ी हुईं, जो बाबोजी के चचेरे साले ने ख़रीदा था। उस मकान को देखकर पूनमचंद जी और केदारनाथ जी का चेहरा तो ऐसा उतरा मानो कोई 'जवान ग़मी' हो गई हो! पूनमचंद जी ने जड़िया को गाड़ी से उतरने को मना कर दिया था, पर जड़िया धीरे से उतरी और जाकर जोखीराम जी की बगल में खड़ी हो गई।

जोखीराम जी भी उस मकान को देखकर दहल गए थे और मारे गुस्से के अपने साले पर छड़ी उठाने ही वाले थे कि जड़िया ने उन्हें धीमे से समझाया : "बाबोजी! आपकी ससुराल में अब मात्र ये ही आपके रिश्तेदार बचे हैं, उन्हें क्यों गँवा रहे हैं? बाबोजी बड़े कहा करते हैं कि ज़मीन-ज़ायदाद सब नसीब का खेल है, इसलिए आप मेरे कहने से उन्हें माफ़ कर दीजिए। वैसे भी घर तो घरवालों की 'श्री' से होता है, ख़ूबसूरत मक़ानात से नहीं, वर्ना आप ही सोचिए कि इतने बड़े-बड़े क़िले और महल हमें श्रीहीन क्यों लगते हैं? बाबोजी, आप निश्चिन्त रहिए, अपना यह घर बहुत ही शुभ और मंगलकारी होगा। आइए और पितरों को प्रणाम करते हुए पहला पग धरकर आगे बढ़िए।"

जड़िया के इन सुखद वचनों से जोखीराम जी एक बार फिर आर्द्र होकर आकाश की ओर देखते हुए उस असीम को प्रणाम करने लगे।

पहला पग जोखीराम जी का, दूजा श्रीनिवास का, तीजा गुरुदेव का, चौथा सत्यदेव का और फिर कहारों-ठाकरों और केदारनाथ जी-पूनमचन्द जी समेत जड़िया ने प्रवेश किया।

यह मकान 'मल्लिक राजबाड़ी' का मेहमान-घर था, जो राजा मल्लिक ने एक तवायफ़ को बख़्श दिया था। वैसे भी पूरा चितपुर मोहल्ला गानेवाली तवायफ़ों के लिए मशहूर था। इस तथ्य से अनजान जड़िया ने जब पूरा घर रहने लायक कर लिया और रसोई बनवा कर सबको जिमाने के बाद ख़ुद जीमने बैठी, तो उसके हाथ से थाली छूटते-छूटते बची। ढलती रात के साथ चारों ओर से तबलों की थाप और घुँघरुओं की आवाज़ आ रही थी। जीवन में पहली बार दुस्साहसी जड़िया को लगा कि साहस उसका पल्ला छोड़ रहा है, और अँधेरे भविष्य से झाँकते अपने भवितव्य की चिन्ता में उसका मन ज़ोरों से रोने को हुआ। क्या करे वह? कैसे बचे इस जंजाल से? ऐसी अनेकानेक दुश्चिन्ताओं से घिरा उसका सिर बरामदे की मुँडेर पर झुक गया और उसे एक प्रकार की तंद्रा ने घेर लिया।

जड़िया की आँखों की सुकोमल त्वचा वाली हल्की पलकों को भेद कर प्रभास के

अरुण सूर्य की किरणों ने उसे 'बीती विभावरी' की सूचना देते हुए जब नवऊर्जा और नवस्फुरण से स्पंदित किया, तो जड़िया ने अपनी घनी पलकों से भारी आँखों को हल्के से खोलते हुए नए जीवन के नए सूर्य को प्रणाम किया। सुबह की हवा का सुर मद्धिम था, पर वह जड़िया की अलकों से अठखेलियाँ कर उसे परेशान किए जा रही थी, इसलिए जड़िया ने बालों को ज़ोरों से कसा और एक बंगाली तर्ज का 'हाथ जूड़ा' बनाकर वापस प्रकृति की लीला देखने में तल्लीन हो गई।

निरभ्र आकाश में सफेद बादलों के झुंड मदमस्त हवा के झोकों से इधर से उधर ऐसे लुढ़क-पुढ़क रहे थे, जैसे बादाख़्वारों ने रात को ढेरों चषक पी डाले हों! चंद्रमा तो है ही सोमरस का भंडार! ऊपर से कल तो शरदपूर्णिमा के चाँद की रात थी, इसलिए उसने पृथ्वीवासियों पर अपने अमिय की अनन्त सम्पदा लुटा दी थी। उसके प्रेमरस से छके तारे शिथिल-गात लिये एक-एक कर विदा हो रहे थे कि अचानक किसी परी ने अपनी जादू की छड़ी की छुअन से पूरे आकाश को स्वर्णिम कर दिया, और एक तेजस्वी दूल्हे के आगमन की सूचना उसकी किरणों ने ऐसे दी कि सबसे पहले उन्होंने सफ़ेद बादलों के किनारों पर अपने सुनहले रंग की चमचमाती कांगणी टाँक दी और जब सुनहरी किनारी की चूनर ओढ़ कर पृथ्वी दुल्हन-सी सज-सँवर गई, तो सात घोड़ों पर सवार दूल्हे राजा सूरज की सवारी बाजे-गाज़े के साथ वहाँ आ विराजी। जब ऐसे तेजोमय जँवाई का पदार्पण हो, तब यह तो लाज़िमी ही है कि सारी सृष्टि उसका अभिनन्दन करे! इसलिए हवा ने फ़रमान सुनाया और पल भर में सारे पेड़ झकोरे खाकर फूल-पत्तियाँ बरसाने लगे, चिड़िया चहचहाने लगीं, सरोवरों में मछलियाँ ऊभ-चूभ, ऊभ-चूभ करने लगीं, आकाश में बाण-व्यूह की-सी संरचना कर पक्षियों की पाँतें उड़ने लगीं, बतखें और हंस पंक्तियाँ बाँध-बाँधकर तैरने लगे, हिमालय के मंदिरों में घंटे-घड़ियाल बजने लगे और जड़िया? वह उसी तंद्रिल अवस्था में खिड़की पर सिर रखे यह सब देखती रही कि तभी मोगरा और जूही फूलों की बासी गंध! उसके नासापुटों से होती हुई सीधे उसके मस्तिष्क में जा पहुँची और वह चौंक कर उसी कंटकाकीर्ण पथरीली ज़मीन पर वापस आ गई, जो जोखीराम जी के चचेरे साले ने बेईमानी से पैसे खाकर उन्हें बख़्शी थी।

श्रीनिवास पलंग पर लेटा जड़िया को देखे जा रहा था और आश्चर्यजनक ढंग से उसकी सारी उड़ानों को पूरी बारीक़ी से समझ चुका था। जड़िया के उद्वेलन और मनोभावों को वह उसी तरह समझ जाता था, जैसे श्रीकृष्ण अर्जुन के भावों को समझते थे। इसलिए उसने जड़िया को वहीं से छेड़ते हुए कहा : "हे जयशंकर प्रसाद जी! हे महादेवी जी! क्या आप धरती के इस नाचीज़ प्राणी श्रीनिवास की ओर भी दृष्टिपात करेंगी या यों ही अन्तरिक्ष-भ्रमण करती रहेंगी?"

पति के प्रेम को समझ जड़िया धीमे क़दम रखती हुई पलंग के पैताने बैठ गई और बोली : "जी कुछ घबड़ा-सा रहा है। इतना महत्त्वाकांक्षी निर्णय ले तो लिया, पर अब

ऐसा लग रहा है, मानो मैंने पहाड़ की चोटी पर खड़े होकर समुद्र में अपनी नाव फेंक दी है! जी, क्या यह निर्णय ग़लत था? यदि हम हार गए तो?''

श्रीनिवास ने गहरी नज़रों से जड़िया को देखा और जैसे एक माँ-पक्षी अपने आहत बच्चे को ख़ुद के पंखों में छिपा कर उसे उष्मा प्रदान करती है, वैसे ही उसने भी जड़िया को अपनी ममता से आच्छादित कर आश्वासित कर दिया।

भावतरंग यदि यकसाँ हो, तो मनुष्य क्या नहीं कर सकता! फिर यह जोड़ी तो एक ऐसी अपूर्व युगल-जोड़ी थी, जो सैकड़ों लैला-मजनुओं की भाव-दशा के समग्र पुंज को भी भारी पड़ती थी।

वक़्त की नज़ाकत को समझ श्रीनिवास अपने स्वभाव के विपरीत उछलता-सा पलंग से उठा और हाथ बढ़ाकर जड़िया को खींचता हुआ गुरुदेव और सत्यदेव को पुकार कर बुलाने लगा। जड़िया की प्रश्नवाचक मुद्रा के उत्तर में उसने कहा : ''बच्चों को स्कूल नहीं भेजना है क्या?''

भय के कोहरे के घटाटोप को भेद कर सुन्दर भविष्य में झाँकते उसके इस इशारे ने जड़िया में ऐसी स्फूर्ति भरी कि वह हिरणी-सी उठी और अपने कमरे से बाहर निकलकर सीधे जोखीराम जी के कमरे में चली गई।

उसके दोनों बेटे जोखीराम जी के 'एड़े-छेड़े' राजा के कुंवर-से शोभित हो रहे थे। जोखीराम जी दोनों के हाथ अपनी छाती से लिपटाए पूर्ण संतोषी मुद्रा में सोए हुए थे। उन्हें देखकर ऐसा लग रहा था कि उन नन्हे हाथों पर जोखीराम जी को पूरा भरोसा है। जड़िया तीन पीढ़ियों के इस समागम को देखकर अभिभूत हो गई और अनिच्छा होते हुए भी ज़िम्मेदारी के तकाज़े के कारण इस सुन्दर दृश्य को भंग करती हुई, हल्के हाथों से दोनों बच्चों को हिलाकर उठाने लगी।

गुरुदेव कुड़मुड़ाता-सा उठा और माँ के गले में दोनों हाथ डालकर झूल गया।

इतने में ही जड़िया के खेवैया श्रीनिवास ने आकर सत्यदेव को गोद में उठा लिया और बच्चों को तैयार करने में जड़िया की मदद करने लगा। वह यह देखकर हैरान था कि जड़िया उनके स्कूल के कपड़े सिलवाकर साथ लाई थी और क़िताबें और बस्ते भी क़रीने से सजे हुए थे। आज एक बार फिर एक पति को अपनी पत्नी पर अभिमान हुआ, जिससे उसके प्रेम-सरोवर में सहस्र कमल-पुष्प एक साथ खिल गए।

जोखीराम जी ने उठते ही जब बेटे-बहू का यह नज़ारा देखा, तो उनकी आँखें जुड़ा गईं। न यात्रा की थकान का बहाना और न ही नए शहर, न नए ठाँव की कोई टालमटोल! ऐसा लगता था, जैसे वे सदियों से यहाँ रहते आए हैं और बच्चे रोज सुबह यों ही बस्ता लिये स्कूल जाते रहे हैं। कहीं कोई भागदौड़ नहीं, कहीं कोई ऊँची आवाज़ नहीं। ऐसा लग रहा था, जैसे सारा काम एक तय की हुई योजना के तहत लयबद्ध-सा स्वतः ही हो रहा है!

अपने घर-संसार को प्रेमभीनी आँखों से निहारते हुए जोखीराम जी इतने भावुक

हो गए कि अपनी उम्र भूलकर बिना छड़ी के ही जड़िया की ओर बढ़े।

उनकी त्वरित गति को देखकर जड़िया सहम गई और एक लम्बा कदम धरते हुए उसने जोखीराम जी को दोनों हाथों से पकड़कर गहरा निःश्वास लेते हुए कहा : "यदि आप अभी 'आखड़' जाते तो क्या होता? बाबोजी, दादीजी के जाने के बाद इस दुनिया में आप ही तो मेरा एकमात्र सहारा हैं, इसलिए आप भूलकर भी ऐसी गलती मत किया कीजिए।" इसके बाद उसने तत्क्षण उनके पुराने नौकर को आवाज़ दी : "परसा काका! आइए और सेठजी को सँभालिए। काका, आप उनकी इतनी अच्छी सँभाल रखते हैं कि मैं निश्चिन्त रहती हूँ, पर आपसे हाथ जोड़कर विनती है कि आप उन्हें एक मिनट के लिए भी अकेला न छोड़ें, और छाया की तरह उनके साथ बने रहें।"

जड़िया के भावों को देखकर जोखीराम जी को न तो अपनी उम्र की फ़िक्र रही थी और न ही अपने ओहदे की। कब उनके आँसुओं ने उन पर पूरा क़ब्ज़ा कर लिया, इस ओर से भी वे पूरी तरह बेध्यानी थे। वे बार-बार गरदन घुमाकर चारों दिशाओं में देखते और भाव-विह्वल हो जाते।

अन्त में जब ऐसा लगने लगा कि अब वे सुबकियों के सागर में डूबने ही वाले हैं, तो श्रीनिवास ने एक बच्चे की तरह उन्हें अपनी छाती से चिपका लिया और उनकी पीठ सहलाने लगा। दोनों बच्चे उनके चारों ओर नाचते हुए गाने लगे : "अच्छे बच्चे स्कूल जाएँगे, खूब पढ़ेंगे, खूब लिखेंगे, बाबोजी का नाम ऊँचा करेंगे।"

बच्चों की इस उछल-कूद से जोखीराम जी अपने भावलोक से निकल आए, और उन्होंने परसा नौकर से लोटा भर पानी और गमछा मँगवा कर मुँह-हाथ धो-पोंछने के बाद गुरुदेव और सत्यदेव को इशारे से अपने पास बुलाया।

फिर उन्होंने दोनों बच्चों के सिर पर हाथ रखकर, आशीर्वाद के मंत्र पढ़े।

जड़िया ने दोनों को दही-चीनी खिला कर, बच्चों के तैयार हो जाने का संकेत देने के लिए श्रीनिवास की ओर देखा ही था कि पूनमचंद जी हाथ में किसी स्कूल के दो फॉर्म लिये वहाँ आए। उनके अनुसार यह स्कूल कलकत्ते का सर्वश्रेष्ठ स्कूल था, जो बिना किसी बड़े आदमी की सिफ़ारिश के बच्चों को लेता ही नहीं था। उन्होंने बतौर एहतियात, वॉयसरॉय के अभिन्न मित्र 'सर, सर, बद्रीदारु जी' से उन फॉर्मों पर सिफ़ारिशी हस्ताक्षर भी करवा लिये थे। स्कूल दूर था, इसलिए दरवाज़े पर मय ड्राइवर के गाड़ी खड़ी थी।

जब जोखीराम जी और श्रीनिवास चुप रहे, तो जड़िया ने ही मामाजी को सरल शब्दों में अपना दृष्टिकोण बताते हुए कहा : "मामाजी, पहले तो, मंडावा गाँव के ये बच्चे! उस स्कूल के दूसरे अंग्रेज़ीदाँ बच्चों के रौब तले इतना दब जाएँगे कि पढ़ाई में इनका मन ही नहीं लगेगा। दूसरे, मेरी इच्छा है कि ये किसी ऐसे स्कूल में जाएँ जहाँ अपनी संस्कृति से जुड़े रहें, इसलिए मैंने बाबूजी से कहकर इनका नाम 'विशुद्धानंद सरस्वती विद्यालय' में लिखवा दिया है।"

"''विशुद्धानंद' में? जड़िया! तुम्हारा माथा ख़राब हो गया है क्या? क्या उस स्कूल का रंग-ढंग अपने बच्चों के लायक है?''

''मामाजी, बाहरी ताम-झाम और चाकचिक्य का जीवन-मूल्यों से कोई सम्बन्ध नहीं होता। यदि ये बच्चे बड़े होकर स्वयं को अच्छा नागरिक सिद्ध कर पाए, तो मैं समझूँगी कि उन्होंने सही शिक्षा पाई है। मामाजी, ऐय्याशियों और रईसी के लिए तो इनका पूरा जीवन पड़ा है, अभी ये पूरी सादगी और कठिन परिश्रम से अपना जीवन सँवारें। मेरी तो यही इच्छा है, आगे आप जैसा आदेश दें।''

बेचारे पूनमचन्द जी की तो बोलती ही बंद थी, क्योंकि वे हवा के रुख से ही जान चुके थे कि जोखीराम जी और श्रीनिवास भी जड़िया से सहमत हैं और जब ख़ुद केदारनाथ जी ने दोनों बच्चों का नाम उस स्कूल में लिखाया है, तो उनसे कोई आशा कैसे की जा सकती है? सारे सिरे टटोलने के बाद अन्त में उन्होंने हारे हुए स्वर में कहा : ''ठीक है बच्चो, चलो, गाड़ी में बैठो, 'विशुद्धानंद' ही चलते हैं।''

''मामाजी, कृपा कर बच्चों को गाड़ी से मत ले जाइए। उनका स्कूल कौन-सा दूर है जो ये गाड़ी में लद कर जाएँगे! आज उनका पहला दिन है इसलिए ठाकरा जी के साथ 'ये' भी चले जाएँगे, वैसे कल से तो दोनों बच्चों को लाने-पहुँचाने की ज़िम्मेदारी ठाकरा जी की ही रहेगी।''

''जड़िया, बक़वास मत करो! कान खोलकर सुन लो, बच्चे पैदल नहीं, गाड़ी से जाएँगे, और यह गाड़ी अब यहीं रहेगी।''

''मामाजी, आपके पैर पड़ती हूँ, आप यों बच्चों के सामने लालच के पक़वान परोसकर, मेरे मूल्यों को अर्थहीन साबित मत कीजिए। मामाजी, मैं जानती हूँ, आप इस दुनिया में मुझे सर्वाधिक प्यार करते हैं, क्या आप उसका इतना-सा मोल भी नहीं चुकाएँगे?

''हाँ मामाजी, एक बात और, आप रोज़ सुबह एक गाड़ी यहाँ भिजवा दिया करिएगा, जिसमें बाबोजी दुकान चले जाएँगे और 'ये' कुछ देर दुकान में रुक कर किसी नए व्यवसाय की खोज में विभिन्न लोगों से मिला-जुला करेंगे। मैं रात को गाड़ी इसलिए वापस भेज दूँगी कि इस मोहल्ले के ढेरों बाशिंदों की आँखें गाड़ी देखते ही इतनी चमकने लगेंगी कि वे अपनी आँखों के पीछे 'सशरीर' मेरे घर पर नाना प्रकार के बहानों से आ धमकेंगे। मामाजी, क्या अपने सम्मान की रक्षा के लिए ये छोटे-मोटे त्याग हमें नहीं करने चाहिए?''

पूनमचन्द जी जड़िया की दलीलों से इतने प्रभावित हुए कि भाव-विभोर होकर अपनी सारी अंग्रेज़ियत भूल गए और जड़िया को कंठ से लगाकर ठेठ हरियाणवी में बोलने लगे : ''हाँ, ए जड़िया! लागै सै तेरै मै तेरै बाप की सारी की सारी बुद्धि ज्यूँ की त्यूँ आगी सै। आच्छा होया, जो तैं मेरै (मुझ पर) और मेरी भाण (बहन) पर कोनी होई।''

उनकी इस प्रेमल उक्ति से सारा वातावरण हवा-सा हल्का होकर चहकने लगा और थमा हुआ दृश्य वापस जीवन्त होकर नदी की रवानी-सा आगे बढ़ चला।

जोखीराम जी और जड़िया ने बरामदे से झाँककर सड़क पर 'संगद्ध्वम्' की लय में आगे बढ़ते उन तीन सुन्दर सुपुरुषों को देखा, जो जड़िया का वर्तमान और भविष्य सब कुछ थे।...

"माँ! माँ! तुम्हें पता है, हमारे स्कूल की नींव 1901 में स्वामी श्री विशुद्धानंद सरस्वती की स्मृति में रखी गई थी और प्रसिद्ध शिक्षाविद् सर आशुतोष मुखर्जी ने 1912 में इसका उद्घाटन किया था? उन्होंने सर मुखर्जी की और भी ढेर सारी प्रशंसा की थी, जो मुझे पूरी तरह याद नहीं है, पर यह याद है कि उन्होंने ढेरों-ढेर स्कूल और कॉलेज बनवाए थे, और वॉयसराय के विलायत जाने के निमंत्रण को यह कहकर ठुकरा दिया था कि 'मेरी माँ की इच्छा नहीं है।' इस पर वॉयसराय ने गुस्सा होकर कहा था : 'क्या तुम्हारी माँ महारानी विक्टोरिया से भी बड़ी हैं?' इस पर सर मुखर्जी का जवाब था : 'हाँ, मेरे लिए वह भगवान से भी बड़ी हैं।' बाद में उन्होंने यह भी कहा कि यह उन्हीं पुण्यात्मा का प्रताप है कि इतने सालों बाद भी यह स्कूल कलकत्ते के नामी-गिरामी स्कूलों में आता है।"

गुरुदेव की भाषा और वाक्य-विन्यास के सौन्दर्य से अभिभूत जड़िया बीच में ही उससे पूछ बैठी : "बेटा, क्या ये बातें तुम्हें क्लास में मास्टर जी ने बताई हैं?"

"नहीं, माँ! स्कूल जाते वक़्त बापूजी ने पहले तो हमें 'फूल कटरा' दिखाया और बताया कि एक बार उसके पास के मकान में इतनी ज़ोर से आग लग गई थी कि दूर-दूर तक के मकानों के काँच तड़तड़ाकर टूट गए थे। उन्होंने हमें वे मकान भी दिखाए जो अभी भी आग के धुएँ के कारण काले पड़े हुए हैं।

"इसके बाद उन्होंने हमें 'मछुआ बाज़ार' दिखाया, जिसे देखकर सत्यदेव ने पूछा : 'बापूजी, यहाँ तो फल-सब्ज़ी बिक रहे हैं, फिर इसका नाम 'मछुआ बाजार' क्यों है?' सुनकर बापूजी हँसकर बोले : 'बेटा! कलकत्ता शहर कई गाँवों को जोड़कर बनाया गया है। पहले यहाँ न केवल गंगा, बल्कि इसकी कई नहरों का पानी भी इन गाँवों को घेरे रखता था, इसलिए यहाँ कई इलाक़ों के नाम 'उलटा डाँगा', 'गोबर डाँगा' आदि हैं। 'डाँगा' का अर्थ होता है 'ऊँची ज़मीन'। इससे यह ज़ाहिर होता है कि पहले कलकत्ते में पानी की कितनी बहुतायत थी। जानते हो, यहाँ एक रास्ते का नाम 'डोंगी भाँगा' भी था, क्योंकि एक बार ज्वार के समय वहाँ गंगा का पानी इतनी तेज़ी से आया था कि पानी के ज़ोर से वहाँ खड़ी सारी नौकाएँ टूट गई थीं। 'डोंगी' यानी नौका, और 'भाँगा' माने तोड़ना।

अंग्रेजों ने बाद में इस रास्ते का नाम 'क्रीक रो' कर दिया। हाँ, तो सत्यदेव, तुम्हें तो पता ही है कि बंगालियों का प्रमुख भोजन 'मछली' है, इसलिए हो सकता है कि पहले यहाँ मछुआरे केवल मछलियाँ ही बेचते रहे हों और शहर के विकास के साथ –साथ इसमें और भी चीज़ें जुड़ गई हों।'

''इतने में ही सामने दिखते एक चौड़े रास्ते का नाम बापूजी ने 'सेंट्रल एवेन्यू' बताया और बाईं तरफ़ की एक चौड़ी पसरी हुई इमारत को दिखाकर बोले : 'यह बड़ाबाज़ार पोस्ट ऑफिस है, जो कि मल्लिक राजबाड़ी के बाहरी हिस्से में है।' उन्होंने बताया कि अपने लोग जो भी चिट्ठी–पत्री या तार भेजते हैं, उन्हें यहीं से पूरे हिन्दुस्तान में भेजा जाता है।' माँ, बापूजी ने यह भी कहा है कि आज तो स्कूल जाने में देर हो जाएगी, पर वे हमें अगली बार पोस्ट ऑफिस के अंदर ले जाएँगे और वहाँ की सारी कार्यवाही दिखाएँगे। माँ, तभी हम एक लम्बे–चौड़े महल जैसे मकान के सामने पहुँच गए और बापूजी ने यह कहते हुए कि यही हमारा स्कूल है, हमें स्कूल के बारे में ये सारी बातें बताई थीं।''

बच्चों से सारी बातें सुनकर जड़िया एक बार फिर यह सोचने को बाध्य हो गई कि श्रीनिवास के ज्ञान का क्षेत्र अत्यन्त विस्तृत तो है ही, साथ ही उसकी प्रखर दृष्टि से छोटी से छोटी चीज भी छिपी नहीं रहती। दादीजी ठीक ही कहा करती थीं कि 'छोटी–सी उम्र में ही इसे दूर किसी कोने में छिपी हुई एक महीन–सी चींटी तक दिख जाती थी।' आज भी श्रीनिवास ने अपनी सतर्क और सजग बुद्धि को उम्र के साथ सान पर चढ़ाकर और भी धारदार बना लिया है और वह अपना एक क्षण भी व्यर्थ नहीं जाने देता। जैसे आज ही उसने बच्चों के पहले स्कूली दिन को ज्ञानवर्द्धक कहानियाँ सुनाकर न केवल मज़ेदार बना दियाइ बल्कि इससे भविष्य में एक बड़ा लाभ यह भी होगा कि बच्चों में भी एक जिज्ञासु प्रवृत्ति विकसित होगी और वे भी अपनी आँख की परिधि में आए हुए प्रत्येक दृश्य की गहराई में जाएँगे।

जड़िया ने श्रीनिवास के बारे में सही सोचा था कि वह अपने हर क्षण को क़ीमती मानता है, क्योंकि बच्चों को स्कूल पहुँचाकर वह दौड़ता–सा आया था और जोखीराम जी को लेकर तुरन्त ही 'इंटरनेशनल स्टोर' जाने के लिए तैयार हो गया था। जड़िया को पता ही नहीं चला कि कब उसने एक सूटकेस सजाकर गाड़ी में रख दिया था और कब दो टिफिन के डिब्बों में खाना भरवा लिया था। सारा 'जाचा' जचा लेने के बाद उसने जड़िया से कहा : ''बाबोजी कई वर्षों के बाद दुक़ान जा रहे हैं; आज दुकान में उनका पहला दिन होने के कारण मेरा पूरा कार्यक्रम बाबोजी पर ही निर्भर करता है। मैं यह 'दिलजमई' किए बिना कि वे दुकान में ठीक से हैं, वहाँ से हिलूँगा तक नहीं, और न ही इस कहावत को सही साबित होने दूँगा कि हम 'गोद के बेटे को छोड़, पेट के बेटे की आस' करते हैं। वैसे भी जड़िया, आज तक अपनी कमाई का बड़ा ज़रिया यह दुकान ही तो थी और मुझे लगता है कि तुम्हारी बुद्धिमत्ता से उपजे सुझाव के कारण यदि हम

उसे ख़ुद सँभालेंगे तो व्यापार में निश्चित ही बढ़ोतरी होगी। हालाँकि अपने मुनीम न तो पैसाचोर हैं, न ही कामचोर, पर एक नौकर और मालिक के हियाव में बड़ा फ़र्क़ होता है। नौकर कभी भी मालिक के पैसे से कोई जोख़िम लेकर दुगुना लाभ उठाने की हिम्मत नहीं कर सकता, पर मालिक की मौजूदगी में उसे यह छूट रहती है, इसलिए अब तुम देखना कि इस स्टोर का काम स्वतः ही कितना विस्तार ले लेगा।''

अपने शांत-स्थिर स्वभाव के विपरीत जब श्रीनिवास ये सारी बातें 'तूफ़ान मेल' की तरह कहकर चला गया, तो जड़िया एक बार फिर मन-ही-मन उसकी उदारता और बुद्धिमानी से आह्लादित हो गई। उदारता? परोक्ष में उसकी बड़ाई और बाबोजी की सँभाल की थी, और बुद्धिमानी? भविष्य की चिन्ता में वर्तमान को नष्ट न कर उसे सुरक्षित रखने की थी। उसे लगा, आज तक श्रीनिवास की इस चतुर्मुखी प्रतिभा से उसका ऐसा परिचय नहीं था जैसा यहाँ आकर हुआ है। शायद उसका एक कारण यह भी हो सकता है कि 'श्रीनिवास एक ऐसा विवेकशील पक्षी है, जो अपने आकाश को माप कर ही डैने फैलाता है, वरना पेड़ की डाल पर बैठा समय की प्रतीक्षा करता रहता है।'

आज की इन साधारण घटनाओं ने जड़िया को उस द्वंद्व से मुक्त कर दिया, जो उसे अपने कलकत्ता आने के निर्णय से हो रहा था। अब वह भयमुक्त ही नहीं, बल्कि आश्वस्त थी कि उन लोगों का यहाँ आना हर दृष्टि से श्रेयष्कर था।

जब इस परिप्रेक्ष्य में उसने कल रात की सारी घटना पर पुनर्विचार किया, तो उसे अपनी मानसिक दुर्बलता पर आश्चर्य और ग्लानि दोनों हुए, और वह सोचने लगी कि आख़िर इसकी जड़ में ऐसा क्या था, जो ये घोर निराशाजनक विचार उसके मन में आए? कहीं ऐसा तो नहीं है कि वह खुद को सबका नियंता मान बैठी है? जबकि हक़ीक़त यह है कि उस पूरे परिदृश्य के सभी पात्र अपनी-अपनी भूमिका बहुत ही कारीगरी से निबाह रहे हैं। विशेषकर श्रीनिवास ने अपनी उत्कृष्ट कार्य-क्षमता से न केवल अपनी विशिष्टता सिद्ध कर दी है, बल्कि हवा-पानी की तरह बिना किसी को महसूस कराए सारे कार्य सिद्ध कर लेने का उसका नायाब तरीक़ा अद्‌भुत है। उन रचनात्मक विचारों ने जड़िया के मन को एकदम हल्का कर दिया।

जोखीराम जी की गाड़ी जैसे ही स्टोर के सामने खड़ी हुई, पं. शिवलाल और शर्मा जी भीतर से दौड़ते हुए आए और जोखीराम जी को 'घणी खम्मा सेठ जी, घणी खम्मा सेठ जी,' कहते हुए, उनके चरण स्पर्श करने लगे। उनके पीछे-पीछे दुकान के बाक़ी के कारिन्दों ने भी बड़े सेठ जी और श्रीनिवास को प्रणाम किया।

जोखीराम जी ने चारों ओर आँख घुमाकर अपने कर्म-ठाँव को देखा, और यह देखकर कि उसका ज़र्रा-ज़र्रा उनका स्वागत कर रहा है, जोखीराम जी का चेहरा ख़ुशी से चमकने लगा।

उनके चेहरे की इस आभा ने श्रीनिवास को यह आश्वस्ति-बोध प्रदान कर दिया कि यहाँ जोखीराम जी का मन पूरी तरह रम जाएगा। फिर भी श्रीनिवास यह सोचकर

उन्हें वहाँ अकेले छोड़कर जाने में संकोच कर रहा था कि आज यदि किसी ने भूल से 'बापूजी' का ज़िक्र छेड़ दिया, तो क्या बाबोजी इस मर्मांतक स्मृति की चोट से ख़ुद को सँभाल पाएँगे? कल को इन्हें कुछ हो गया, तो क्या वह अपने-आपको कभी भी माफ़ कर पाएगा?

इन्हीं दुविधाओं में घिरा श्रीनिवास अजाने ही एकटक बाबोजी की ओर देखे जा रहा था कि जोखीराम जी ने हाथ के इशारे से उसे अपने पास बुलाया और उसे अपने क़रीब खींचकर उसकी पीठ थपथपा कर बोले : "बाबूड़ा, डर क्यूँ रह्यो है? मै तेरो बाबो हूँ, बाबो! तेरै सै भी जाद्दा मजबूत! बेटा जी, जल्दी से काम कै लिए जाओ, समय भाग रह्यो है, जाओ, जल्दी जाओ।"

बाबोजी की इस स्नेहिल अभिव्यक्ति से श्रीनिवास की आँखें भर आईं और वह छोटे बच्चे की तरह उनसे चिपककर बोला : "बाबोजी, अब्बी जाऊँ हूँ! पण जाणै के पैली थोड़ो सो सज तो ल्यूँ?" यह कहकर श्रीनिवास अपना सूटकेस लेकर सेठों के कमरे में चला गया। उसने सूटकेस से हाथीदाँत के रंग का 'शॉर्क स्कीन' का 'प्रिंस सूट' निकाला, जो पूनमचंद जी ने उस 'रैंकेन एंड कम्पनी' से सिलवाया था जिसकी 'हेड ऑफिस' 'सरै, इंग्लैंड' में थी, और जिसे वॉयसरायों और बड़े साहबों का दर्ज़ी होने का घमंड था। वैसे उसका यह अहंकार किसी हद तक सही भी था, क्योंकि भारत की रियासतों के अधिकतर राजकुमार उसका सिला हुआ सूट ही पहनना चाहते थे। चाहे 'पोलो ड्रेस' हो, या 'प्रिंस सूट', या कि 'थ्री पीस का रॉयल सूट', रैंकेन का कोई मुकाबला नहीं था।

पूनमचंद जी की रईसी और रईसों में उनकी उठ-बैठ तो जगतख़्यात थे ही, पर उनमें एक ख़ासियत यह भी थी कि उन्हें जिससे काम निकलवाना होता, उसे वे साम, दाम, दंड, भेद से अपना जिगरी दोस्त बना लेते थे। अत: यह तो स्वाभाविक ही था कि वे अपनी लाडेसर जड़िया के राजकँवर श्रीनिवास के सारे कपड़े रैंकेन में ही सिलवाते। हालाँकि जब वे श्रीनिवास को माप के लिए ले जा रहे थे, तो श्रीनिवास ने यह कहकर बहुत ना-नुकर की थी कि उसके पास बहुत कपड़े हैं, पर उसकी सारी 'ना' इस समय धरी रह गई, जब ठेठ हरियाणवी अंदाज़ में उसकी सास कांता देवी ने कहा था : 'कँवरजी! जिनके पास बहुत 'कपड़े' होते हैं, लोग उन्हें ही तो सूट देना चाहते हैं। जिनके पास कुछ नहीं होता, उन्हें कौन पूछता है और कौन उनकी मनुहार करता है?' उनकी यह 'लट्ठमार' बात सुनकर श्रीनिवास चुपचाप पूनमचंद जी के साथ जाकर माप दे आया था, और विवाह के समय यह देखकर अवाक् था कि उसके सामान में कई डिजायनों के, कई मौसमों के सूटों का अम्बार था।

यह सोचकर कि आज वह पहली बार साहबों के अड्डे 'ग्रेट ईस्टर्न होटल' में जा रहा है, श्रीनिवास ने प्रिंस सूट चुना था; ताकि एक तो नेकटाई का झंझट न रहे, और दूसरे, उसकी वेशभूषा न तो वहाँ के परिवेश पर भारी पड़े और न ही उसका व्यक्तित्व किसी से कमतर लगे। उसे अपना मतलब साधना था, इसलिए वह इन बाह्याडम्बरों पर ध्यान

दे रहा था, वर्ना वह जिस आत्मविश्वास का धनी था, उसे सजावट की बैसाखी की ज़रूरत नहीं थी।

श्रीनिवास जब तैयार होकर जोखीराम जी के पैर छूने आया, तो जोखीराम जी का 'हिवड़ा' आनंद से फूल गया और उन्होंने इस पर आशीषों की बौछार कर दी। तमीज़ श्रीनिवास की, कि बाबोजी के बाद उसने दोनों मुनीम जी और बाक़ी के कर्मचारियों का भी आशीर्वाद लिया, और उन्हें बाबोजी के खाने-पीने की हिदायत देकर पूनमचंद जी वाली 'नीली कैडिलक कन्वर्टेबल' में जाकर बैठ गया।

पानी पर नाव की तरह तैरती हुई श्रीनिवास की गाड़ी 'लाट साहब की कोठी' की उल्टी तरफ जाकर खड़ी हो गई। श्रीनिवास की जिज्ञासु नज़रों और दिमाग ने 'लाट की कोठी' को ग़ौर से देखा और उसे याद आया कि 27 एकड़ पर 84000 वर्ग फ़ीट का यह भवन, प्रख्यात वास्तुकार चार्ल्स वायट ने बनवाया था। इस शानदार आलीशान भवन की आन-बान-शान तीनों ही निराली थी। और होती भी क्यों नहीं? क्योंकि उसके निवासी 'प्रभुलोग' यहाँ के 'पुराने प्रभु' राजाओं के भी 'प्रभु' थे। इसके पहले कि श्रीनिवास के स्मृति-पटल पर इस भवन के इतिहास-भूगोल का चलचित्र शुरू हो जाता, उसने अपने विचारों को समेटा और जिस उद्देश्य से यहाँ आया था, उस लक्ष्य की प्राप्ति के लिए उसने देश के सबसे प्रतिष्ठित 'ग्रेट ईस्टर्न होटल' में प्रवेश किया। उसे पता था कि शाम के समय यहाँ बड़े व्यवसायियों और मल्लिका विक्टोरिया के वाणिज्य प्रतिनिधियों के झुंड के झुंड चाय की प्याली पर गपशप करते हैं और वहाँ मिनटों में ही व्यापार के बड़े-बड़े सौदे हो जाते हैं। कलकत्ता उस समय अपनी बहबूदी पर था और उसे 'दी जुएल ऑफ दी ईस्ट' (पूर्व की मणि) कहा जाता था।

जब कार्त्तिकेय-सा एक सुन्दर सजीला नौजवान वहाँ के बड़े दरवाज़े को ठेल कर अंदर आया, तो पल भर के लिए वह बड़ा हॉल थम-सा गया, और पचासों जोड़ी आँखें इस आत्मविश्वास से लबरेज़ नए चेहरे को गौर से देखती हुई इस नतीजे पर पहुँचीं कि यह ज़रूर किसी ऐसी 'समझदार रियासत' का राजकुमार है, जिसने अभी भी अपनी लक्ष्मी को सँभाल रखा है। वैसे भी उसके चेहरे से टपकती शराफ़त और मिठास वहाँ उपस्थित सभी दिग्गजों पर भारी पड़ रही थी। उसमें कुछ ऐसा था, जो औरों से अलग था, पर क्या, यह किसी की समझ में नहीं आ रहा था। उसकी विनम्रता और लचीलेपन में भी एक प्रकार का अभिजात्य था और उसकी आँखों का तेज मात्र उसकी संकल्प-दृढ़ता को ही नहीं, उसकी अप्रतिम बुद्धिमत्ता को भी व्यक्त कर रहा था।

श्रीनिवास ने नज़रें घुमाकर चारों ओर देखा, तो उसकी आँखें एक बड़े दल में बैठे पूनमचन्द जी से टकराईं। पलक झपकते ही उसके चुम्बकीय आकर्षण से खिंचे पूनमचन्द जी श्रीनिवास के पास आ पहुँचे। श्रीनिवास ने इस पूर्णतः ग़ैर-पारम्परिक माहौल में भी मामाजी के पैर छुए, यह बात इतर है कि उसकी इस भावाभिव्यक्ति से 'आधे अंग्रेज' बड़े मामा ज़रूर सकुचा गए।

पूनमचन्द जी ने श्रीनिवास का परिचय एंड्रयुल कम्पनी की अलग-अलग जूट मिलों के सर्वेसर्वा गैलवे साहब, स्टैरक साहब, टॉस साहब आदि से करवाया और श्रीनिवास की प्रतिभा और पैसे की प्रशंसा करते हुए उसे कोई नया काम सुझाने का आग्रह किया। श्रीनिवास का अदब-क़ायदा लख़नवी तहज़ीब को भी मात दे रहा था और ऊपर से उसके बृहत् 'इन्साक्लोपेडिक' ज्ञान का प्रकाश तो सबको बरबस ही अपनी ओर खींचे ले रहा था। उन सभी ने पूनमचन्द जी से श्रीनिवास की हर सम्भव मदद करने का वादा किया, लेकिन श्रीनिवास का ध्यान किसी बड़ी कम्पनी पर आश्रित रहकर रुपए कमाने का नहीं था। हालाँकि उसमें कमाई ज़्यादा और जोख़िम कम थी, पर जो जवाँ दिल दिलेर होते हैं, वे न तो किसी से डरते हैं, और न ही किसी की नज़रों के मुन्तज़िर होते हैं। उन्हें घिसी-पीटी लक़ीरों पर चलना मुआफ़िक नहीं आता है। वे तो पुराना राजमार्ग छोड़कर एक नई पगडंडी से शुरुआत कर अपना राजमार्ग ख़ुद ही बनाते हैं।

इस होटल में भी रईसों के रईस पूनमचन्द जी का खासा 'रोआब' था। हैसियन, बोरे के सबसे बड़े व्यापारी 'मंगतराय किरोड़ीमल' के वारिस होने के अलावा, वे अपने 'औघड़दानी तत्त्व' की वजह से वहाँ सबके चहेते थे और इसी वजह से होटल का मैनेजर अपना 'हैट' उठाकर उनसे दसियों बार पूछ चुका था ''सर, एनीथिंग फॉर यू?''

तभी श्रीनिवास की दृष्टि कोने की मेज पर बैठे एक प्रौढ़ गोरे व्यक्ति की ओर गई। वह मेज पर हाथ पटक-पटक गुस्से में खौलता हुआ, आस-पास के लोगों से लगातार कुछ कहे जा रहा था। आमतौर पर 'क्लासिकल' व्यावसायिक जगहों पर ऐसा दृश्य एक ग़ैर-मामूली घटना है, इसलिए श्रीनिवास ने इस व्यक्ति-विशेष के बारे में मैनेजर से पूछा।

मैनेजर ने श्रीनिवास को बताया : ''यह व्यापारी जर्मनी का है और किसी बड़े मारवाड़ी सेठ के न्यौते पर उनके लिए मशीन लेकर इंडिया आया है। यह सात दिनों से उनका इन्तज़ार कर रहा है पर वे मशीन लेना तो दूर, उससे एक बार मिलने तक नहीं आए। एकदम शुरू में एक बार उनका एक उच्चाधिकारी उससे मिलने आया था और यह कहकर कि 'सेठ अभी व्यस्त हैं, आपसे ठहरकर मिलेंगे', चला गया। इसके बाद सेठ तो क्या! उनकी किसी चिड़िया तक ने पर नहीं मारा है। उस अभद्र व्यवहार को यह अपनी बड़ी बेइज्जती मान रहा है, और इसीलिए इतना अधिक नाराज़ हो रहा है।''

श्रीनिवास धीमे-से उसकी मेज के पास जाकर 'मे आई! मे आई!' करता हुआ, उसकी बगल की कुर्सी पर बैठ गया और बौखलाहट में कहे गए उसके शब्दों में से अपने काम के शब्द चुनने लगा।

अचानक उस जर्मन ने टेबल पर ज़ोरों से हाथ मारकर कहा : ''चाहे किसी काले चोर को मैं यह आधे दाम में दे दूँ, पर उस सेठ को तो मशीन नहीं ही बेचूँगा।''

उसका यह कहना था कि श्रीनिवास ने उसे अपना 'विजिटिंग कार्ड' दिया और साथ ही 'झूलता बरामदा' बनाने पर जयपुर से आए उस जर्मन इंजीनियर का प्रशस्ति-पत्र और जर्मनी आने का निमंत्रण-पत्र भी दिखाया।

विधान विधि का! और नसीब श्रीनिवास का! उस पते को देखते ही उस जर्मन के गुस्से पर ठंडा पानी पड़ गया और वह उछलता हुआ–सा कुर्सी से उठकर पहले तो श्रीनिवास से देर तक हाथ मिलाता रहा, और फिर उसे अपने से चिपकाकर जर्मन इंग्लिश में कहने लगा : ''ही इज़ माइ बेस्ट फ्रेंड, ब्वॉय–बेस्ट फ्रेंड! जस्ट टेल मी, माइ सन, व्हाट यू वांट?''

उसके इस खुले आह्वान से श्रीनिवास का हौसला सातवें आसमान को छूने लगा और जब उसने धुआँधार अंग्रेज़ी में उन जर्मन महाशय से अपनी बात कही, तो पूनमचन्द जी तक अवाक् रह गए। बाद में उन्हें पता चला कि बचपन से ही श्रीनिवास को पढ़ने के साथ–साथ रेडियो पर अंग्रेज़ी में ख़बरें, नाटक आदि सुनने का भी शौक़ था।

श्रीनिवास के गहन अध्ययन और सच्चेपन का वह जर्मन इतना क़ायल हो गया कि उस पर अपना सर्वस्व न्यौछावर करने को तैयार हो गया। पर ईमानदार श्रीनिवास ने उससे अनुरोध किया कि वह क्रोध में ऐसा कोई निर्णय न ले, जिससे उसे बाद में पछताना पड़े।

श्रीनिवास की यह बात सुनकर तो वह साहब उसका मुरीद ही बन गया। अंत में यह निश्चित हुआ कि श्रीनिवास कल दोपहर में यहाँ आ जाएगा और तब ठंडे दिमाग़ से सारी बातें तय कर ली जाएँगी। तब तक श्रीनिवास मशीन की ड्राइंग देखकर, अपने लिए उसके प्रयोजन की थाह भी ले लेगा।

जर्मन साहब ने उसे तुरन्त ही अपने सारे 'ब्ल्यूप्रिंट्स' पकड़ाते हुए कहा : ''सन, यू कैन टेक इट ब्लाइंडली! आई प्रॉमिस दैट यू वोन्ट रिपेन्ट।'' (बेटा! तुम आँख मूँद कर ये ले सकते हो। तुम पछताओगे नहीं, यह मेरा वचन है।)

जब उनकी मीटिंग बर्खास्त हुई, तो वहाँ का भारी माहौल बदल चुका था, और उन लोगों के चेहरे तनाव की जगह खुशी से भरे थे। इस पर पूनमचन्द जी ने आनन्द से भरकर श्रीनिवास की पीठ थपथपाते हुए कहा : ''वाह, श्रीनिवास, वाह! ग़ज़ब हो तुम। कोई बात छिड़ते ही तुम उसका वर्तमान और भविष्य सबकुछ देख लेते हो और बड़े से बड़ा फैसला भी बिना हिचकिचाए तुरन्त कर लेते हो। आमतौर पर लोगों को ज्ञान और क्रिया का समन्वय साधने में लम्बा अरसा लग जाता है, जबकि तुम तुरन्त अपने ज्ञान को कर्म में तब्दील कर लेते हो। मेरा विश्वास है कि तुम्हारी यह दूरदर्शी कर्मठता तुम्हें अवश्य ही सफलता के शिखर पर पहुँचाएगी।''

नत–सिर श्रीनिवास ने पूनमचन्द जी की प्रशंसा और आशीर्वाद दोनों को सहजता से स्वीकारते हुए यह उत्तर दिया : ''मामाजी! मेरे प्रति आपका अत्यधिक स्नेह ही आपसे यह सब कहलवा रहा है, वर्ना आपके सामने मेरी वक़त ही क्या है?''

यह सुनकर तो सरल पूनमचन्द जी इस पर और भी मुग्ध हो गए।

जब वे दोनों जर्मन साहब से विदा लेकर बाहर आए, तो पूनमचन्द जी ने कहा : ''श्रीनिवास! तुम्हारी गाड़ी बाबोजी को घर ले जाएगी, चलो, मैं तुम्हें घर छोड़ देता हूँ।''

इस पर श्रीनिवास ने उत्तर दिया : ''मामाजी, मैं आपके साथ ज़रूर चल पड़ता, क्योंकि रास्ते भर आपसे कुछ-न-कुछ सीखने को मिलता, पर एक तो आज बाबोजी का पहला दिन है और वैसे भी उचित यही है कि मैं खुद उन्हें लेने जाऊँ।''

यह बात सुनते ही तो पूनमचन्द जी एक बार फिर, श्रीनिवास पर रीझ गए।

श्रीनिवास जब 'इंटरनेशनल स्टोर' पहुँचा तो बाबोजी अपने सामने मिठाई रखे, उसकी प्रतीक्षा कर रहे थे। दरअसल उन्होंने श्रीनिवास के नए काम के लिए कलकत्ते की प्रसिद्ध कालीबाड़ी का प्रसाद बोल रखा था, इसलिए न केवल बाबोजी, बल्कि स्टोर के सारे लोग चातक की तरह श्रीनिवास-रूपी स्वाति नक्षत्र की प्रतीक्षा में थे।

उनका यह असीम स्नेह और अपनापन देखकर श्रीनिवास की आँखें भर आईं फिर भी उसने पूछा : ''यह मिठाई किस बात की है?''

इस पर शिवलाल जी ने पड़ते ही जवाब दिया : ''बाबू, थारै काम की बधाई को परसाद है।''

''लेकिन आप लोगों ने कैसे अन्दाज़ लगाया कि मुझे काम मिल गया होगा?''

श्रीनिवास के इस प्रश्न का उत्तर खाता-पत्तर में माहिर बंगाली बाबू ने दिया : ''सर! आज शोंझा को हाठात् हमको बड़ा बाबू बोला : 'धोरणी धर, तुम अभी जाओ आर, माँ काली का प्रोशाद लेकर आओ'।''

श्रीनिवास अवाक्! क्योंकि न तो उसे चमत्कारों पर विश्वास था और न ही टैलीपैथी पर। जब वह यह समझने में असमर्थ रहा कि आज की इस घटना को किस खाते में डाले! तो उसने इसे बाबोजी की स्नेहाकुलता के खाते में डाल दिया और बाबोजी के पैर छूकर उन्हें होटलवाली सारी बातें आद्योपांत बता दीं।

बड़े सेठ जी ने श्रीनिवास की पीठ ज़ोरों से थपथपाकर कहा : ''बेटा जी, कागद पर लिख ल्यो, ई काम को 'सेहरो' तो थारै सिर ई बंधगो।''

उनकी इस उक्ति ने श्रीनिवास के पूरे शरीर में एक शीतलहरी की सृष्टि कर दी। 'क्या मैं सबके इस अथाह विश्वास की रक्षा कर पाऊँगा? क्या परिस्थितियाँ मेरे अनुकूल होंगी? मेरी सीमित बुद्धि और आज का युग—क्या इनमें आपसी तालमेल बैठ पाएगा? यदि मैं सही ढंग से इस कार्य को पूरा नहीं कर पाया, तो क्या ये सब टूट नहीं जाएँगे? अचानक इन्हीं विचारों में ऊभ-चूभ श्रीनिवास के कानों में आकाशवाणी की तरह बाबोजी का स्वर गूँजा : ''बेटाजी, जाद्दा चिंता मत्ता कर। तू पूरी मिहनत कर, बाकी ऊपरवालै पर छोड़ दै।''

बाबोजी के ये शब्द ब्रह्मवाक्य की तरह श्रीनिवास के अंतस् में पैठ गए। और वह सोचने लगा कि 'इन बड़े लोगों की अन्तःप्रज्ञा इतनी सशक्त कैसे है कि ये क्षण भर में ही दूसरे के भाव-जगत् में प्रवेश कर जाते हैं?'

दरअसल आज एक बार फिर उस पुराने दृश्य की पुनरावृत्ति हो रही थी, जिसमें हवेली की चिणाई का काम 'छोटे'-से श्रीनिवास के कंधे पर डालकर जोखीराम जी तो 'नरतति-मुद्रा' में प्रसन्नचित्त थे और श्रीनिवास जिम्मेदारी के बोझ से मरा जा रहा था।

श्रीनिवास शून्य–सी भावमुद्रा में बैठा था कि अकस्मात् जैसे एक आकाशी–करंट उसके सिर से पैर तक गुज़र गया और उसे तत्क्षण बोध हुआ : 'मैं जीवन में क्षण की महत्ता को सर्वोपरि मानता आया हूँ। मानता रहा हूँ कि अतीत का वज़न और भविष्य का भय दोनों ही मनुष्य के आगे बढ़ने में सबसे बड़ी बाधाएँ हैं। जब प्रत्येक क्षण अनुपमेय और अतुलनीय है, तो मैं इसे पूरी तरह आत्मसात् क्यों नहीं कर पा रहा हूँ? क्या आज का यह क्षण, यह तारीख, यह स्थान, यह अवसर, मुझे दुबारा मिलेगा? यदि नहीं, तो फिर यह हिचकिचाहट कैसी? यह डर कैसा? बचपन से ही मकड़ी और चींटी की निरंतर कोशिश वाली कविताओं का भक्त मैं! आज क्यों इस ऊहापोह में डूब–उतर रहा हूँ? श्रीनिवास, उठो, काम में लगो और देखना, आने वाला कल तुम्हारा होगा!'

इन सकारात्मक विचारों ने विवेकशील श्रीनिवास में नई स्फूर्ति भर दी और उसने फुर्ती से उठकर मुनीम जी से कहा : "शर्मा जी! मन्नै प्रसाद देओ और आप सब भी लेओ।" सबको अपने हाथ से प्रसाद देने के बाद श्रीनिवास ने बाबोजी से कहा : "बाबोजी, घराँ चाल्याँ! भोत काम करणो है।"

इस पर जोखीराम जी ने बच्चों–सी हँसी हँसकर कहा : "चाल मेरे बुढ़ापै की लाठी, चाल।"

उनके इस निर्मल विनोद से सारा वातावरण महक उठा और इसके साथ ही चहक उठा श्रीनिवास का मन। अपने इस नये कार्य की सिद्धि में उसे ये सारी बातें शुभ– शकुन–सी लगीं और आज पहली बार उसने भी आकाश की ओर देखकर मन–ही–मन उस परमपिता के प्रति कृतज्ञता ज्ञापित की।

घर पहुँचते ही उन्हें जड़िया और दोनों बच्चे ड्योढ़ी में खड़े मिले। जब श्रीनिवास ने पूछा : "यहाँ कैसे?" तो बच्चों ने एक स्वर में कहा : "आज स्कूल में आपका पहला दिन जो था।"

बच्चों की इस भंगिमा पर सब ठठाकर हँस पड़े। इसी बीच नज़रें उठते ही जड़िया और श्रीनिवास की आँखों में परस्पर मूक–संवाद हो गया, और बिना एक शब्द कहे ही श्रीनिवास ने जड़िया को सब कुछ समझा दिया।

जोखीराम जी की अनुभवी आँखों से यह प्रेमालाप छिपा नहीं रहा और उन्होंने नौकर को ज़ोर से आवाज़ दी : "परसा! पाणी ल्या।" साथ ही उन्होंने जड़िया से कहा : "बेटा, आज ज़रा जल्दी भोजन करेंगे, रसोई तैयार करने को कह दो।"

बाबोजी के मुँह से शुद्ध हिन्दी सुनकर जड़िया बाग़–बाग़ हो गई। उसे लगा कि सच ही यह पूरा–का–पूरा ख़ानदान एकदम ज़िद्दी है! जो ठान लेता है, उसे करके ही छोड़ता है। वर्ना इस उम्र में बाबोजी ने जिस तेज़ी से हिन्दी सीख ली थी, क्या वह अन्यत्र कहीं संभव था? शायद इसी रक़्त की वजह से ही श्रीनिवास इतना 'दृढ़–संकल्पी' गढ़ा गया है। जड़िया ने माँ धरती को प्रणाम करते हुए कहा : "माँ, इन बच्चों को भी सद्कार्यों के लिए ऐसी ही हठधर्मिता का वरदान दो।"

श्रीनिवास ने थाली सामने आते ही तुरन्त खाना खा लिया और एक बड़ी मेज़ पर साहब के दिये काग़ज़ बिछा कर उनमें डूब गया। मशीन के ब्ल्यूप्रिंट को समझने में उसे ज़रा भी देर नहीं लगी, लेकिन मशीन में डलने वाले पदार्थ का नाम देखकर वह बिच्छू के डंक मारा–सा चिहुँककर पीछे हट गया। 'प्लास्टिक? प्लास्टिक?..' अनेकानेक धातु और पदार्थों का ज्ञाता, 'पढ़ेसरा' श्रीनिवास! बार–बार उस नाम को दोहराता जा रहा था, पर उसका सिर–पैर नहीं पकड़ पा रहा था कि अचानक उसके मुँह से निकला : "धन्य है यह जर्मन जाति, जो अपना प्रत्येक काम पूरी लगन, निष्ठा और सतत साधना से करती है।"

क्योंकि अगले पन्ने से ही रायरिक साहब ने उस पदार्थ के प्रथम आविष्कार से आज तक की पूरी गाथा उन काग़ज़ों पर लिख रखी थी, लेकिन आज श्रीनिवास की ज़रूरत उसके वैज्ञानिक नहीं, ज़मीनी प्रयोग थे, जिनसे उसे अपना काम करने में सुविधा होती, पर उन्हीं काग़ज़ों ने उसे बताया कि यह पदार्थ अभी तक इंडिया में किसी ने भी काम में नहीं लिया है और यही इसका सबसे बड़ा 'गुणात्मक' बिन्दु है।

हालाँकि इस पूरी विधा में साफ़ तौर पर जोखिम ही जोखिम नज़र आ रही थी, पर समुद्रों का सीना चीरनेवाले भला कब किनारों पर बैठे रहते हैं? वे तो उत्ताल लहरों से खेलते हुए मझधार में कूद पड़ते हैं, इसलिए श्रीनिवास ने भी यह जोखिम उठाने का निर्णय लिया, और दूसरे दिन ठीक समय पर 'ग्रेट ईस्टर्न होटल' जा पहुँचा।

मि.रायरिक वहाँ उसका इंतज़ार तो कर रहे थे, पर उन्हें श्रीनिवास के 'हाँ' कहने पर संदेह था। वे जब स्वयं को श्रीनिवास की जगह पर रखकर तौलते थे, तो हर बार इसी नतीजे पर लौट आते थे कि यदि वे उस 'जेंटलमैन' की जगह होते, तो कभी भी इस तरह का वारा–न्यारा न करते। नया आदमी, नई चीज़, नई मशीन, और नई भी कैसी कि इसका नाम तक इस देश के किसी बंदे ने न सुना हो, आख़िर वह इसे क्यों खरीदेगा?

रायरिक साहब इसी उधेड़बुन में उलझे विचारों के समुद्र में खोए हुए थे कि उन्हें सुनाई पड़ा : "गुड ऑफ्टरनून सर!"

श्रीनिवास के अभिवादन का उत्तर देने में भी रायरिक साहब को कुछ और समय लगा, क्योंकि उसका आना उनके लिए एकदम अप्रत्याशित था। वे श्रीनिवास को देखकर अत्यधिक खुश हुए और तुरन्त अपनी कुर्सी से उठकर उन्होंने श्रीनिवास को अपने गले से लगाते हुए कहा : "गुड नून सन! वैरी गुड नून!" साथ उन्होंने बैरे को दो बढ़िया चाय लाने का ऑर्डर भी दे दिया।

रायरिक साहब ने श्रीनिवास को प्लास्टिक के बारे में बताते हुए कहा कि 'बर्मिंघम' के 'अलेक्ज़ेंडर पार्क्स' ने 1855 में इसका आविष्कार किया था, लेकिन अनेक उतार–चढ़ावों के बाद एक अमेरिकन 'लियो बैकलैंड' ने इसे परिमार्जित किया और 1909 में इसे पेटेंट करवाकर इसका उत्पादन और इससे बने उत्पाद–दोनों को जन–साधारण को सुलभ करवा दिया।

रायरिक साहब के काग़ज़ों में श्रीनिवास यह सारी दास्तान पढ़ चुका था और हमेशा की तरह ये सारी सूचनाएँ उसके दिमाग में छप भी गई थीं, पर वह रायरिक साहब को टोककर उनके छलछलाते उत्साह को कम नहीं करना चाहता था। इसलिए बावजूद दोहरावट की ऊब के, वह पूरे मनोयोग से उनका भाषण सुन रहा था।

जब रायरिक साहब ने 'प्लास्टिक' और अपनी मशीन 'आई सोमा, चार औंस, इन्जेक्शन मोल्डिंग' की पूरी कहानी ख़त्म कर श्रीनिवास की ओर देखा, तो उसने उनसे सिर्फ़ एक प्रश्न पूछा : ''क्या वे ऐसी मशीन को काम में ले चुके हैं?'' रायरिक साहब के 'हाँ' कहते ही उसने कहा : ''ठीक है, मैं उसे ख़रीदने को तैयार हूँ। क्या आप वह मशीन मुझे दिखा सकते हैं?''

'अंधे को क्या चाहिए, दो आँखें'—जैसे ही आनन्द से भरे रायरिक साहब श्रीनिवास को हाथ का इशारा करते हुए कूदते हुए-से दरवाज़े की ओर बढ़े और बाहर निकल कर उन्होंने पास में ही एक 'शेड' के नीचे रखी हुई वह मशीन श्रीनिवास को दिखाई, तो मशीन की परिसज्जा को देखकर श्रीनिवास दंग रह गया। उसका प्रत्येक हिस्सा परिष्करण की सीमा छू रहा था। कहीं कोई कमी नहीं, शत-प्रतिशत परिपूर्णता की कसौटी पर खरी! श्रीनिवास ने तुरन्त सौदा पक्का कर लिया, और तय हुआ कि रायरिक साहब दूसरे दिन आकर श्रीनिवास के साथ कारखाने के लिए सही जगह खोजकर, एकाध दिन में ही वहाँ मशीन चालू करवा देंगे।

लेकिन दूसरे दिन सुबह-सुबह रायरिक साहब गज़ भर लम्बा मुँह लटकाए आए और उन्होंने बताया कि उन्हें तुरन्त जर्मनी लौटकर सेना में भर्ती होने के आदेश मिले हैं, इसलिए उन्हें शीघ्रातिशीघ्र जाना होगा, पर वे वहाँ पहुँचते ही अपने एक इंजीनियर मित्र 'मिस्टर ट्रॉम्प्रेटर' को यहाँ भेज देंगे, जो जब तक श्रीनिवास चाहेगा, तब तक उसके पास ही रहेगा। यहाँ तक कि वह इस कारोबार को आगे बढ़ाने में भी श्रीनिवास का मददगार साबित होगा।

श्रीनिवास ने भारी मन से 'हाँ' तो कर दी, पर उसे लगा कि वह एक ऐसे भँवर में फँस गया है, जिससे बाहर निकलना बहुत ही कठिन है। पर यदि वही हिम्मत हार जाता, तो फिर वह जड़िया का श्रीनिवास कैसे होता? इसलिए उसने तुरन्त पूनमचंद जी को पकड़ा और उन्हें लेकर अंग्रेजों के प्रसिद्ध वैद्युत-फ़र्म 'कैलकटा इलेक्ट्रिक सप्लाई कार्पोरेशन' के विद्युत-विशेषज्ञों से मिला। उन्होंने मशीन के सौन्दर्य की भूरि-भूरि प्रशंसा तो की, पर जब वे उसे बहुत मग़जमारी के बाद भी चला नहीं पाए, तो उन्होंने श्रीनिवास पर व्यंग्य करते हुए कहा : ''वेल मिस्टर सिरीनिवास, यू शुड डिस्प्ले दिस मेशीन एज़ एन एक्ज़ीबिशन पीस, एंड चार्ज फोर 'आना' पर टिकिट ऑन इट सर! इट्स अ शो पीस, नॉट अ प्रोडक्शन मेशीन।''

श्रीनिवास उनकी बातों को आई-गई कर रोज़ नई हिम्मत के साथ रायरिक साहब से सम्पर्क करने की चेष्टा करता रहा कि एक दिन सोने का सूरज निकला और रायरिक साहब का समाचार आया : 'मिस्टर ट्रॉम्प्रेटर रीचिंग कैलकटा दिस वीकएंड।''

'वादा पक्का रायरिक का, पर समय खोटा श्रीनिवास का!' कि तभी दूसरा विश्व-युद्ध छिड़ जाने के कारण अंग्रेज सरकार ने ट्रॉम्प्रेटर साहब को जर्मन जासूस करार देकर, कलकत्ते की सरज़मीं पर पैर रखने से पहले ही 'जेटी' पर गिरफ़्तार कर लिया।

फूलों की माला और गुलदस्ते लिये श्रीनिवास ने बहुत भागदौड़ की, पर राजा के फ़रमान के आगे किसकी चलती है?

आज जीवन में पहली बार श्रीनिवास दिशाहारा-सा हो रहा था। जब वह गहरी हताशा में डूबा घर पहुँचा, तो उसे दरवाज़े पर जड़िया खड़ी दिखी। जड़िया ने 'एक माँ' की तरह श्रीनिवास को अपने आगोश में लिया और बोली : ''कोई भी रात इतनी बड़ी नहीं हो सकती कि उसकी सुबह न हो, फिर चाहे वह प्रलय की रात ही क्यों न हो!''

"ओरे ओ मोशाय! इतना बड़ा बाती क्यूँ जलाया? मोरायागा की हामको?"

"बैनर्जी बाबू! आप हमरा ऊपर तो इतना 'चैंचाता' है और इधर ऊपर आकाश में देखो, एक लाख कैंडल पावर का बल्ब जला हुआ है, उसको गोली क्यों नहीं मारता है?"

शरद पूर्णिमा की रात दो पड़ोसियों के इस वार्तालाप से पूरा मोहल्ला ज़ोरों से ठठा-कर हँसने लगा।

अंधकार में डूबे कलकत्ते का बोझिल माहौल इसी तरह की आपसी फुलझड़ियों से हल्का हो जाता था, वर्ना तो भारत की जनता को इसलिए यह सारी पीड़ा झेलनी पड़ रही थी, क्योंकि उनके वर्तमान राजा ब्रिटेन और जर्मनी के बीच विश्वयुद्ध हो रहा था। जापान इस युद्ध में जर्मनी के साथ था और उसके विमान कलकत्ते के पार्श्व में स्थित देश रंगून में अपना डेरा डाले हुए थे, जो रात के समय वहाँ से आकर कलकत्ते पर हमला करते थे।

कलकत्ता लंदन के बाद ब्रिटिश राज का सबसे ख़ूबसूरत और समृद्ध शहर माना जाता था। यहाँ के हुक्मरानों ने देशी रियासतों के राजाओं की तर्ज पर आलीशान भवन, रंगशालाएँ, नाच-घर आदि बनवाकर इसके सौन्दर्य को बहुगुणित कर दिया था। ताजमहल की नक़ल पर बनाए हुए 'विक्टोरिया मेमोरियल' का धपाधप सफ़ेद मार्बल अंग्रेजों की प्रशस्ति में हर वक़्त चमचमाता रहता था।

इस महायुद्ध में जर्मनी के साथ होने के कारण जापान ने अपने बम गिराने वाले हवाई जहाज़ों को हारे हुए बर्मा में तैनात कर रखा था, ताकि वे आधी रात को आएँ और कलकत्ते को तहस-नहस कर वापस अपने स्थान पर पहुँच जाएँ। उनका मुख्य उद्देश्य कलकत्ता पोर्ट को उजाड़ कर वहाँ से माल की आवाजाही बंद करवाने और हावड़ा ब्रिज को ध्वंस करने का था।

जापानियों को इस बात की जानकारी थी कि ब्रिटिश हुकूमत के लड़ाका विमान उन पर भारी पड़ेंगे, इसलिए वे केवल रात के वक्त ही ज़ोरों की बमबाजी करते थे। 20 दिसम्बर से 24 दिसम्बर, 1942 की रात को तो जापानियों ने कलकत्ते पर कहर ही ही ढा दिया। रात के वक्त उनके विमान निचाई पर उड़ते हुए आते और कलकत्ते

के जान–माल को भारी नुक़सान पहुँचाकर पलक झपकते ही ग़ायब हो जाते। उनके ये हमले अचानक शुरू हुए थे और अंग्रेज़ों को उनके इस हुनर का इल्म भी नहीं था! पर जब उन्हें जापानियों का कलकत्ते को नेस्तनाबूद करने का मंसूबा समझ में आया, तो वे एकदम सतर्क और सन्नद्ध हो गए। उन्होंने यहाँ की मुख्य सड़क 'रेड रोड' को हवाई जहाजों का 'रनवे' बना दिया और कलकत्ते को 'गोधूलि से प्रभात' तक धुन्ध अँधेरे में डुबोए रखने का फ़रमान ज़ारी कर दिया। विक्टोरिया मेमोरियल समेत अन्य कई और इमारतें भी जो जापानियों की आँखों में चुभ सकती थीं, सबको काला कर दिया गया।

कलकत्ता आधे से ज़्यादा खाली हो गया था, और बाक़ी के बचे लोग भी साँझ पड़े ही अपने घरों में घुसकर बत्तियाँ बुझा देते और ढिबरियों की रोशनी से काम चलाते थे। खाना–पीना, घर–गृहस्थी और व्यापार के काम–काज भी सूर्य ढलने के पहले ही सलटा लिए जाने लगे।

इस बदहवासी के आलम में जड़िया ने श्रीनिवास से कहा : "आप यह मत सोचिएगा कि मैं डर गई हूँ, इसलिए ऐसी बातें कह रही हूँ, क्योंकि यदि मैं डरती, तो क्या बाबूजी के साथ मुनाफ़ाख़ोरों की दुकानों पर धरना देकर ग़रीबों में अनाज बँटवाती? पर मेरे मन में एक विचार तो यह आया है कि अपन को 'इंटरनेशनल स्टोर' का सारा कपड़ा रेल के वैगन्स में भरवा कर मंडावा भेज देना चाहिए, क्योंकि जापानियों की अन्धाधुन्ध बमवर्षा के कारण यदि संयोगवश स्टोर पर कोई भी छोटा–मोटा बम गिर गया, तो उसमें ठसाठस भरा हुआ कपड़ा ख़ुद तो जलेगा ही, आसपास सटी हुई दुकानों में भी आग लगा देगा, ऊपर से वह इलाक़ा जनसंकुल भी है, इसलिए आप बाबोजी से सलाह करके इस काम को तो अंजाम दे ही दीजिए।

"दूसरी बात–गुरुदेव, सत्यदेव और बाबोजी के साथ मैं 'देस' जाना चाहती हूँ, क्योंकि देश का वह हिस्सा अभी भी पूरी तरह शांत है, इसलिए वहाँ बच्चों को भी स्कूल में भर्ती करवा दूँगी। वे पिछली छुट्टियों के बाद से कई बार अपनी दादी और बुआ को याद भी कर चुके हैं, इसलिए वहाँ उनका मन भी लग जाएगा।"

जड़िया और श्रीनिवास हॉल–कमरे में गम्भीरता से यह चर्चा कर ही रहे थे कि जोखीराम जी के चिंटिए (छड़ी) की खट्–खट् और गले का ख़ँखारा सुनाई दिया, जिसे सुनते ही जड़िया और श्रीनिवास दोनों कुर्सियाँ छोड़कर उठ खड़े हुए।

बाबोजी ने दोनों को कंधे से दबाकर वापस बैठाते हुए पूछा : "तो बेटाजी, क्या चर्चा हो रही है?"

जब श्रीनिवास ने उन्हें जड़िया की मंशा बताई, तो उन्होंने उसी दम कहा : "जड़िया बेटा का विचार एकदम ठीक है। निवास बेटा, अपन को यहाँ रहकर दूसरे व्यापारियों की तरह 'काला बाज़ार' से धन तो कमाना नहीं है, और सच पूछो तो यहाँ पड़े–पड़े जी ही घुटता है, इसलिए मैं तो सोलह टके जड़िया बेटा के साथ हूँ।"

श्रीनिवास और जड़िया बाबोजी की महीन सोच और संवेदनशीलता को समझकर स्वयं को पुन : धन्य अनुभव करने लगे। जड़िया का अथ और इति श्रीनिवास होने के बावजूद जड़िया ने उसे एक बार भी साथ चलने को नहीं कहा, क्योंकि वह श्रीनिवास के मन की उस पीड़ा को समझती थी, जो उसे ट्रॉम्प्रेटर के जेल में रहने से हो रही है। श्रीनिवास का बिना नागा रोज़ ट्रॉम्प्रेटर का टिफिन ले जाना और जुगत भिड़ाकर खाने के साथ उसे विलायती सिगरेट मुहैया करना, श्रीनिवास की तरह ही जड़िया भी उसे मात्र फ़र्ज नहीं, धर्म समझती थी। उसने इसीलिए 'देस' जाने का विचार किया था कि श्रीनिवास उनकी ओर से चिंतामुक्त हो जाए।

श्रीनिवास ने जब आँख भरकर अपनी सच्ची सहधर्मिणी को देखा, तो उसकी आँखों ने तुरन्त 'कृतज्ञता के जल' को पनाह दी। जड़िया उसके मनोभाव को जानकर भी अनजान बनी रही, क्योंकि वह इस क्षण को ऐसा आनंद का क्षण बनाने पर आमादा थी, जिसमें आनंदाश्रु को भी किंचित्मात्र जगह नहीं थी।

आज एक बार फिर दसों दिशाएँ, नवों ग्रह, सम्पूर्ण अंतरिक्ष, समग्र देवी-देवता और विधाता स्वयं यह चर्चा कर रहे थे कि क्या सचमुच ये दम्पती कलियुग के हैं, या ये कोई तिलस्म रचकर कई युगों को पार कर इस युग में आ गए हैं? आख़िर इन्होंने इतने गहरे आध्यात्मिक अनुभव कि 'प्रेम की पराकाष्ठा ही भक्ति है' को कैसे अपनी मानुष-देह में जज़्ब कर लिया है? क्या ये कोई सिद्धि लेकर जन्मे हैं, या अपनी पारदर्शी जीवन-शैली के कारण ही इन्होंने इसे उपलब्ध कर लिया है? या कि दोनों का यह मूल-मंत्र कि 'हम किसी का हित कर सकें, तो उत्तम! पर अनजाने में भी किसी का अहित न कर दें' ही उन्हें जीवन-मूल्य के इस चरम स्तर पर ले आया है?

श्रीनिवास, जोखीराम जी और जड़िया ने दोनों मुनीम जी और दूसरे कर्मचारियों के साथ कुछेक किराए के मज़दूर चौगुने-अठगुने दामों में मुश्किलों से बुलाए। भगदड़ की वज़ह से चारों ओर ऐसी बदहवासी का आलम था कि लोगों को खाने को अनाज, पीने को पानी और काम करने को एक भी बंदा नहीं मिल रहा था। ब्रिटिश हुकूमत ने चारों ओर 'कंट्रोल-कंट्रोल' का नारा गुँजा रखा था और गाड़ी के पेट्रोल से लेकर सड़े हुए चावल और गेहूँ भी बिना 'कंट्रोल के कार्ड' के नहीं मिलते थे।

ख़ैर, किसी तरह रात-दिन मेहनत करके जड़िया और श्रीनिवास ने सारा कपड़ा ठूँस-ठाँसकर तीन वैगन्स भर दिया और मालगाड़ी से सारा माल मंडावा के लिए रवाना कर दिया।

श्रीनिवास ने जब जड़िया को बच्चों के और ख़ुद के सारे कपड़े बक्सों में सजाते देखा, तो उसने जड़िया से पूछा : "जड़िया, क्या तुम हमेशा के लिए कलकत्ता छोड़ने वाली हो जो इस तरह सब कुछ बटोरकर बक्सों में भर रही हो?"

जड़िया ने आँखें काम पर स्थिर रखते हुए धीर-गंभीर स्वर में श्रीनिवास को उत्तर दिया : "जी! आपने बचपन में वह मारवाड़ी लोकगीत ज़रूर सुना होगा- 'छोटो सो

बालम म्हारो पल्लो पकड़ै'! मुझे लगता है, आप उस गीत को चरितार्थ करने के लिए ही मुझसे यह मसख़री कर रहे हैं, वर्ना आपको कहाँ फ़ुरसत?''

यह उपालंभ सुनते ही श्रीनिवास कूदकर जड़िया के सामने आ खड़ा हुआ और उसकी आँखों में देखकर कहने लगा : ''जड़िया, क्या यह सच है? तुम्हें मेरी सौं! सच बताना कि क्या सचमुच ही मेरे पास तुम्हारे लिए समय नहीं है?''

यह सुनकर तो जड़िया के पास सच स्वीकारने के सिवा कोई चारा ही नहीं बचा था, पर वह भी ठहरी ढीठ जड़िया! उसने बिना उत्तर दिये ही : 'बतरस लालच लाल की, मुरली लई लुकाय, सौंह करे भौंहन हँसै, दैन कहे नटि जाए' की मुद्रा में श्रीनिवास को छका दिया, और मंद-मंद मुस्काते हुए वापस काम में लग गई। अंत में जब उसे लगा कि अब श्रीनिवास का धैर्य टूट रहा है, तो उसने कहा : ''दरअसल, इस बार मैं लम्बे समय के लिए 'देस' जाना चाहती हूँ। सुभाष बाबू की 'आज़ाद हिन्द फ़ौज' की जगह अब 'गांधी की आँधी' ने ले ली है और मेरा अनुमान है कि यह आँधी अपने साथ तूफ़ान, झंझावात और चक्रवात- सभी कुछ लाएगी, जिसे शान्त होने में काफ़ी समय लगेगा। बच्चे तेज़ी से बढ़ते हैं, इसलिए उनके कपड़े तुरन्त छोटे हो जाते हैं, सोचकर ही मैंने उनके सारे कपड़े डाले हैं। रही बात मेरी, सो अपने भारी कपड़े तो मैं वहाँ बाँटने ले जा रही हूँ, ताकि उनसे एकाध ग़रीब लड़की के विवाह में सहारा लग जाए और बाकी की जो आठ-दस साड़ियाँ हैं, उनमें से कुछेक तो मैं बाँट दूँगी, और बाक़ी की मुझे रोज़ पहनने को चाहियेंगी।''

श्रीनिवास ने 'क्लिन स्लेट' पर साफ़ अक्षरों की तरह लिखे इन वाक्यों को सुनकर कहा : ''जड़िया, तुम्हारा दिमाग़ बिना किसी दुविधा के सब कुछ इतना साफ़-साफ़ कैसे सोच लेता है?''

इस पर जड़िया ने श्रीनिवास के सिर पर टोहका मारते हुए उत्तर दिया : ''मेरी काया, मेरा सत्-चित्-आनंद अर्थात् सब कुछ केवल और केवल आपकी प्रतिछाया मात्र है, इसलिए मेरी यह प्रशंसा भी परोक्ष में आपकी ही प्रशंसा है।''

मंत्रमुग्ध-सा श्रीनिवास कुछ क्षणों तक जड़िया को देखता रहा, और फिर धीरे से जोखीराम जी के पास जाकर उनका सामान सजवाने लगा।

श्रीनिवास को अकेला छोड़ने में जोखीराम जी का दिल दुख पा रहा था, क्योंकि उनके लिए तो वह अभी भी बच्चा ही था। उन्होंने श्रीनिवास को नहीं, बल्कि ख़ुद को दिलासा देने के लिए उससे कहा : ''बाबूड़ा, तू म्हारी चिंता बिलकुल इ मत्ता करिए। बेटा, ई काली आँधी की मियाद भोत कम होवै है, ई लिए ये काला बादल बी जल्दी इ मिट जासी।'' कहते हुए उन्होंने श्रीनिवास को अपने से चिपका लिया और भीतर-ही-भीतर सुबककर रोने लगे।

अब उन्हें सँभालने की श्रीनिवास की बारी थी। उसने आकाश-जैसे धीर-गंभीर गले से कहा : ''बाबोजी, मेरो वादो है कि जद थे पाच्छा (वापस) आवोगा, तो मैं थानै इ सै भी जाद्दा लम्बो-चौड़ो त्यार मिलूँगो।''

यह कहा एक पार्थिव पौत्र ने और इसे सुना एक मृण्मय पितामह ने, पर सारे भूमंडल को ऐसा क्यों लगा कि यह संवाद दो कालजयी महापुरुषों के बीच हो रहा है?

श्रीनिवास, जड़िया और जोखीराम जी ने तय किया कि दोनों ठाकरा जी, लट्ठ लिए डिब्बे के दोनों और बैठ कर रखवाली करेंगे और बाबोजी का 'परसा' सबकी सेवा-टहल करेगा। बाद में यदि यहाँ ज़रूरत हुई, तो एक ठाकराजी वापस आ जाएँगे, वर्ना दोनों वहीं रुक जाएँगे।

प्लेटफॉर्म छोड़ते वक़्त जब रेलगाड़ी ने ज़ोरों की सीटी देकर एक धचका खाया और धीरे से आगे बढ़ने लगी, तो जड़िया ने अपनी आँखों की कोरों को अपनी दो अँगुलियों से घेर लिया ताकि उनमें भरा पानी किसी को नज़र न आए, लेकिन जैसे 'इश्क और मुश्क' छिपाए नहीं छिपते, वैसे ही जड़िया के आँसू भी कैसे छिपते? पर उस बंदी ने उन्हें अपनी आँखों से बाहर नहीं आने दिया सो नहीं ही दिया।

श्रीनिवास उसकी यह जद्दोजहद देख और समझकर भी एकदम चुप रहा, क्योंकि अभी उसका एक शब्द भी भीतर-ही-भीतर किर्च-किर्च हुए काँच के मर्त्तबान-सी जड़िया को छोटे-छोटे ज़र्रों की शक्ल में बदल देता। श्रीनिवास गुरुदेव और सत्यदेव को रास्ते में अनुशासित रहने का भाषण देता रहा, और बाबोजी को यह कहकर आश्वासित करता रहा कि वह यहाँ का 'जाचा-जचा' कर यथाशीघ्र मंडावा पहुँच जाएगा। आश्चर्यजनक ढंग से न उसने कुछ कहा, न जड़िया ने, क्योंकि पीड़ा की तरलता इतनी तीव्र गति से दूसरे तक पहुँच रही थी कि वहाँ भाषा बेमानी हो गई थी।

रेल जब आगे बढ़ चली तो जड़िया ने पलटकर श्रीनिवास को देखा। उसकी आँसू-भरी बड़ी-बड़ी आँखें श्रीनिवास के अन्तस्थल को भेद गईं और इसके पहले कि वह टूट जाता, रेल ने गति पकड़ ली।

घर लौटने पर 'खाँव-खाँव' करते मकान ने श्रीनिवास का स्वागत किया। हालाँकि जोखीराम ने आग्रहपूर्वक और जड़िया ने हल्के से उसे यह सुझाव दिया था कि वह केदारनाथ जी या पूनमचंद जी के पास रह जाए, पर श्रीनिवास ने इसे स्वीकार नहीं किया था। तब जड़िया ने खाना बनाने वाले महाराज जी को बुलाकर ट्रॉम्प्रेटर साहब और श्रीनिवास के रोज़ के खाने के बारे में अच्छी तरह समझा दिया था और उनसे श्रीनिवास का ख़याल रखने की गुज़ारिश भी कर दी थी।

जड़िया की रेल छूटे अभी कुछ ही देरी हुई थी कि अचानक वह ज़ोर के झटके से रुक गई। इसके पहले कि वे लोग कारण का पता लगाते, एक बदहवास वृद्ध हाथ में गहनों का डिब्बा लिये जोखीराम जी के पास आए : "अरे साहजी थे?" के उत्तर में नागरमल जी ने अपनी संचित जमा-पूँजी उन्हें थमाते हुए कहा : "साहजी! थे यो डब्बो सम्हाल कर देस ले जाओ और पाच्छा आओ जद मेरी बेटी नै दे दियो।" जोखीराम जी की 'हाँ-ना' सुनने के पहले ही वे गाड़ी के डिब्बे से उतर गए। इसी तरह कभी किसी स्टेशन पर भगवती बाई के ससुर सिंघानिया जी, तो किसी पर कोई और 'जी' जोखीराम जी को डिब्बे पकड़ाते

रहे। न उन लोगों ने बदले में कोई 'रुक्का' माँगा और न ही इन्होंने कुछ लिखकर दिया। जोखीराम जी सबसे एक ही बात पूछते : "थे थारो नाम-पतो ठीक सै लिख दियो है ना?" और जैसे ही उसकी गर्दन 'हाँ' में हिलती, वे उसका डिब्बा लेकर जड़िया को पकड़ा देते।

जड़िया अवाक् थी, उसने उन्हें एकाध बार टोका भी : "बाबोजी, इत्ती जोखिम?"

पर उनका जवाब तैयार था : "बेटाजी, इ घड़ी मै कोई नै बी नटनो (ना कहना) पाप है।"

मंडावा पहुँचते ही जोखीराम जी ने गूँगे-बहरे चेजारे मोहन को बुलाकर उसी रात बैठक की दीवार से सटा हुआ एक गड्ढा खुदवाया और उसमें अपना और सबका 'गहना-गूँठी' रखकर उसे समतल करवाकर उस पर कालीन बिछवा दिया।

दूसरे दिन जड़िया अस्पताल और स्कूल को देखकर बहुत खुश हुई और उसने सिद्धि बाई को अंक में भरते हुए कहा : "बाई, आप लड़कियों को शिक्षित कर बहुत ही बड़ा काम कर रही हैं। ये पढ़ी-लिखी लड़कियाँ ऐसे सुसंस्कृत परिवारों की संरचना करेंगी कि पूरा समाज स्वयं ही उन्नत हो जाएगा।"

जड़िया की सास ने भी अस्पताल का काम अच्छी तरह सँभाल तो रखा था, पर एक तो युद्ध की वजह से सरकारी ग्रांट बंद हो गई थी और ऊपर से 'दिसावरी' वाले लोग-बाग भी शहरों से भागकर यहाँ आ गए थे, इसलिए अस्पताल अर्थाभाव से जूझ रहा था।

जड़िया ने बिना किसी से कुछ कहे अपने गहनों का 'बुगचा' गद्दी की तिज़ोरी से निकाल लिया, और अपने भारी गहनें बेचकर, वह रक़म अस्पताल के लिए दे दी। चूँकि बोलने के साथ ही जड़िया ने उन्हें रुपए दे दिये थे, इसलिए उन्होंने आह्लादित होकर यही सोचा कि हो न हो, ये रुपए श्रीनिवास की कमाई के ही होंगे।

जड़िया ने बग़ीचे में और पौधों के साथ नींबू, आम और मिर्च के पौधे भी लगवाए थे। उसने चौथिया माली को हिदायत दी कि वह यथासंभव अधिक से अधिक नींबू और मिर्च टोकरों में भरवाकर हवेली में भेज दे। दादी जी की सहकर्मिणी होने के कारण जड़िया को उन बड़े मर्त्तबानों का इल्म था, जिनमें दादी जी बड़ी मात्रा में अचार डाला करती थीं। आनन-फानन में नींबू-मिर्च का अचार डलवाकर उसने गाँव की ग़रीब धणों में यह ख़बर फैला दी कि जो औरतें घरों में सूत कातती हैं, उन्हें रुई भी जड़िया देगी और कताई के दाम भी बाज़ार भाव से चौगुने देगी, यानी उन्हें दो आने सेर की जगह आठ आने सेर मिलेंगे।

जड़िया ने हिसाब लगाया, यदि एक औरत महीने भर में चार सेर सूत कात लेगी, तो दो रुपए में वह अपने परिवार को दो जून खाना खिला लेगी। उसने इस काम की ज़िम्मेदारी अपनी सास को देते हुए कहा : "माँ, जो भी औरत आए, आप उसे रुई के साथ मुट्ठी-भर अचार भी दे दीजिएगा ताकि आपस का परिवार सूखी रोटी के साथ अचार खाकर ख़ुश हो जाए।"

दूसरे कामों की तरह ही जड़िया का यह उपक्रम भी सफल रहा और जड़िया ने वह मोटा सूत जुलाहों को देकर उससे खेस, दरियाँ, गमछे आदि बनवा लिये। उनकी बिक्री से महिलाओं को काफ़ी लाभ हुआ और इससे उनके उत्साह में भी बढ़ोतरी हुई।

उसी सप्ताहान्त जड़िया ने जोखीराम जी से भिवानी और हिसार जाने की अनुमति माँगी। उसका कहना था कि बच्चों का अपने ननिहाल से भी परिचय होना चाहिए, विशेषकर भिवानी और मंडावा की भिन्न संस्कृतियों से रू-ब-रू होकर उन्हें दोनों के फ़र्क़ को आदर से समझना चाहिए।

जोखीराम जी ने जड़िया के सुझाव को ध्यान से सुनकर कहा : ''जड़िया बेटा, तुम सही कह रही हो। तुम लोगों को जानने से पहले हम 'बागड़उओं' के मन में हरियाणावालों के प्रति एक हेय भाव था। इसलिए ये बच्चे जब पंजाबी और मारवाड़ी संस्कृति के उस घुले-मिले रूप से मिलेंगे, तो निश्चित ही बहुत कुछ सीखेंगे। ऊपर से केदारनाथ जी की शिक्षा-दीक्षा का भी इन पर असर होगा। तुम कल ही चली जाओ, मैं रथवान और ठाकरा को कह देता हूँ कि वे तैयार रहें।''

लाड़ में भरकर जड़िया ने उन बाबोजी के पैर छुए, जो उसके अपनों से भी ज़्यादा उसे आदर देते थे, और उसकी हर बात को ब्रह्म-वाक्य मानते थे। बाबोजी ने उसके सिर पर हाथ फेरते हुए एक नया आशीर्वाद दिया : ''जड़िया बेटा, ऐसे ही आगे बढ़ती रहकर अपने सपनों को साकार करती रहना। आयुष्मती भव!''

जब जड़िया बिचले बाज़ार की किले-सी हवेली में पहुँची, तो उसे उसके बचपन की शरारतों ने आ घेरा। अधबुढ़ाए भगीरथ ठाकर और हल्के पके बालों वाली शन्नो उसके लिए पलक-पाँवड़े बिछाए उसकी प्रतीक्षा कर रहे थे। उन्हें किसी भी तरह विश्वास नहीं हो रहा था कि उनकी नटखट जड़िया अब धीर-गंभीर बहू और दो बच्चों की माँ बन गई है। शन्नो भौंचक-सी उसे आँखें फाड़कर देखे ही जा रही थी कि अंत में कांतादेवी ने उसे झिड़क कर कहा : ''शन्नो, बेटी से कुछ पानी-पात भी पूछेगी या यूँ ही दीद्दे फाड़े उसे देखती रहेगी?''

सबसे मिल-भेंट कर जड़िया सीधी केदारनाथ जी की बड़ी-सी बैठक में जा पहुँची और उनके पैरों के पास बैठकर बोली : ''बाबूजी, आपने यों तो लड़कियों की शिक्षा का काम यहाँ और कलकत्ते में बहुत किया है, पर मेरी समझ में वह काफ़ी नहीं है, आप इसे और आगे बढ़ाइए। बाबूजी, इस हवेली के दूसरे चौक में दस-बारह कमरे और एक बड़ा सा आँगन है, आप उसमें भी लड़कियों का स्कूल खोल दीजिए। स्कूल के लोगबाग नोहरे से आना-जाना किया करेंगे, जिससे आपको और घरवालों को कोई परेशानी भी नहीं होगी। साथ ही मैं चाहती हूँ कि कल से गाँव की औरतों को छाछ के साथ अचार और कातने की रुई भी मुहैया करवाई जाए। कताई का बाज़ार भाव तो दो आना सेर है, पर क्या आप भी दो आना ही देंगे?''

केदारनाथ जी ने उसके सिर पर प्यार की थपकी लगाकर कहा : ''बुद्धू, बाज़ार भाव से चौगुना तो कम-से-कम है, ऊपर से जो तुम कहो! अपन दोनों कल से ही यह अभियान शुरू कर देंगे। रही बात स्कूल की, तो पहले मैं उसकी पुख़्ता योजना बना लेता हूँ, ताकि हमारी सफलता में कोई संदेह न रहे।''

केदारनाथ जी ने साफ़-साफ़ न कहकर भी उसकी सारी इच्छाएँ पूरी कर दी थीं, सोचकर जड़िया पुलकित हो गई और जल्दी से उठकर एक बच्ची की तरह पिता के गले से जा लगी।

भिवानी आकर सत्यदेव और गुरुदेव के आनंद का तो कोई ठिकाना ही नहीं था। पहले दिन तो सत्यदेव उस लम्बी-चौड़ी हवेली में इतना चला कि उसके दोनों तलवे सूज गए, पर कभी तो नाना जी की घोड़ी पर घुड़सवारी, तो कभी तालाब में नहाने से उन दोनों को ये छोटी-मोटी चोटें देखने की फुरसत ही नहीं थी। जब दोनों ने नोहरे में पड़े 'बकरे के ताँगे' के अवशेष देखे और उसकी पूरी कहानी कांता नानी से सुनी, तो वे उसके लिए अपनी माँ को छेड़कर ख़ूब हँसे।

तीन-चार दिन बाद जड़िया ने केदारनाथ जी से कहा : ''बाबूजी, मैं बच्चों को लेकर हिसार जाना चाहती हूँ, वहाँ कुछ काम पूरा करना है, क्या आप मेरे साथ चलेंगे?''

आमतौर पर जड़िया हिसार अकेली ही जाती रही है, पर इस बार ज़रूर कोई ख़ास कारण ही होगा, सोचकर केदारनाथ जी ने बिना प्रतिप्रश्न किए तुरन्त हामी भर दी और पूरा परिवार जड़िया के साथ उसके दूसरे माँ-बाप के यहाँ हिसार जा पहुँचा।

बलवन्त राय बाबूजी खुद तो हाथ का काता हुआ मोटा कुर्ता पहनते ही थे, साथ ही माँ लक्ष्मी भी अपनी हथकती मोटी साड़ी ही बाँधने लगी थीं। चारों ओर करोड़ों की ज़मीन बिखरी पड़ी थी, पर वे लोग स्वयं को उसका ट्रस्टी ही मानते थे।

''अरे, 'बावली भल्लो' तू?'' कहते हुए जब बलवन्त राय जी और लक्ष्मी माँ ने जड़िया के गाल मचोड़ने के लिए हाथ आगे बढ़ाया, तो हाथ उसके पास जाकर ठिठक गया और उन दोनों ने महसूस किया कि इन कुछ वर्षों के अन्तराल ने जड़िया का पूरा का पूरा कायान्तरण कर दिया है। कहाँ वह चंचल चपला-सी चमकती सौदामिनी और कहाँ यह शांत, गंभीर और विवेकशील! साक्षात् सरस्वती देवी की प्रतिमूर्ति!

जड़िया ने जैसे ही उन दोनों के पैर छूने चाहे, उन्होंने उसे यह कहकर बरज दिया कि हमारे यहाँ लक्ष्मी -स्वरूपा पुत्री का पैर छूना वर्जित है। इतने में ही गुरुदेव और सत्यदेव नाना-नानी के पैरों पर झुके हुए उनके आशीर्वाद की प्रतीक्षा करते नज़र आए।

''अरे वाह! हमारे राजकुमारों की तो बात ही निराली है!'' कहते हुए बलवन्त राय जी एवं लक्ष्मी देवी ने दोनों को उठाकर अपने से चिपका लिया।

कुछ ही मिनटों के बाद जड़िया के आने की ख़बर पाकर चार भाई हिसार के और साथ में तीन भिवानी के वहाँ आ गए और सातों अपने हाथों की मज़बूत पालकियों पर दोनों बच्चों को उछालते हुए अपने खेतों की ओर चल पड़े।

यशवंत मामा ने खेत से खीरे, टमाटर तोड़कर बच्चों से पूछा : "पावरोटी की सैंडविच खानी है?" और उनके उत्तर की प्रतीक्षा किए बिना ही अपनी एक ज़ेब से मक्खन का एक गोला निकाला और एक से पावरोटी, और कहने लगे : "लो, खाओ।"

जब बच्चे हक़्के-बक़्के-से कभी उस गोले को और कभी उनका मुँह ही देखते रहे, तो ज्ञान में नहीं, क्रिया में विश्वास रखने वाले यशवंत ने बिना कुछ कहे पावरोटी का एक 'बटका' भरा और उसी तरह मक्खन, खीरे और टमाटर को मुँह में भरने के बाद वह चटखारे भरता हुआ उन चीज़ों को अपने मुँह में चुभलाने लगा।

दोनों बच्चे आँखें फाड़े इस बेढब मामा को घूरे जा रहे थे कि अचानक उनके मुँह में भी हिसारी मामाओं ने यह विचित्र सैंडविच ठूँस दी और बोले : "देखो भाई! जाद्दा नेपसाई (नखरा) तो दिखाओ मत और म्हारी इस सैंडविच नै मज्जे लेकर खाल्यो।"

ख़ैरियत थी कि उन्होंने उन पर दया करके हाथ से पावरोटी और चाबी की कड़ी में झूलता एक छोटा-सा 'स्विस चाकू' निकालकर खीरे और टमाटर के मोटे-मोटे टुकड़े कर लिये थे। दोनों बच्चे अभी भी किंकर्तव्यविमूढ़-से उन्हें देखे जा रहे थे कि अंत में उनकी दयनीय मुद्रा देखकर उन 'जट्ट' मामाओं ने उन्हें बख़्श दिया और हनुमान जी की तरह उन्हें कंधों पर बैठाकर अपने लम्बे-चौड़े बग़ीचे, खेत और 'डिग्गी' आदि दिखाने लगे।

बच्चे बार-बार कहते : "मामाजी, क्या यह भी अपना है, और यह भी? हे भगवान! मामाजी, अपने ये खेत और यह बगीचा कितने बड़े हैं?"

"लगभग डेढ़ मील," यशवंत ने इसका संक्षिप्त-सा उत्तर देकर पूछा : " क्या तुम्हें यह छोटा लग रहा है? तो शहर से कुछ दूर पर अपनी इससे भी बड़ी ज़मीन है, चलोगे?"

"क्याऽऽऽ!" दोनों बच्चों का अचरज-भरा सम्मिलित स्वर सुनाई पड़ा।

इधर जड़िया ने 'निरवाला' देखकर बड़े बाबूजी और लक्ष्मी माँ से कहा : "बाबूजी, आप लोगों ने मुझे विवाह के समय एक बड़ी ज़मीन का पट्टा दिया था," यह कहते हुए उसने उस पट्टे के काग़ज़ उनके सामने रख दिये।

जन्मना बोली-बंद अवाक् से! वे पूछने वाले ही थे कि क्या जड़िया उनसे नाराज़ है, जो यह ज़मीन लौटा रही है(?) कि जड़िया ने ज़ोरों से हँसते हुए कहा : "बाबूजी-माँ, आपने यह ज़मीन तो ब्याह में दी थी, पर उसके बाद के नेगों का क्या होगा? 'दूस्सरका', खिचड़ी, तालुआ आदि कौन देगा?"

अब तक सातों भाई भी वहाँ आकर उन्हें घेर चुके थे और वे एक गोल घेरे में 'हरा समंदर' खेल की तरह घूमते हुए गाने लगे : "माँ देगी! बाबूजी देंगे! हम देंगे! देना ही होगा! बाई जड़िया का कहा, करना ही होगा।"

बात हँसी-मज़ाक में बह नहीं जाए, इसलिए जड़िया ने शाबाशी में सबकी पीठ थपथपाई, और आँखों से उनसे एकदम शांत रहने का इसरार करने के बाद बलवन्त राय जी एवं लक्ष्मी देवी के जवाब के इन्तज़ार में उन्हें एकटक देखने लगी।

कुछ क्षणों तक तो वहाँ मौन छाया रहा, फिर बलवन्त राय जी ने केदारनाथ जी की ओर प्रश्नसूचक दृष्टि से देखा, जिसका मर्म समझकर उन्होंने हाथ के इशारे से उन्हें बता दिया कि इसके बारे में वे भी एकदम कोरे हैं। अंत में बलवंत राय जी ने एक 'सादा पन्ना' जड़िया के सामने रखकर कहा : ''बेटा, तेरी जो इच्छा हो, इसमें 'माँड' दे।''

पर वो ठहरी सयानी जड़िया! पत्नी श्रीनिवास की, और बेटी केदारनाथ जी की! उसने उस लम्बे-चौड़े काग़ज को परे खिसकाकर कहा : ''बाबूजी, इस पर लिखकर तो मैं बँध जाऊँगी, जबकि मुझे इस बात का कोई इल्म ही नहीं है कि मेरी इच्छापूर्ति में क्या ख़र्च होगा! हाँ, मैं आपको एक वाक्य में अपनी मंशा बता सकती हूँ, और वह यह है कि : आप दोनों और मेरे सातों भाई मिलकर, हाल ही में हीरालाल जी शास्त्री ने जो वनस्थली विद्यापीठ बनवाई है, वैसा ही एक संस्थान यहाँ बनवाएँ, जिसमें एक लड़की न केवल एम.ए. तक पढ़ाई करेगी, बल्कि वह कृषि के काम के साथ-साथ आज के वैज्ञानिक संसाधनों का प्रयोग भी पूरी दक्षता से करना सीखेगी।''

जड़िया की बात सुनकर गांधीवादी बलवंत राय जैसे पक्के सत्याग्रही का चेहरा भी 'फक' हो गया। उन्होंने अचकचाते हुए इतना ही कहा : ''जड़िया बेटा, यह तो कठिन अग्नि-परीक्षा बता दी तूने! इस उम्र में हमसे कैसे पार पड़ेगा यह सब?''

''बाबूजी, मैंने सुना है, हीरालाल जी एकदम फ़क्कड़ फ़कीर थे और उन्होंने अपना चिमटा जहाँ गाड़ा, वहीं जंगल में मंगल कर दिया। आरम्भ में तो उन्होंने और उनकी पत्नी ने ही यह सारस्वत-यज्ञ शुरू किया था, पर पाँच-सात सालों में ही देखिए, उन्होंने अपनी कितनी अच्छी साख जमा ली है! बाबूजी, यक़ीन कीजिए, उनकी तुलना में अपने पास तो बहुत कुछ है, बस, आप पूरे जोशो-ख़रोश से अंगद की तरह पैर जमाकर कदम आगे बढ़ाइए। बाबूजी, मेरा पक्का विश्वास है कि आप यह गढ़ अवश्य ही जीतेंगे। हीरालाल जी से आपका पुराना परिचय है, आप एक बार उनका संस्थान देख आइए, मेरा विश्वास है, वे दिल खोलकर आपका साथ देंगे।''

बलवंत राय जी ने जब केदारनाथ जी की ओर सुझाव के लिए देखा, तो उन्होंने तुरन्त सिर हिलाकर अपनी सहमति दर्ज करा दी।

''जड़िया, तुम थोड़े दिन यहाँ रहकर यह काम शुरू करा दो'' के जवाब में जड़िया ने कहा : ''ना बाबूजी! यह काम पूरी तरह मेरे पीहरवालों के जिम्मे है। अगर छोटे बाबूजी (केदारनाथ जी) समय दे सकें, तो आप उनसे बात कर लीजिए।''

हिसार से लौटते वक़्त केदारनाथ जी ने जड़िया से पूछा : ''जड़िया, तुम सारे काम इतनी जल्दी में क्यों कर रही हो?''

''बाबूजी, अब मेरे लिए प्रत्येक क्षण कीमती है और वैसे भी तो सारे उपनिषद्-पुराण इस शरीर को क्षणभंगुर ही मानते हैं। बाबूजी, कबीर ने तो कहा ही है : 'दस द्वार का पींजड़ा, आ मै पंछी पोन, रहिबो को अचरज इहाँ, उड़िबे अचरज कोन?' तो क्या भरोसा कि कभी यह गई साँस लौटे या नहीं? इसीलिए मैं यथाशीघ्र अपनी ज़िम्मेदारियों को पूरा करना चाहती

हूँ। हालाँकि मैं मरते दम तक काम करना चाहती हूँ, पर जो आसन्न परीक्षाएँ सामने हैं, उनकी तैयारी तो त्वरा से करनी ही होगी।''

केदारनाथ जी को आज अपनी बेटी पर बहुत अधिक गर्व हुआ और उन्होंने मन-ही-मन ऐसी अपूर्व संतान के लिए परमपिता को धन्यवाद दिया।

इसी बीच विश्वयुद्ध की गिरफ़्त में फँसे कलकत्ते पर जापान के हमले तेज़ी से बढ़े और साथ ही उसने अमेरिका के 'पर्ल हार्बर' पर भी जोरों का हमला कर दिया, जिससे डर कर ब्रिटिश हुकूमत ने विश्व के तीसरे नम्बर का प्रास (कैंटिलिवर) पर बना 71 फीट चौड़ा, 246 फीट ऊँचा और 1500 फीट लम्बा 'हावड़ा पुल', जो उनकी प्रतिष्ठा का प्रतीक था, के पूरे होने की औपचारिक घोषणा तक नहीं की और उसके परीक्षण के लिए एक खाली ट्राम को उस पर से इस छोर से उस छोर तक भेज कर उसका संतुलन मापा। 1939 से 1945 तक यह भयानक युद्ध विश्व के कई देशों में होता रहा, जिसकी चरम परिणति नरसंहार के प्रचंड तांडव रूप में हुई।

6 अगस्त, 1945 के काले दिन अमेरिका ने जापान के 'हिरोशिमा' और 'नागासाकी' शहरों पर दो ऐसे भयावह एटम बम गिराए, जिसने पलक झपकते ही अनुमानत: 5 से 8 करोड़ जीते-जागते मनुष्यों को कंकाल में बदल दिया और जिसे सदियों तक विश्व के इतिहास का क्रूरतम पृष्ठ माना जाएगा।

6 वर्षों के सतत युद्ध के बाद 2 सितम्बर 1945 को यह युद्ध पूरी तरह ख़त्म हो गया। ब्रिटिश सरकार ने ट्रॉम्प्रेटर को रिहा कर दिया और श्रीनिवास उसके साथ मिलकर कारखाना शुरू करने में जुट गया।

इधर 'गांधी की आँधी' ज़ोर पकड़ चुकी थी, जिससे प्रभावित जड़िया जब बच्चों समेत मंडावा पहुँची, तो उसने हल्के रंग के खद्दर की एक साड़ी पहन रखी थी, जिसके चारों ओर पतली-सी किनार बनी हुई थी। उसके रंग-ढंग देखकर उसकी सास से नहीं रहा गया, उन्होंने जड़िया को टोकते हुए कहा : ''ई उमर मै इस्सो विराग?''

तो जड़िया ने उत्तर दिया : ''माँ, कपड़ों का वैराग्य से क्या सम्बन्ध है? ज़रूरी तो मन का वैराग्य है। हाँ, सादे कपड़े हमें चेतावनी भर देते रह सकते हैं।''

वर्तमान परिस्थितियों का आकलन कर जड़िया ने जोखीराम जी से सलाह करके अपना डेरा-डंडा सँभाला और सपरिवार कलकत्ते की ओर प्रयाण कर दिया।

'जड़ियाऽ! जड़ियाऽऽ! जड़ियाऽऽऽ!' की पुकार सुनकर जड़िया ने दिल्ली के प्लेटफॉर्म पर तुरन्त रुकी रेलगाड़ी के डिब्बे से झाँका और हाथ से बलवंत राय जी को अपने पहुँच जाने का संकेत किया।

जब जड़िया खद्दर की साड़ी में और दोनों बच्चे खद्दर के कुर्ते-पाजामे में रेल के डिब्बे से उतरे, तो जड़िया के इस रूप को देखकर बलवंत राय जी मंत्रबिद्ध-से जहाँ के तहाँ खड़े रह गए। उन्हें कभी लगे, जैसे इन्द्रलोक की अप्सरा रम्भा देवी सरस्वती के रूप में धरा पर उतर आई है, तो कभी लगे कि एलोरा, लद्दाख और खजुराहो की 'नृत्यति-सरस्वती' की चित्र-मूर्ति जीवंत होकर यहाँ आ खड़ी हुई है! कहा जाता है कि एक बार ब्रह्मा अपनी पुत्री सरस्वती पर रीझ गए थे। यह कहना अत्युक्तिपूर्ण नहीं होगा कि आज कुछ-कुछ वैसी ही मन:स्थिति बलवंत राय जी की भी थी। दो खिले हुए सफ़ेद कमल-पुष्पों की तरह ही गुरुदेव और सत्यदेव जड़िया के दोनों पार्श्व में शोभित होकर इस चित्र को सम्पूर्णता प्रदान कर रहे थे। वैसे बलवंत राय जी की यह मंत्रमुग्धता एकदम स्वाभाविक थी, क्योंकि भिवानी की पंजाबी जलवायु और पुरखों की राजस्थानी विरासत के मिश्रण से बना जड़िया का रूप कुछ ख़ास तो हो ही गया था।

बलवंत राय जी जड़िया को एकटक देखते हुए सोचे जा रहे थे कि पंजाबियों-सी लम्बाई और छरहरेपन के साथ नानी से मिला कश्मीरियों-सा रंग, त्वचा से झलकता लावण्य और विनम्र मुस्कान ने जड़िया के सौन्दर्य को और भी विशिष्ट बना दिया है। जड़िया को देखकर ऐसा लगता है कि विधाता ने जिन विभिन्न 'घालमेलों' के रसायन से इसे गढ़ा था, वह 'खाँचा' और 'रसायन' उसने दुबारा इसलिए इस्तेमाल नहीं किये, क्योंकि वह हमेशा के लिए जड़िया को अपनी सर्वश्रेष्ठ कलाकृति बनाए रखना चाहता था।

बलवंत राय जी कल्पना की इसी भावगंगा में बहे जा रहे थे कि उनकी स्तब्ध दृष्टि में विचलन पैदा करने के लिए जड़िया ने उनके चेहरे के सामने हल्के से अपनी हथेली हिलाई। उसकी इस हरक़त से चौंककर बलवंत राय जी भावलोक से इहलोक में आ गए और उन्होंने आगे बढ़कर जड़िया को अपने कंठ से लगा लिया। तभी उसके दोनों

बच्चे उनकी दोनों तरफ चिपककर उनसे कहने लगे : ''नानाजी, नानाजी! हमें भी गांधी जी के दर्शन करवाने ले चलिए न!''

बच्चों के इस अनुरोध को ठुकराने में अक्षम बलवंत राय जी ने असहाय भाव से जड़िया की ओर देखा और विनती के सुर में बोले : ''मैंने तो केवल तुम्हारे लिए ही अनुमति ली है।''

लेकिन बच्चों की सज-धज और आकाश-छूते उत्साह को देखकर बलवंत राय जी से उन्हें ना कहते भी नहीं बन रहा था, इसलिए बोले : ''चलो, राम भरोसे चलते हैं : देखें, शायद तुम लोगों को भी बापू के दर्शन हो ही जाएँ?''

सौभाग्य बच्चों का कि जब वे अपने गंतव्य पर पहुँचे, तो बापू बाहर से उठकर भीतर जा रहे थे। बचपन से जिनके बारे में भगवान-जैसी प्रशंसा सुनी थी, उन्हीं बापू के चुम्बकीय आकर्षण से बिंधे बच्चों ने आव देखा न ताव, तेज़ी से दौड़कर उनके पैरों पर झुककर उन्हें प्रणाम करने लगे। जब बापू ने उनके सिर पर हाथ रखा, तो उन्हें ऐसा लगा मानो उनके शरीर में ऊपर से नीचे तक बिजली का हल्का-सा करंट लग गया है। वे दोनों स्तब्ध-से उसी जगह ज़मीन पर चुपचाप बैठ गए। जब बापू अपनी दौड़ती-सी चाल से बैठकख़ाने में घुसे, तो उनके पीछे कई एक स्वयंसेवक थे, जिनमें बलवंत राय जी और जड़िया सबसे आगे थे।

बापू के बैठते ही जड़िया ने कहा : ''बापू, मेरी आन्तरिक इच्छा है कि जैसे आपने कलकत्ते में 'शुद्ध खादी भंडार' का उद्घाटन किया है, वैसे ही आप हमारी खादी की दुकान का भी उद्घाटन करें। बापू, यदि ऐसा संभव हुआ, तो मैं स्वयं उसमें आजन्म खादी बेचूँगी, यह मेरा वचन है।''

बापू ने मुस्कुराकर कहा : ''बेटी, अच्छा काम तुरन्त कर लेना चाहिए, इसलिए तुम मेरी प्रतीक्षा न कर तुरन्त ही खादी की दुकान खोल लो और यदि जगह बड़ी है, तो उसके एक हिस्से में ग़रीबों के लिए कम दामों में अनाज भी सुलभ करवाने की व्यवस्था करो। बंगाल की जनता अकाल और युद्ध के दोहरे संकट झेलकर दीन-हीन हो गई है, इसलिए तुमसे जितना बन पड़े, उनका सहारा बनने की कोशिश करो।''

जड़िया ने भरी आँखों से बापू को प्रणाम किया और वहाँ की धूल को अपने माथे पर लगाकर बाहर आ गई। उसे देखकर ऐसा लग रहा था, मानो साक्षात् मीराँ चली आ रही है; तन-मन से बेसुध! आनन्दमग्न! साँवरे के दर्शन से बौराई-सी! उसकी गहन संवेदनशीलता से परिचित बलवंत राय जी उसकी मनोदशा का अनुमान कर उससे कुछ दूरी पर चल रहे थे, पर जब जड़िया उसी भाव-समाधि में आगे बढ़कर दरवाज़े की ओर जाने लगी, तब उन्होंने दोनों बच्चों को इशारे से उसके पास भेजा। बच्चे आगे जाकर जैसे ही जड़िया से चिपके, जड़िया ने चिहुँक कर उन्मुक्त हँसी हँसते हुए दोनों को देखा और उन्हें एक-एक कर गोल-गोल घुमाने लगी। सही अवसर देखकर बलवंत राय जी ने जड़िया से कहा : ''बेटा, ज़रा जल्दी चलो, तुम्हें कलकत्ते की गाड़ी भी तो पकड़नी है।''

''बाबूजी, बाबूजी, के कहूँ? धन्यवाद तो भोत छोटा है। आज थारै कारण मेरा जीवन धन्य हो गया, मै तो कृतार्थ हो गई।''

बलवंत राय जी जड़िया के भावोद्वेग को समझकर एकदम चुप थे और उससे केवल ज़मीन से जुड़ी दुनियावी बातें ही कर रहे थे। जड़िया की आँखें अभी भी किसी और ही लोक में विचरण करती लग रही थीं और उसकी चाल भी साधारण न होकर कथक नृत्य की थिरकन-सी लिये थी। उन्हें भीतर-ही-भीतर डर लग रहा था कि सीधे-सादे व्यापारी जोखीराम जी को जड़िया के ये रंग-ढंग अच्छे नहीं लगेंगे, लेकिन वे यह देखकर दंग रह गए कि जोखीराम जी ने जड़िया को देखकर हुमक कर कहा : ''बेटा, वो गांधी बाबो! बड़ो जादूगर है। बेटा, आ मेरै कन्नै (पास), आ, तन्नै छूकर मै भी पवित्र हो जाऊँ।''

जोखीराम जी का ऐसा कायाकल्प देखकर बलवंत राय जी के मुँह से निकल गया : ''बाबूजी, असली 'रंगरेज़' तो यह जड़िया है, जिसने आप-जैसे ज़माना देखे हुए व्यक्ति को भी अपने रंग में रँग लिया।''

रेल की ज़ोरों की सीटी सुनकर बलवंत राय जी डिब्बे से उतर गए और बोले : ''जड़िया, संस्थान का काम शुरू कर दिया है, उसका नाम तुम पर रखने का मन है।''

''बाबूजी, कभी नहीं! ऐसा भूलकर भी मत करिएगा। उसका नाम या तो आप अपनी माँ पर, या मेरी माँ लक्ष्मी पर, या 'सरस्वती विद्यापीठ' रख दीजिए।''

बलवंत राय जी ने चलती गाड़ी के कारण 'हाँ' में गरदन हिलाते हुए ज़ोरों से कहा : ''तो 'सरस्वती विद्यापीठ' पक्का रहा।''

कुछ देर बाद जड़िया ने बाबोजी से कहा : ''बाबोजी, आज मैं बहुत खुश हूँ, क्योंकि प्रभु ने मेरी सारी इच्छाएँ पूरी कर दी हैं। बड़े बाबूजी 'सरस्वती विद्यापीठ' बना रहे हैं, और उनसे पता चला कि केदारनाथ बाबूजी ने भी हवेली में स्कूल शुरू कर दी है। साथ ही उन्होंने स्कूल के बाद औरतों को महीन सूत कातना सिखाने के लिए प्रशिक्षिकाएँ भी रख ली हैं। वे उन सूत कातने वाली सारी महिलाओं को चरखा देने का प्रयास भी कर रहे हैं, ताकि वे बापू के इस कथन की पुष्टि कर सकें कि 'चरखे में धर्मशास्त्र और अर्थशास्त्र, दोनों समाहित हैं...''

जड़िया को बीच में ही टोक कर जोखीराम जी ने कहा : ''बेटा, तब तो अपने को भी मंडावा में 'चरखे' देने चाहिए। अब तो श्रीनिवास का कारख़ाना भी चल पड़ा है और वैसे भी अपने परिवार पर तो हमेशा से ही लक्ष्मी की कृपा रही है। बेटा, बस, अब यह काम तो तुम जल्दी से जल्दी करवा ही दो।''

किसी ज़माने में पुराणपंथी कहलाने वाले बाबोजी का ऐसा हृदय-परिवर्तन देखकर जड़िया आनंद से उनके पैरों में बैठ गई, क्योंकि उसे एक बात समझ में आ गई थी कि अब बाबोजी, वे बाबोजी नहीं, बल्कि पूरी तरह 'जड़ियावादी' बाबोजी हो गए हैं।

जब तीन वर्षों के अन्तराल के बाद गुरुदेव और सत्यदेव अपने कलकत्ते वाले स्कूल में लौटे, तो हेडमास्टर जी ने उन्हें सालों के हिसाब से नीची कक्षा में भरती नहीं किया, बल्कि उनकी परीक्षा ली, और परीक्षा में उनकी योग्यता के अनुसार उन्होंने उन्हें एक कक्षा

ऊपर भरती किया। इसकी एकमात्र वजह यह थी कि जब कालीचरण मास्टर जी श्रीनिवास को 'स्वर्ण-रश्मि'-सा गढ़ सकते थे, तो ये बच्चे तो दो प्रतिभावान व्यक्तित्वों के अर्क़ थे! इन बच्चों की ज्ञान-अभीप्सा तो इस चातक सरीखी थी, जो स्वाति की बूँद को ज़मीन पर गिरने से पहले ही अपनी चोंच में भर लेता है।

'इंटरनेशनल स्टोर' में खादी और सस्ते अनाज की दुकान खुल गई, और कम दाम एवं बाबोजी की देख-रेख की वजह से वह जल्दी ही लोकप्रिय भी हो गई। चूँकि इस दुकान से वे कोई लाभ उठाना तो दूर, वहाँ के कारिन्दों की तनख़्वाह और बिजली के पैसे भी पास से ही चुकाते थे, इसलिए कपड़ों के दाम कम होना लाज़िमी था। जड़िया फूलिया, मध्यमग्राम और अन्य मुफ़स्सिलों के जुलाहों को महीन सूत देकर उनसे ऐसे सुन्दर नमूने के कपड़े बनवाती कि उन्हें देखकर ग्राहक मील के कपड़ों को भूल जाता था; ऊपर से जड़िया का सौम्य व्यक्तित्व और मधुर व्यवहार हरेक खरीदार को पूरी तरह अपनी ओर खींच लेता था। दुक़ान पर खादी ज़ोरों से बिक रही थी, इसलिए जड़िया ने स्वयं को केवल खादी तक ही सीमित नहीं रखा, बल्कि सामाजिक उन्नयन के और भी कई कामों में जुट गई।

बच्चे और श्रीनिवास अपना सारा काम खुद कर लेते थे, और घर?.. वह भी पुराने आदमी अच्छी तरह सँभाल लेते थे। जड़िया रोज़ सुबह बाबोजी का कार्यक्रम और खाना-पीना बता कर, अपनी मोटी साड़ी का फेंटा कसती और राजापुर के 'वृद्धाश्रम' क़रीमगंज के 'मुस्लिम महिला केन्द्र' और ग़रीब बच्चों के तीन-चार स्कूलों को सँभालती हुई साँझ पड़े घर आती। वह रविवार को भी उन चरखा केन्द्रों में चली जाती थी, जिन्हें वह रविवार की छुट्टी के कारण ग़रीब बच्चों वाली स्कूलों में चलाती थी। आश्चर्यजनक था यह देखना कि 'चरखा कक्षाओं' में स्कूलों में पढ़ने वाले अधिकांश बच्चों की माँओं ने प्रवेश ले लिया था। तीक्ष्ण बुद्धि वाली जड़िया उनके काते हुए सूत को विभिन्न रंगों में रँगवा कर उनसे ऐसे-ऐसे नमूने बनवा लेती कि वे सारे कपड़े हाथोंहाथ बिक जाते, वैसे भी वह जानती थी कि 'सुन्दर, सस्ता और टिकाऊ' मध्यम वर्ग की सबसे बड़ी ज़रूरत है।

एक दिन जोखीराम जी ने जब जड़िया को उसके खाने-पीने की अनिश्चितता के लिए टोका, तो जड़िया ने उन्हें अपने खाने का डिब्बा दिखाकर कहा : ''बाबोजी, भूख आदमी की सबसे बड़ी मजबूरी है और इस शरीर को चलाने के लिए पेट की भट्ठी में अनाज डालना कितना ज़रूरी है, यह मैंने ग़रीबों की बस्ती में काम करके देख लिया है।''

जड़िया की कैफ़ियत सुनने के बावजूद जोखीराम जी से रहा नहीं गया और उन्होंने पुकारा : ''महाराज जी! जरा अठै आओ।''

बड़े सेठ जी का 'हेला' सुनते ही बेचारा रसोइया घबराकर 'पेट पकड़े-पकड़े' दौड़ता-सा आया।

''महाराज जी, डरो मत्ता। मन्नै बताओ कि जड़िया बाई डब्बे मै के खाणो लेकर जावै है?''

‘‘घणी खम्मा सेठजी! बींदणी सा तो बस दो मोटा ‘फलका’ (चपाती) अर नींबू को अचार ही ले जावै है।’’

‘‘ठीक है महाराज जी, आप पधारो,’’ कहकर जोखीराम जी जब जड़िया की ओर मुड़े, तो वह देवी वहाँ से दबे पाँव ग़ायब हो चुकी थी। उसके दिखावटी भय को अपने प्रति आदर की संज्ञा देकर जोखीराम जी मुस्कुराने लगे, और बात को ‘आई-गई’ करने के लिए उन्होंने आवाज़ लगाई : ‘‘परसा! जल्दी सै आ भाया, स्टोर जाणो है ना?’’

इन दिनों श्रीनिवास रात-दिन कारख़ाने के काम में लगा रहता था, क्योंकि वह एक ऐसी चीज़ बना रहा था, जो हर आदमी के काम की होने के साथ ही सस्ती और मज़बूत भी थी। वह चाहता था कि एक ग़रीब आदमी भी उसे ख़रीदकर ख़ुश हो, पछताए नहीं। यही वजह थी कि उसके बनाए हुए सुन्दर कंघे ‘हर दिल अजीज़’ थे और बाज़ार में आते ही हाथों-हाथ बिक जाते थे। विलायत से आए महँगे कंघों की तुलना में ये कम दाम के कंघे प्रत्येक आदमी की ज़ेब को तो मुआफ़िक आते ही थे, साथ ही श्रीनिवास के कंघे बनाने वाले ‘खाँचे’ जर्मनी की प्रसिद्ध ‘क्रेमर कम्पनी’ के बने हुए होने के कारण उसके कंघे रूप-रंग में भी विलायती कंघों के क़ाफ़ी क़रीब थे। अपनी इन ख़ासियतों के कारण श्रीनिवास ने कम समय में ही इस क्षेत्र में काफ़ी नाम कमा लिया, और उसने जर्मनी की ‘बेंटले’ कम्पनी को और मशीनें एवं ‘क्रेमर’ कम्पनी को और ‘खाँचें’ यथाशीघ्र भिजवाने का ऑर्डर दे दिया।

इधर गांधी के ‘स्वराज’ की लहर ने ज़ोर मारा और अन्तत: निश्चित हो गया कि 1947 की पन्द्रह अगस्त के दिन भारत स्वतंत्र हो जाएगा। इस सूचना से सब आनंदमग्न थे, सिवाय उस ‘गांधी’ के, जो अपनी अहिंसा और सत्याग्रह के बल पर यह स्वाधीनता लाया था। वह बेचारा तो भीतर ही भीतर ख़ून के आँसू रो रहा था, क्योंकि चंद नेताओं की हठधर्मिता के कारण भारत और पाक़िस्तान के नाम से उसकी आत्मा के दो टुकड़े हो रहे थे।

पन्द्रह अगस्त के दिन चारों ओर उत्साह का ज्वार आया हुआ था। ‘हावड़ा पुल’ और ‘लाट की कोठी’ के अलावा भी कलकत्ते का हर मकान इतना जगर-मगर कर रहा था कि ज़मीन की रोशनी से आसमान तक जगमगा उठा था। हाथों में छोटा-बड़ा तिरंगा लिये लोग मतवालों-से सड़कों पर निकल आए थे और भारी भीड़ की वजह से सारे वाहन चींटी की चाल से भी धीमी गति से आगे बढ़ रहे थे। ऐसा लग रहा था कि आदमी क्या, पशु-पक्षी क्या, धरती क्या, गंगा क्या-पूरा शहर का शहर ही उछाह से नाचता हुआ आकाश में उड़ा जा रहा है।

बच्चों के आग्रह के कारण जड़िया और श्रीनिवास भी अपनी खुली ‘पैकार्ड’ गाड़ी में रोशनी की धूम देखने निकले थे। वे अभी कुछ ही दूर गए थे कि जड़िया को याद आया : ‘‘ओ हो! बापू तो आज सुबह से ही ‘बेलेघाटा’ में उपासे बैठे प्रार्थना कर रहे

हैं।'' इस भावाभिव्यक्ति के साथ ही जड़िया ने अनुनय-भरी भीगी आँखों से श्रीनिवास को देखा और पूछा : ''क्या मैं अभी बापू से मिलने जा सकती हूँ?''

यदि श्रीनिवास ही जड़िया के दर्द को न समझता, तो क्या इस धरती का कोई भी पति अपनी पत्नी के मन को समझ सकता था? श्रीनिवास ने बिना एक क्षण गँवाए तुरन्त ड्राइवर से कहा : ''मानमल जी, थे बच्चाँ नै घुमा-फिरा कर गाड़ी पाच्छी (वापसी) म्हारै कन्नै 'हैदरी मंज़िल' बेलेघाटा म्हानै उतारकर ले आयो।''

जड़िया जानती थी कि कम उम्र में ही भगतसिंह की राख लाने वाले और सुभाषचंद्र बोस को कविता सुनाने वाले श्रीनिवास का हृदय जड़िया से ज़्यादा न भी हो, तो कम-से-कम उसके जितना तो अवश्य ही देश-प्रेम में रचा-पगा था और इसीलिए वह हमेशा जड़िया के सारे सामाजिक उपक्रमों को बढ़ावा देता रहता था। यह बात इतर है कि कमाने-खाने की फ़िक्र के कारण वह शारीरिक रूप से इनमें अधिक भाग नहीं ले पाता था।

जब जड़िया और श्रीनिवास 'बेलेघाटा' के उस मकान में घुसने लगे, तो कुछेक स्वयंसेवकों ने उन्हें हाथ से रोकते हुए उनसे मूक पूछताछ करनी शुरू की ही थी कि तभी केदारनाथ जी वहाँ आ गए और मुँह पर उँगली रखकर उन्हें मौन रहने का इशारा कर बापू के समक्ष ले गए। बापू ने तो उपवास कर ही रखा था, पर उनके कई कार्यकर्ता भी बापू से छिपकर निराहारी ही थे। बाहर से आए हुए अंग्रेज पत्रकारों और अतिथियों के लिए केदारनाथ जी ने पास में रहते अपने एक भतीजे के यहाँ भोजन की व्यवस्था तो कर रखी थी, पर उन सबके रंग-ढंग से तो यही लगता था कि वे भी कुछ नहीं खाएँगे।

उस वक़्त दिल्ली की तो बात ही क्या! कलकत्ता भी कुछ कम सजा-बजा नहीं था, लेकिन जिस देवदूत के कारण यह 'उत्सव-दिन' सम्भव हुआ था, उसकी कोठरी में 'सियापा' छाया हुआ था। बापू के मौन रुदन से वहाँ की दरो-दीवार तक कराहती हुई, उस फ़क़ीर की व्यथा को अपने सन्नाटे से व्यक्त कर रही थीं।

बाहर आकर जड़िया ने केदारनाथ जी से व्यथित स्वर में पूछा : ''बाबूजी, क्या बापू की इस तकलीफ़ को कम करने में हमारी कोई भूमिका हो सकती है?''

केदारनाथ जी ने रुँधे गले से केवल इतना कहा : ''बेटा, हमारी वक़त ही क्या है, जो हम इस दुःख का कण मात्र भी कम कर पाएँ?''

''बाबूजी, फिर भी अब हमें क्या करना चाहिए? इस संकट की घड़ी में हमारा क्या कर्तव्य है, कुछ तो बताइए?'' जड़िया ने रोते हुए पूछा।

''बेटा, बापू के कामों को आगे बढ़ाओ और विभाजन की आग से ज़ख्मी जनों को संवेदना और सहानुभूति का मरहम लगाओ। जड़िया बेटा, इस प्रकार की स्थिति का सबसे भयंकर प्रहार स्त्रियों और बच्चों पर होता है, इसलिए तुम इन दोनों की ही प्राणपण से सेवा कर, उन्हें यथासम्भव सुरक्षा प्रदान करवाने का प्रयास करो।''

जड़िया और श्रीनिवास ने उनके कहे एक-एक शब्द को अपने अन्दर उतार लिया और उनके पैर छूकर घर लौट आए।

उन दोनों के मन में हाहाकार मचा था, इसलिए बाहरी रंगरलियों में उन्हें क्या दिलचस्पी होती?

बच्चों के उत्साह से भरे वर्णन को वे दोनों झूठे-से मुस्कुराते हुए 'हाँ-हूँ' करते-सुनते तो रहे, पर उनके दिमाग़ में चिन्ताओं का जंजाल फैला हुआ था। वे दोनों कुछ क्षण तो 'क्या करें? क्या करें?' सोचते हुए माथे पर हाथ धरे बैठे रहे, फिर श्रीनिवास धीरे से उठा और जोखीराम जी की ओर झाँकने के बाद खुद गाड़ी चलाकर कहीं चला गया।

जब पूरी रात बीतने के बाद वह पौ फटे घर लौटा, तो उसका चेहरा ऐसा बुझा हुआ था मानो वह किसी जवान रिश्तेदार को श्मशान में फूँककर आया हो! उसने बताया : "मुस्लिम बहुल इलाक़े, जकड़िया स्ट्रीट, खिदिरपुर, मटियाबुर्ज आदि का हर बाशिन्दा इस विभाजन से स्वयं को असहाय और असुरक्षित महसूस कर रहा है। उन लोगों का कहना है कि 'पिछली बार के दंगों को तो बापू ने स्वयं नोआख़ाली और बिहार के इलाक़ों में जाकर और सुहरावर्दी आदि स्थानीय नेताओं से बातचीत कर शान्त कर दिया था, पर अब तो वे भी खुद को अशक्त महसूस कर रहे हैं! ऐसे में हमारा रखवाला कौन?"

"जड़िया, ज़रा सोचकर देखो, यहाँ के मुसलमान बेचारे करें भी तो क्या करें? जिस धरती में उनकी ही नहीं, उनकी सात पीढ़ियों की 'ओलनाल' गड़ी हुई है, उस ज़मीन को छोड़कर वे कहाँ जाएँ? क्या उस बेगाने देश में, जिसका नाम पाक़िस्तान है? और यदि वे चले भी जाएँ, तो वहाँ उनका अपना कौन है?"

उन लोगों की इस घबराहट भरी बेचैनी को दूर करने के लिए श्रीनिवास और पूनमचन्दजी ने नामी-गिरामी समाज-सुधारक गांधीवादी सीताराम जी सेकसरिया, भगीरथ जी कानोड़िया एवं उनके अन्य सहधर्मा कार्यकर्ताओं के साथ जकड़िया स्ट्रीट, खिदिरपुर, मौलाली आदि के मुस्लिम भाइयों की एक मिलन सभा 'मोहम्मद अली पार्क' में रखी। ख़ुदा का शुक्र है कि मुसलमान भाइयों को इन गांधीवादियों के सांत्वना-भरे भाषण से बहुत राहत महसूस हुई।

इसके बाद पूनमचन्द जी और श्रीनिवास, इन दोनों महानुभावों के साथ पश्चिम बंगाल की सीमा पर पहुँचे, जहाँ बड़ी संख्या में बंगाली हिन्दू दूसरी तरफ से आ रहे थे। कहने को तो वे 'शरणार्थी' कहलाते थे, पर उनके लिए किए गए इंतज़ामात न केवल नाक़ाफ़ी थे, बल्कि ना के बराबर थे। भूख से बिलबिलाते अधिकांश बच्चे माँओं के स्तनों को इतना झिंझोड़ देते थे कि उनसे रक्त निकलने लगता था। उनके बदन पर कपड़ा और सिर पर छत तो दूर, उन्हें खाने को रोटी और पीने को पानी भी मयस्सर नहीं था।

आँकड़ों के अनुसार लगभग 26 लाख बंगाली हिन्दू शरणार्थी पूर्वी पाकिस्तान से हिन्दुस्तान आए थे। सिरों पर चूल्हा, उस पर औंधी रखी कड़ाही, बगल में चटाई एवं

अँगुली में बच्चे का हाथ थामे अनगिनत प्राणियों का यह 'मानव समुद्र' रात-दिन पैदल, छकड़ों पर, नौकाओं में, भरी बस की छतों पर, रेल की छत और डिब्बों में, बैलगाड़ियों और अन्यान्य तरीक़ों से बंगाल की सरहद में आँखें मूँदे घुसा चला आ रहा था, बिना इस बात की चिंता किए कि आख़िर वह समाएगा कहाँ? वैसे भी मृत्यु की कगार पर खड़ा मनुष्य क्या ऐसी कोई चिंता कभी भी कर सका है? और अनेक बार ऐसा भी तो घटा है कि जीवन-रक्षा के लिए आदमी, पहाड़ की खाई में कूद गया है और उसकी कम गहराई के कारण बच भी गया है। वैसे भी वे कोई चिन्ता क्यों करते? क्योंकि आख़िर यह उनका अपना देश ही तो था! उनकी प्रबल धारणा तो यह थी कि यहाँ उनका दिल खोलकर स्वागत होगा।

वे इस बात पर कैसे विश्वास कर सकते थे कि जिस देश की स्वतंत्रता के लिए उन्होंने भी बराबर में कुर्बानियाँ दी हैं, इस देश के हाक़िमों ने लाइन खींचकर देश के टुकड़े तो कर दिये, पर यह नहीं सोचा कि इसके फलस्वरूप होने वाले विघटनों से कैसे निपटा जाएगा! क्या उनके ज़ेहन में यह साधारण-सा विचार भी नहीं आया कि जब किसी देश का विभाजन होता है, तो केवल नक़्शे में दिखती ज़मीन के ही टुकड़े नहीं होते, बल्कि उसके साथ मनुष्य,पशु-पक्षी, घर, खेत-खलिहान, कारख़ाने, बच्चे, स्कूल, बाज़ार, अस्पताल आदि हज़ारों-हज़ार चीज़ों के टुकड़े होते हैं?

एक ओर तो दिल्ली, कलकत्ता, बम्बई आदि शहरों में बैंड-बाजे बज रहे थे, आतिशबाजियाँ चल रही थीं, मिठाइयाँ बँट रही थीं और दूसरी ओर सरहद पर 'शरणार्थी' चुल्लू भर साफ़ पानी और रोटी के एक-एक टुकड़े को तरस रहे थे। नेताओं की नासमझी से अधमरे इन शरणार्थियों में डॉक्टर, प्रोफ़ेसर, इंजीनियर-सब थे, पर उस क्षण तो वे बेचारे ख़ुदा के ऐसे बंदे थे, जो भूख और प्यास की मार के कारण हर आदमज़ाद के रहम के मोहताज़ थे। यह तो भला हो आम लोगों का कि उन्होंने अपने दर-दरवाज़े इन लोगों के लिए खोल दिये थे और अपनी एक रोटी में से उन्हें आधी रोटी खिलाने को तैयार थे।

पूनमचंद जी के निवेदन पर जब कलकत्ते के कुछ प्रतिष्ठित पैसेवालों ने भी मदद के लिए अपने खज़ाने खोल दिये, तो श्रीनिवास ने अपनी ही तरह के कई स्वयंसेवकों को इकट्ठा किया और चौबीसों घंटे काम करके सीमा पर जगह-जगह अस्थायी तम्बू लगवा दिये।

उसने 'लंगर' की तरह पंक्तियों में बिठाकर सबको खाना खिलाना भी शुरू कर दिया और यह सारा भोजन 'स्वयंसेविकाएँ' एवं 'कारसेवक' ख़ुद बनाते थे, जिसमें जड़िया के साथ उसकी कई सहेलियाँ भी शामिल थीं।

तभी केदारनाथ जी ने गवर्नर से आपात्कालीन मुलाकात की, और उनसे प्रार्थना कर सरकार की ओर से भी 'शरणार्थियों' के लिए बड़ी मात्रा में इमदाद भिजवाई।

केदारनाथ जी ने यह काम कलकत्ते से पंजाब जाते वक़्त किया था, क्योंकि भिवानी के पंजाब में होने के कारण वे मानते थे कि उनकी ज़िम्मेदारी उन सैंतालीस

लाख हिन्दू और सिक्ख शरणार्थियों के प्रति भी है, जिन्हें पाक़िस्तान से निकाल दिया गया था।

केदारनाथ जी ने अपने दबदबे से भिवानी का एक बड़ा इलाक़ा शरणार्थियों के लिए नियत करवाकर, उसे हमेशा के लिए उन्हें आवंटित करवा दिया। हालाँकि आरम्भ में वहाँ बहुत ही न्यूनतम सुविधाएँ उपलब्ध थीं, पर कर्मठता इस बहादुर कौम की कि कुछ समय बाद ही इसके बाशिन्दों ने अपनी डिग्रियाँ भुलाकर दिन में लगभग बीस घंटे हर तरह का छोटा-बड़ा काम किया और जल्द ही वे बस्तियाँ खाते-पीते घरों में बदल गईं।

कच्छ के रण में आए शरणार्थी सिन्धियों ने भी बहुत परिश्रम किया। उन्होंने न तो कोई दान स्वीकार किया और न ही किसी की सहानुभूति। उन्होंने अपने आवंटित इलाके का नाम रखा 'पुरुषार्थी बस्ती' और उनके कठिन परिश्रम के कारण धीरे-धीरे वह दलदली इलाक़ा 'गांधी धाम' के नाम से प्रसिद्ध हो गया।

बंगाल का शरणार्थी कुछ अधिक लम्बे समय तक शरणार्थी ही बना रहा, इसलिए जड़िया और श्रीनिवास ने उनके बीच जाकर बहुत काम किया। उन्होंने उनके लिए कई रोजगार केन्द्र खोले और बहुतेरे घरों के पिछवाड़े की जगह में कपड़ा बुनने का करघा लगा दिया, जिस पर घर की स्त्रियाँ खाली समय में कपड़ा बुन सकती थीं। श्रीनिवास उनके बनाए कपड़ों को इकट्ठा कर कलकत्ते के दुकानदारों को बिकवा देता था, जिससे इन परिवारों को अच्छी आमदनी हो जाती थी।

हालाँकि बंगाल सरकार भी शरणार्थियों की मदद करने की कोशिश कर रही थी, लेकिन उसके संसाधन इतने अधिक नहीं थे कि इस समस्या का पूर्णरूपेण निदान हो पाए, इसलिए उसने बहुत से शरणार्थियों को अंडमान-निकोबार के उपजाऊ द्वीपों में भेजने का निर्णय किया।

देश में शांति स्थापित होने के थोड़े दिनों बाद श्रीनिवास ने जोखीराम जी और जड़िया से कहा कि वह ट्रोम्प्रेटर साहब के साथ एक-डेढ़ महीने का जर्मनी-प्रवास करना चाहता है। उसकी इच्छा है कि वह विश्व के एक नम्बर देश के कल-क़ारख़ाने देखकर अपनी व्यावसायिक समझ को विकसित करे।

"और कारखानो? बो कुण सम्भालैगो?" प्रश्न जोखीराम जी का, जिसका उत्तर उनके सुपात्र सुपौत्र ने यूँ दिया :

"बाबोजी! गुरुदेव सबेरै कॉलेज की पढ़ाई करैगो अर दोपरां कारखानो देक्खगो।"

उसका उत्तर सुनते ही जोखीराम जी खिलखिलाकर हँसे और बोले : "जड़िया, क्या तुम्हें मेरा कहा याद है कि हमारे खानदान में बच्चों को जन्मघूँटी में ही व्यापार की पूरी समझ पिला दी जाती है? आज मेरी कही एक और बात की भी गाँठ बाँध लो कि मेरा 'पड़पोता' मेरे पोते से भी आगे जाएगा।"

"पर बाबोजी, सत्यदेव? उसका क्या होगा? उसे तो व्यापार- कमाई आदि में

कोई रुचि ही नहीं है। वह तो मंडावा जाकर वहाँ विकास के काम करना चाहता है।'' जड़िया ने चिन्ता-भरे स्वर में कहा।

जोखीराम जी ने जड़िया की बात के मर्म को एक माँ की दृष्टि से समझ तो लिया, पर उनकी लम्बी उम्र और जीवन के अनुभवों ने उन्हें यह भी सिखा दिया था कि नदी के रुझान को मोड़ देने से नदी अपनी गति खो देती है और फिर वह पयस्विनी नदी न रहकर बस एक छोटा-सा नद या नाला भर बनकर रह जाती है, लेकिन दर्शन की इन उक्तियों से किसी भी माँ के जी को कैसे संतोष हो?

कुछ देर चुप रहने के बाद जोखीराम जी ने गला साफ़ किया और गंभीर स्वर में कहा : ''जड़िया बेटा! तुम्हारी चिंता एकदम वाज़िब है। फ़िलवक़्त तुम एक काम करो, तुम गुरुदेव के साथ सत्येदव को भी कारख़ाने भेजो और यदि वह कोई टाण-मिणाण (नख़रा) करे, तो उसे मेरे पास भेज देना।''

इतना कहकर जोखीराम जी श्रीनिवास की ओर मुख़ातिब होकर बोले : '' बेटाजी, बैठ्या के हो? उट्ठो और 'परदेस' जाणै की त्यारी करो।''

यह सुनते ही, 'बाबोजी! बाबोजी!' करता हुआ श्रीनिवास जब जोखीराम जी के पैरों पर झुका, तो उन्होंने यह कहते हुए कि 'बेटाजी! अब थे बाबोजी के गलै ही लाग्या करो' उसे अपने से चिपका लिया और उसके सिर और पीठ पर हाथ फेरने लगे।

जर्मनी में कारख़ाने के मालिक श्रीनिवास को अपना कारख़ाना दिखाने में हिचकिचाते थे, क्योंकि श्रीनिवास की क़ाबिलीयत देखकर उन्हें लगता था कि वह कोई बड़ा इंजीनियर है, जो उनके रहस्यों को चुराने आया है। इस पर जब ट्रोम्प्रेटर ने उन्हें जर्मन भाषा में श्रीनिवास के स्तर के बारे में बताया और उन्हें मशीन बेचने वाले इंजीनियर एवं 'झूलता बरामदा' देखे वास्तुकार के अनुशंसा पत्र दिखाए, तब कहीं जाकर उन्होंने श्रीनिवास को अपने कारख़ाने अच्छी तरह देखने दिये। उनकी हिचकिचाहट देखकर श्रीनिवास ने उनसे एकदम सच्चेपन से कहा : ''मैं व्यापार में पूरी ईमानदारी और पारदर्शिता का पक्षधर हूँ। यक़ीन कीजिए, मैं यहाँ केवल आपके तरीक़ों से रूबरू होने आया हूँ। यदि मुझे आपकी कोई भी चीज़ चाहिएगी, तो मैं आपसे पूछकर ही उसे अपने दिमाग़ में जगह दूँगा; वर्ना भूल जाऊँगा।''

क़ाबिलेतारीफ़ है यह बात कि श्रीनिवास ने अपने इस वचन का अक्षरश: पालन किया।

श्रीनिवास जब जहाज़ से कलकत्ते उतरा, तो उसके साथ एक बड़े बक्से में बच्चों के लिए दिमाग़खपाऊ खिलौने थे। इस अकेले खर्च के अलावा उसने जर्मनी में एक पैसा भी खर्च नहीं किया था। वह यहाँ से चावल-दाल में नमक-हल्दी मिलाकर ले गया था, जिन्हें वह रोज़ सुबह एक बर्त्तन में दो आलुओं के साथ उबाल लेता था और 'खिचड़ी' की तरह दोनों समय खा लेता था। यहाँ तक कि उसने उस पूरे महीने में केवल एक बार ही महँगे रेस्टोरेंट में दावत खाई थी, जो कि ट्रॉम्प्रेटर साहब ने उसकी

विदाई के उपलक्ष्य में दी थी। उसके जर्मनी-प्रवास के रहन-सहन के वर्णन को सुनकर जोखीराम जी और जड़िया को बहुत संतोष हुआ, पर बच्चों के चेहरे उतर गए।

बाद में जोखीराम जी ने श्रीनिवास से कहा : ''चोखो होयो कि तू बच्चा कै सामनै तेरै कम खरचै की बात करी। देखिए, अब ये भी बड़ा होकर फालतू खर्चो नईं कर सकैगा।''

श्रीनिवास जर्मनी से एक बहुत बढ़िया रेलगाड़ी का सेट लाया था, जिसे अच्छी तरह लगाने में बुद्धि और परिश्रम दोनों की ज़रूरत थी। दोनों बच्चों को उसने वह महँगा खिलौना यह कहकर सौंप दिया कि इस डिब्बे में वह क़िताब भी है, जिसमें इसे लगाने की विधि पूरे विस्तार से समझाई गई है। अब आज से तुम लोग जानो और यह रेल जाने।''

श्रीनिवास ने कभी नहीं सोचा था कि उसके बच्चे इतने बुद्धिमान हैं। उन लोगों ने आनन-फ़ानन में ही बड़ी मेज पर रेल को उसके सिग्नल, सीटी, दरवाज़ों के खुलने-बंद होने, झंडी के हिलने आदि के साथ लगा लिया और रेल छुकछुक करती, स्टेशनों पर रुककर, सीटी मारती हुई, अपनी पटरियों पर चक्कर काटने लगी।

श्रीनिवास ने आनंद से अपने दोनों बच्चों को वैसे ही ज़ोर से चिपका लिया, जैसे जोखीराम जी ने उसे हवेली बनाने पर चिपकाया था।

पास खड़े जोखीराम जी, अपनी तीसरी पीढ़ी को चौथी पीढ़ी के लिए आह्लादित देखकर अपनी आगामी पीढ़ियों के लिए परम संतुष्टि का अनुभव कर रहे थे और आश्वासित थे कि भविष्य में भी उनकी यह वंश-बेल सर्वदा उत्तम पुष्प एवं फल प्रदान करेगी।

उस रात सोने के पहले उन्होंने सबको ख़ूब आशीर्वाद दिये और कहा : ''बच्चो! मुझे अब भगवान से कुछ नहीं चाहिए, क्योंकि उसने मुझे सब कुछ जरूरत से ज़्यादा दिया है। आज मैं गंगा जी में खड़ा होकर कह सकता हूँ कि मैं अपने वर्तमान से तो परम संतुष्ट हूँ ही, आने वाले कल के लिए भी पूर्णतः आश्वासित हूँ। तुम सबकी साक्षी में आज मैं सच्चे मन से उस परमपिता को अपनी कृतज्ञता ज्ञापित करता हूँ।''

दूसरे दिन सुबह परसा दौड़ता-सा श्रीनिवास के पास आया और बोला : ''बाबू, जरा देक्खो तो ब्रड़ा सेठजी मेरी बात को जवाब कोनी दे रह्या! बै मेरै सै नाराज है के?''

बात साधारण थी, पर यह सुनते ही जड़िया और श्रीनिवास हवा की तरह बाबोजी के कमरे में घुसे और वहाँ की पराशांति ने उन्हें सब कुछ समझा दिया। श्रीनिवास ने खुद को बहुत रोका, पर बाबोजी के दीर्घ साहचर्य से विलग होने की सोच मात्र से वह फूट-फूटकर रोने लगा।

बाबोजी के चेहरे पर एक अलौकिक मुस्कान थी। जड़िया बोली : ''एक व्यक्ति यदि बिना किसी छल-कपट के अपना पूरा जीवन सच्चाई से व्यतीत कर दे, तो उससे बड़ा आध्यात्मिक कौन? मेरा मानना है कि बाबोजी एक यथार्थ आत्मा थे, जिन्होंने कृष्ण के कर्मयोग और ज्ञानयोग को अपनी रक्त-शिराओं में प्रवाहित कर लिया था। वे

प्रतिदिन नित्य नूतन ज्ञान से स्वयं को परिवर्द्धित और संवर्द्धित करते रहते थे। मेरी साधारण समझ से ऐसे महामना मृत्यु-भय से तो ऊपर होते ही हैं, जन्म और मरण के चक्र से भी मुक्त होते हैं।''

इतने में ही श्रीनिवास को पुरातन संस्कारों में पले-बढ़े जोखीराम जी के सिरहाने रखा हुआ एक नोट दिखा, जिसमें लिखी इबारत आज के प्रबुद्ध से प्रबुद्ध व्यक्ति की समझ से भी 'बहुत ऊपर' की थी। उसमें साफ़-साफ़ अक्षरों में लिखा हुआ था : 'मैं, जोखीराम, अपनी पूरी सुध-बुध में आज के सूरज को साक्षी मानते हुए अपने परिवारवालों से विनती करता हूँ कि वे मेरे मरने पर किसी भी प्रकार का 'अफंड' न करें। मेरा शरीर जहाँ छूटे, उसी शहर में उसकी दाह-क्रिया करके, मेरी राख को वहीं के खेतों में बिखरा दें। साथ ही, मैं यह भी साफ़ कर देना चाहता हूँ कि अब न तो मेरा विश्वास बारह दिनों के क्रिया-कर्म में रहा है और न ही किसी ब्रह्मपुरी, ब्राह्मण-भोज, सुख-शैया आदि में। फिर भी यदि मेरे बच्चे इस निमित्त कोई दान देना ही चाहें, तो वे उसे वह किसी अच्छी संस्था को दे सकते हैं। चूँकि अब मैं मानने लगा हूँ कि इस शरीर के जाने के बाद इसके सारे सम्बन्ध भी इसी के साथ ख़त्म हो जाते हैं, इसलिए न तो किसी को परदेश से मेरे मृत्यु-स्थल पर बुलाया जाए और न ही सम्बन्धियों की कोई भीड़ ही इकट्ठी की जाए। पर्याय अपनी दुकान में 'धर्मादे' का ही काम होता है, इसलिए उसे किसी भी हाल में क्षण भर के लिए भी बंद नहीं किया जाए। मेरी विशेष विनती है कि मेरा परिवार मेरा कोई श्राद्ध न करे, क्योंकि जिनकी मुझमें श्रद्धा है, वे तो प्रत्येक दिन ही मेरा मानसिक श्राद्ध करते रहेंगे। सबको आशीष। इति शुभ।

हस्ताक्षर : जोखीराम'

श्रीनिवास और जड़िया ही क्या! केदारनाथ जी सरीखा अनुभव-सिद्ध सुधारक भी उनके अंतिम वचनों को पढ़कर अवाक् था। केदारनाथ जी ने धीरे से इतना ही कहा : ''इन दिनों बाबूजी में गहरा बदलाव तो आ रहा था, पर उन्होंने आधुनिकता के सही मूल्यों को इस तरह अपने जीवन में उतार लिया है, मुझे इसकी ज़रा भी भनक नहीं थी। हक़ीक़त तो यह है कि इतनी साफ़ दृष्टि से तो मैं भी मृत्यु के बारे में नहीं सोच पाता हूँ। दरअसल यह इस बात का परिचायक है कि उन्होंने गीता के सही मर्म को समझकर मृत्यु पर विजय पा ली थी।''

कहने को तो सारा काम जोखीराम जी की इच्छानुसार ही हुआ, पर जड़िया को हर क्षण यही लगता रहा कि बाबोजी ने न केवल जीते-जी, बल्कि मृत्यु के बाद भी जड़िया को खुश करने का दृढ़ संकल्प कर लिया था। इसीलिए बाबोजी की वसीयत सुनते वक़्त जड़िया को ऐसा लग रहा था, मानो वह अपनी ही वसीयत सुन रही है। तो क्या जड़िया सचमुच ही उनकी 'आत्मजा' हो गई थी?

आज एक बार फिर सारे देवी-देवता यह चर्चा कर रहे थे कि क्या इस धरती पर यह भी संभव है कि : 'एकदम विपरीत विचारधारा के किसी व्यक्ति का मृत्यु के समय

पूर्णतः कायान्तरण ही नहीं, मानसान्तरण भी हो जाए? क्या यह प्रक्रिया दीर्घ समय से उस आत्मा के अन्तरतम में घट रही थी जिसने अन्ततः उसकी शिराओं में रक्त की तरह बहकर उसके दिल और दिमाग सहित सारी मांसपेशियों में रद्दोबदल कर दी?' काफ़ी विचार-विमर्श के बाद वे सब इस निष्कर्ष पर पहुँचे कि 'जैसे कठोर से कठोर पत्थर भी पानी की महीन बौछारों से पूरा कट सकता है, वैसे ही शाश्वत मूल्य भी मनुष्य के विचारों को पूर्णतः बदल सकते हैं और यह परिवर्तन ही उसे सही मनुष्य बनाता है।'

देश की राजनीतिक हलचलें शांत हो गई थीं और स्वतंत्र भारत के नागरिक विकास के विभिन्न कार्यों से जुड़ने लगे थे। भारत की जनता दिन-रात काम करके शैक्षणिक, सांस्कृतिक और वैज्ञानिक स्तरों पर रोज़ नई मिसालें क़ायम कर रही थी।

दीर्घ समय से गुलामी की जंज़ीरों से जूझते भारतवासियों ने मुक्ति का लम्बा श्वास लिया था। विश्व के मानचित्र पर अपनी अस्मिता खो चुका यह देश अब एक प्रखर प्रकाश वाले नक्षत्र की तरह विश्व के आकाश में जगमगाने लगा था। ऐसे समय में स्वाभाविक था कि श्रीनिवास सरीखा कर्मठ, ईमानदार, प्रतिभावान और सतर्क व्यवसायी व्यापार की बुलंदियाँ हासिल करता नज़र आए।

वैसे अपनी बेजोड़ मानवीयता के कारण श्रीनिवास की प्रकृति अन्य व्यवसायियों से पूर्णत: भिन्न थी। यह सबका जाना और देखा-सुना था कि भारत में श्रीनिवास ही 'प्लास्टिक' लाया था और इस अनूठे और नए काम के शुरुआती दौर में उसे ढेरों कठिनाइयों का सामना भी करना पड़ा था। लोगों के विद्रूप-भरे व्यंग्य और निराशा की लम्बी-काली रातें झेलने के बाद ही वह भारत में प्लास्टिक का प्रथम क़ारख़ाना स्थापित कर पाया था।

उसकी सफलता देखकर, जिस किसी ने भी उस जैसा क़ारख़ाना बैठाना चाहा, अपनी बेइन्तिहा उदारता के कारण श्रीनिवास ने उन्हें बेखटके मशीनें और खाँचें मँगवा दिये और क़ारख़ाना बिठाने में भी उनकी यथासाध्य मदद की।

जैसे ऊपर चढ़ने की सीढ़ी का इस्तेमाल करने के बाद लोग उसे भूल जाते हैं, वैसे ही जब दो-चार व्यवसायी छल-छंद से श्रीनिवास से आगे बढ़ गए, तो वे सरेआम यह ऐलान करने लगे कि 'भारत में 'प्लास्टिक' के जनक 'वे' ही हैं।'

उन लोगों ने चतुर्दिक तिकड़में भिड़ाकर भारत सरकार से इस हेतु कई पुरस्कार भी प्राप्त कर लिये थे। जब श्रीनिवास के मित्रों से उनका यह झूठा प्रचार बर्दाश्त नहीं हुआ, तो वे श्रीनिवास पर इसका प्रतिकार करने के लिए दबाव डालने लगे। उनके प्रेम को समझते हुए श्रीनिवास ने उनसे अत्यन्त विनम्रता से कहा : ''भाई, क्या कभी किसी पेड़ ने हमें फल देकर अपना नाम पत्थर पर खुदवाना चाहा है? क्या हवा, पानी, ऋतुएँ, धूप आदि अहर्निश दान देकर भी कभी किसी प्रतिदान की आशा करती हैं?

"मेरे प्यारे मित्रो! यह बताओ कि मैंने ऐसा ख़ास किया ही क्या है? ये दो-चार काम तो बस, यों ही संयोगवश मेरे हाथों से हो गए। सच कहूँ, तो इसके मूल में मेरा भी एक स्वार्थ था और वह यह कि उनकी सहायता करने से मुझे अतिशय प्रसन्नता होती थी और उनकी सफलता मुझे अत्यधिक आनन्द देती थी। क्या मुझे अनायास मिली यह आंतरिक ख़ुशी मेरे लिए विश्व का श्रेष्ठतम इनाम नहीं है?"

यही नहीं, एक बार 'प्लास्टिक फेडरेशन' के सारे कंघा व्यवसायियों ने आपस में तय किया कि वे आपसी प्रतिस्पर्द्धा में निर्धारित मूल्य से कम दाम पर कंघे नहीं बेचेंगे! लेकिन इस निर्णय के कुछ दिन बाद ही बाज़ार में ख़बर आई कि उनमें सर्वाधिक पैसे वाले आनंद गम्भीर छिपकर प्रघात (अंडर कट) कर रहे हैं। चूँकि उनकी प्रतिस्पर्द्धा सीधी श्रीनिवास से थी, इसलिए उनके इस कृत्य से श्रीनिवास को ख़ासा नुक़सान भी हुआ था।

फ़ेडरेशन में श्रीनिवास की ऐसी साख थी कि वह यदि अपनी भौंह तक ज़रा-सी टेढ़ी कर देता, तो गम्भीर महोदय का लाइसेंस ज़ब्त हो जाता, जबकि हुआ इसके ठीक विपरीत। हुआ यों कि ऐसी हरकतें छिपाए छिपती तो हैं नहीं, इसलिए इधर-उधर से फेडरेशन के अध्यक्ष महोदय को भी इस बात की सूचना मिल ही गई और वे श्री गम्भीर पर सख़्त कार्रवाई करने को आमादा हो गए।

इस बात का पता चलते ही श्रीनिवास तत्क्षण अध्यक्ष महोदय से मिला और उनसे विनती की कि वे ऐसा बिलकुल न करें। उसका तर्क था : "गम्भीर महाशय रईस आदमी हैं, इसलिए एक तो उनके ख़र्चे भी बहुत ज़्यादा हैं, और मानव स्वभाव तो सदा से ही ऐसी दुर्बलताओं का शिकार होता रहा है। हो सकता है, ऐसे ही किसी क्षण में गम्भीर जी को भी यह निर्णय लेना पड़ा हो!

"सर, यदि आज आप कोई भी कड़ा कदम उठा लेंगे, तो यह एक भरे-पूरे परिवार को तहस-नहस कर देगा, जिसे बनने और बसने में सदियाँ लग जाती हैं। सर, वैसे भी मेरा मानना है कि हर आदमी अपने नसीब का ही कमाता-खाता है। यह कमाई निश्चित रूप से नियति ने उनके भाग्य में ही लिखी थी, वर्ना हाड़-मांस के एक साधारण पुतले में यह क़ूवत कहाँ कि वह 'करम का लेख' मेट सके?"

कहते हैं, यह दृष्टान्त देकर अध्यक्ष महोदय सालों तक श्रीनिवास का गुणगान करते रहे। इतना ही नहीं, जब इस घटना का पता चलने पर गम्भीर महाशय ने श्रीनिवास के पैर पकड़कर माफ़ी माँगनी चाही, तो श्रीनिवास ने एकदम सहजता से उन्हें गले लगाते हुए कहा : "गम्भीर साहब! मैंने कुछ ख़ास नहीं किया है। यदि आप भी मेरी जगह होते, तो यही करते।"

ऐसी विनयपूर्ण माफ़ी सुनकर गम्भीर महोदय का अवाक् खुला मुँह खुला ही रह गया और बाद के दिनों में उनके उस मुखारविन्द से विष्णु सहस्रनाम की तरह श्रीनिवास की प्रशंसा के फूल ही झरते रहे।

सुख और शान्ति के समय प्रत्येक समझदार व्यक्ति की तरह जड़िया भी कई दिनों से झूलते मसलों पर एक-एक कर विचार करते हुए उन्हें तरतीबवार सही अंजाम देने की

कोशिश में जुट गई। जोखीराम जी के निधन से घर का ही नहीं, दुकान का पूरा कार्य-भार भी जड़िया पर आ गया था और जड़िया गांधी जी से किया हुआ यह वादा कि 'वह मृत्यु पर्यन्त खादी का प्रचार-प्रसार करेगी', स्वप्न में भी नहीं तोड़ सकती थी, इसलिए उसने अपनी पुरानी तरक़ीब काम में ली और दुकान को भी अपने दैनिक नित्यकर्मों में शामिल कर अपने काम करने का समय बढ़ा लिया।

अब सारी संस्थाओं के काम ढर्रे पर चल रहे थे, इसलिए उनकी ओर से मानसिक विश्राम होने के कारण जड़िया ने अपना कुछ रुख़ गृहस्थी की विचाराधीन ज़िम्मेदारियों की ओर भी किया। गुरुदेव और सत्यदेव बी.कॉम. पास कर चुके थे और दोनों का ही आगे पढ़ने का मन नहीं था। गुरुदेव कारख़ाने को नित नए आयाम देकर अपने व्यापार को नई ऊँचाइयों पर पहुँचाना चाहता था और सत्यदेव अपना सारा समय देस (मंडावा) के सामाजिक कार्यों में लगाना चाहता था, इसलिए वे दोनों ही अपने कंधों पर और डिग्रियों का बोझ नहीं लादना चाहते थे। आगे पढ़ने के बारे में बच्चों की यह मंशा जानने के बाद जड़िया ने सोचा कि अब दोनों लड़कों की उम्र विवाह के लायक तो हो ही गई है, इसलिए उसे देख-भाल कर इन दोनों की गृहस्थी बसा देनी चाहिए।

उसने एक-एक कर दोनों से एकांत में बात की और साफ़ शब्दों में उनसे पूछ लिया : "यदि तुम किसी को चाहते हो, तो निस्संकोच बता दो। तुम यह तो जानते ही होगे कि पैसा और समाज तो दूर, मुझे किसी निम्न जाति की निर्धन लड़की से भी परहेज़ नहीं है। वैसे जीवन के अनुभवों ने मुझे यह ज़रूर सिखाया है कि अतीव सुन्दरी और धनाढ्य कन्याएँ विनम्रता की लचीली बेल न होकर, एक सीधा तना हुआ 'ठूँठ' होती हैं, जिनकी आत्मकेन्द्रीय दृष्टि उनके विचारों को संकुचित कर संकीर्ण बना देती है।"

जब दोनों लड़कों ने माँ के सामने पूरी सत्यता से कह दिया कि उनके जीवन में कोई लड़की नहीं है, तो जड़िया ने क़ाफ़ी सोच-विचारकर उनके लिए दो लड़कियाँ चुनीं। चूँकि गुरुदेव शहर में रहकर व्यवसाय करना चाहता था, इसलिए जड़िया ने कलकत्ते के एक संयुक्त परिवार की लड़की 'अन्विति' को उसके लिए सही माना। अन्विति पढ़ी-लिखी, सुघड़ और आकर्षक व्यक्तित्व की धनी थी। उसके माता-पिता विनोबा भावे के भक्त थे, इसलिए परिवार में आधुनिकता के साथ-साथ परम्पराओं और आदर्शों का भी सम्मान था।

सत्यदेव के लिए जड़िया ने वनस्थली से उच्चशिक्षा प्राप्त एक गुजराती लड़की 'पल्लवी' को चुना। पल्लवी गुजराती, मारवाड़ी, हिन्दी के अलावा और भी कई भाषाओं में पारंगत थी। जड़िया ने गुजरातियों को पास से देखा-जाना था और उसे जैसे पंजाबियों की कर्मठता और स्वाभिमान पर गर्व था, वैसे ही वह गुजरातियों की सेवा-भावना, त्याग और मितव्ययिता की भी कायल थी।

परमपिता ने सात्त्विक जड़िया का साथ दिया और दोनों ही नवागताएँ प्रसन्नचित्त से परिवार में रम गईं।

पल्लवी हँसती-मुस्कुराती कलकत्ते को नमस्कार कर सत्यदेव के साथ मंडावा चली

गई, और अन्विति ने घर, श्रीनिवास, गुरुदेव यहाँ तक कि जड़िया को भी अच्छी तरह सँभाल लिया।

मंडावा पहुँचते ही पल्लवी पूरे जोशो-ख़रोश के साथ वहाँ की स्त्रियों के चतुर्दिक उत्थान में लग गई। उसका दृढ़ मत था कि स्त्री-सशक्तीकरण की पहली शर्त 'स्त्री का आर्थिक रूप से आत्मनिर्भर होना' है, इसलिए वह खोज-खोज कर ऐसे काम 'जुगाड़ती' रहती, जिनसे स्त्रियों को कुछ कमाई हो सके। उसके हिसाब से स्त्री तभी अपना मेरुदंड सीधा रख सकती है, जब उसे पेट भरने के लिए पति के सामने हाथ न फैलाना पड़े, पर वह अपनी हर योजना से जड़िया को पूरी तरह वाक़िफ़ करवाकर उसके बहुमूल्य सुझावों से ही उसे क्रियान्वित करती थी।

जड़िया के प्रति अन्विति का प्रेम इतना अधिक बढ़ गया था कि उसकी माँ तक हँसकर कह देती थी : 'लगता है, तुझे मैंने नहीं, जड़िया देवी ने ही जन्म दिया है।' इसकी एक वजह यह भी थी कि बेटी के अभाव के कारण जड़िया के प्रेम का बाँध निर्बन्ध होकर पल्लवी और अन्विति को सराबोर कर रहा था। कहने को तो प्रतिक्षण के साथ के कारण इसकी बड़ी हिस्सेदार अन्विति थी, पर मानसिक रूप से जड़िया और पल्लवी भी एक-दूसरे के बहुत क़रीब थीं।

जवान लड़के-लड़कियों की हँसी-ठिठोली से गूँजता घर श्रीनिवास और जड़िया को नन्दन-कानन से भी अधिक सुन्दर प्रतीत होता, और अक़्सर उनके मुँह से निकल जाता कि 'आज यदि बाबोजी होते, तो उन्हें कितना आनन्द आता!' हालाँकि वे यह बात अनायास ही कह देते थे, और उन्हें इसका भान तक नहीं था कि परोक्ष में कहे गए इन उद्‌गारों का बच्चों पर क्या प्रभाव पड़ रहा है, और कैसे वे बिना कुछ सिखाए ही महज़ उनके आचरणों से श्रद्धावान और संस्कारित होते जा रहे हैं।

जड़िया के जीवन की नदी सहज गति से आगे बढ़ रही थी। अन्विति भी जड़िया की तरह ही अपने समय का इस्तेमाल कर अपनी गुरुमाता के नक़्शे-क़दम पर चलती हुई उसके सामाजिक केन्द्रों का काम तेज़ गति से सीख रही थी।

आमतौर पर जीवन के उत्तरकाल में लोगों को सही उत्तराधिकारी गढ़ने में काफ़ी मशक़्क़त करनी पड़ती है, पर लगता है, जड़िया पर उस परात्पर की असीम कृपा थी जो उसने इन दोनों परायी लड़कियों को जड़िया के मनोनुकूल तराशकर उसे उपहारस्वरूप दे दिया था। आश्चर्यजनक था यह तथ्य कि मनसा, वाचा और कर्मणा-तीनों से ही जड़िया को समर्पित उसकी दोनों बहुएँ, आईने में दिखते जड़िया के प्रतिबिम्ब जैसी ही दिखने भी लगी थीं। उनकी चाल-ढाल, बोली-बानी, उठ-बैठ-सबमें जड़िया-सी ही आभिजात्य शालीनता आ गई थी।

अन्विति तो अन्विति, पल्लवी का मन भी जड़िया-रूपी दीपशिखा के चारों ओर शलभ-सा चक्कर काटता रहता था और वे दोनों हर क्षण जड़िया को टकटकी बाँधे देखती रहती थीं।

उनका यह हाल देख एक दिन जड़िया की मित्र पारुल ने उन्हें छेड़ा भी : 'ओगो! तोदेर माँ की मानशरोबरेर हाँस, जे वोर मुख थेके शोब शोमय बिबेकेर मुक्तो गुलो पोड़ते थाके?' (तुम्हारी माँ क्या मानसरोवर की हंस है, जो उसकी चोंच से हर वक्त विवेक रूपी मोती झड़ते रहते हैं?)

पल्लवी यदि थोड़े दिनों के लिए भी मंडावा जाती, तो उसके और अन्विति के बीच कई-कई पन्नों की चिट्ठियों का आदान-प्रदान हो जाता। दो सगी बहनों में भी कभी-कभार मनोमालिन्य हो जाता है, पर अन्विति और पल्लवी का परस्पर सद्भाव तो इसका भी अपवाद था।

अभी अन्विति को कुछ ही 'दिन चढ़े' थे कि मंडावा से आई पल्लवी की चिट्ठी भी यही ख़ुशख़बरी लाई। इतना ही नहीं, वह देवी स्वयं भी सत्यदेव को साथ लिये कलकत्ते आ पधारी। समय के साथ श्रीनिवास और जड़िया की हरी-भरी वंशबेलि में अपूर्वा, आद्या, अनिंद्य और तन्वी नामक फूलों की बहार आ गई थी। देखते ही देखते इन फूलों की सुवास जड़िया के घर की चहारदीवारी तक ही सीमित न रहकर, देश और समाज को भी सुरभित करने लगी।

अपूर्वा अन्विति की बेटी; अनिंद्य और आद्या पल्लवी के जुड़वाँ बेटा-बेटी; और तन्वी जड़िया की मुँहबोली बेटी रोज़ीना की बेटी थी। मुसलमान रोज़ीना ने जड़िया की अनुमति से ही जड़िया के एक मारवाड़ी सहकर्मी अरविंद अग्रवाल से विवाह किया था। इस विवाह से जड़िया को अत्यधिक सुख और संतोष मिला था, क्योंकि अरविंद और रोज़ीना दोनों ही उदार, संवेदनशील, संयमी, उद्यमी और कर्मठ थे। उन दोनों का जाति, धर्म, ऊँच-नीच आदि क्षुद्र विचारों से दूर-दराज़ तक कोई सरोकार नहीं था। उनके लिए प्रत्येक मनुष्य, अच्छाई-बुराई से बना एक मुजस्मा मात्र होता है, जो अपनी परिस्थितियों के वशीभूत होता है।

जब रोज़ीना और अरविंद जड़िया से अनुमति लेने आए, तो जड़िया अपने प्रार्थना कक्ष में जाकर जोखीराम जी के चित्र के सामने आँखें मूँदकर समाधिस्थ हो गई। इस भावावस्था के कुछ क्षणों के बाद वह धीमे से उठी और उसने उन दोनों को अपने कंठ से लगाकर कहा : "विजयी भव।" बाद में उसने इस आशीर्वाद का ख़ुलासा यों किया : "जब नदी अपनी यात्रा आरम्भ करती है, तो उसके रास्ते में बहुत-सी बाधाएँ आती हैं, पर वह उनकी ओर ध्यान न देकर अपने लक्ष्य की ओर बढ़ती रहती है और अन्त में विजयी होती है। कहा जा सकता है वैवाहिक-संबंध भी उसी की तरह होता है। दो भिन्न परिवारों, भिन्न समाजों और भिन्न संस्कृतियों से रचा बुना यह संबंध बाह्य आक्रमणों की परवाह किए बिना, पूरी आस्था और विश्वास के साथ आगे बढ़ता जाता है, और अंत में वे सारी बाधाएँ अर्थहीन हो जाती हैं।"

अपूर्वा न केवल देखने में, बल्कि विचारों में भी जड़िया की प्रतिकृति थी। आद्या सारी चीज़ों में जड़िया और सत्यदेव का मिश्रण थी और अनिंद्य का चेहरा-मोहरा ही नहीं,

उसका स्वभाव भी पूरी तरह श्रीनिवास पर था : हू-ब-हू 'कार्बन कॉपी'। वह मितभाषी, गम्भीर और हमेशा काम में लीन रहने वाले मिज़ाज़ का मालिक था। यदि वह किसी काम को हाथ में ले लेता, तो उसे पूरा करके ही छोड़ता था। उसकी कार्य-पद्धति देखकर श्रीनिवास उस पर मोहित होता रहता और अपने उस 'छोटके' से पोते के साथ अक्सर कारख़ाने के गम्भीर मसलों पर विचार-विमर्श करता नज़र आता।

तन्वी की झील-सी आँखों और हाव-भाव में पूरी दुनिया की गम्भीरता भरी थी। उसने छोटी-सी उम्र में ही एक गरीब लँगड़े लड़के पर ऐसी दर्द भरी कविता लिखी थी कि उसे सुनकर क्लास की लड़कियाँ ही नहीं, उसकी शिक्षिका तक रो पड़ी थीं। तन्वी जड़िया की विशेष स्नेह-पात्रा थी और जड़िया लाड़ से : 'ओ मोर रोबीन्द्रनाथ! तुमि कोथाय आछो?' (ऐ मेरी रवीन्द्रनाथ, तुम कहाँ हो?) कहकर पुकारती थी।

गुरुदेव अपनी पत्नी अन्विति के स्वभाव के एकदम विपरीत था। उसकी दुनिया कारोबार, घर और अख़बार तक सिमटी हुई थी, जबकि अन्विति की दुनिया में जड़िया की तरह ही पूरा भूमंडल शामिल था। वह आए दिन नुक्कड़ पर फेंकी गई नवजात बच्ची, बलात्कार की शिकार प्रताड़ित पत्नी और भिखारिन की यौन पीड़ित मासूम किशोरी के साथ पास के थाने में नज़र आती थी। परिवार के ऊँचे रसूख के कारण ओ.सी. से लेकर साधारण कॉन्सटेबल तक ध्यान से उसकी बातों को दर्ज कर, उन पर इसलिए भी जल्दी कार्रवाई करते थे, क्योंकि वे उस 'ना छोड़ बंदा' (ज़िद्दी) महिला के पीछे पड़ने से डरते थे।

अन्विति अनेकानेक एन.जी.ओ. की पैरोकार थी, जिसकी वजह से कलकत्ते का भद्र समाज उसे अत्यधिक इज़्ज़त बख़्शता था और प्रत्येक सामाजिक कार्य में उसको ख़ासी तवज्जोह देता था। जड़िया को तो बड़ी उम्र होने पर पुरस्कार, सम्मान, सरकारी उपाधियाँ आदि से नवाज़ने का प्रयास किया गया था, जिन्हें जड़िया ने सादर लौटा दिया था, पर अन्विति पर तो अभी से पुरस्कारों और सम्मानों की वर्षा होने लगी थी। अन्विति हिन्दी और अंग्रेज़ी में एम.ए. थी और बंगाल की माटी से रची-सुनी होने के कारण उसका बांग्ला भाषा पर भी बंगालियों जैसा ही अधिकार था। ऐसे में स्वाभाविक था कि वह सर्वगुण सम्पन्ना देवी कलकत्ते के आभिजात्य वर्ग की आँखों का तारा बन जाती।

अन्विति का विशेष मोह आद्या में था और आद्या भी हर वक़्त 'बड़ी माँ, बड़ी माँ' करती हुई उसके चारों ओर मँडराती रहती थी। तन्वी, रोज़ीना अरविंद की बेटी न होकर, जड़िया की प्रौढ़ावस्था में उसके यौवन के द्विरागमन की प्रतीक थी। वह हर वक़्त 'दीदा-दीदा,' करती हुई जड़िया के आसपास ही मँडराती रहती थी। उसका यह संबोधन इतना मीठा था कि न केवल जड़िया के सारे पौत्र-पौत्री उसे 'दीदा' बुलाने लगे थे, बल्कि श्रीनिवास समेत आसपास का पूरा समाज भी जड़िया को 'दीदा' ही बुलाने लगा था।

दीदा सम्बोधन का सबसे मज़ेदार दृश्य महाराज जी (रसोइए) का हुआ। जब मंडावा से साथ आए पुराने महाराज जी कभी तो जड़िया को 'घणी खम्मा, सैठानी जी' कहकर

जीभ काटते और कभी 'बींदणी सा' कहकर सिर झटकते दिखें। उनको इस संकट से उबारने के लिए जड़िया ने महाराज जी से अनुरोध किया : ''महाराज जी, थे मन्नै बाबोजी की तरियाँई 'जड़िया' बोल कर बतला लिया करो। थे बी तो मेरै लिए पिता समान ई हो।''

जड़िया के इस कथन से उस अपढ़ ब्राह्मण-पुत्र का मान तो सातवें आसमान पर जा पहुँचा, पर उसके मुँह से किसी भी तरह बिना 'जी-कारै' के बोल ही नहीं निकला, इसलिए अंत में वह जड़िया को 'दीदा सा' कहकर सम्बोधित करने लगा।

कहने को तो पल्लवी मंडावा रहती थी, पर उसका जी जड़िया में ही पड़ा रहता था। इस वजह से उसने न केवल अपनी जच्चगी जड़िया के पास करवाई थी, बल्कि दोनों बच्चों के काफ़ी बड़े हो जाने के बाद भी वह हर वक़्त जड़िया का पल्ला पकड़े हुए उसके पास ही बनी रहती।

कहा जा सकता है कि जड़िया अब 'बहुरूपा देवी' हो गई थी, क्योंकि अनेकानेक अप्रत्यक्ष रूपों के अलावा उसके साक्षात् आठ रूप-अन्विति, पल्लवी, रोज़ीना, अरविंद, अपूर्वा, आद्या, अनिंद्य और तन्वी-उसे 'अष्टरूपा' की श्रेणी में तो प्रतिष्ठित करवा ही चुके थे।

सदा की 'खब्तन' जड़िया ने जब आँखें फैलाकर अपने कार्यकर्ताओं के ऐश्वर्य का साम्राज्य देखा, तो उसने श्रीनिवास और गुरुदेव को 'बाद' देकर अपनी नई योजनाओं का प्रारूप तैयार किया, और उसे सोलह हाथों, सोलह पैरों, सोलह आँखों और सोलह कानों से समृद्ध अपनी सेना के सामने रख दिया।

जड़िया ने गहराई से विचार कर यह निर्णय लिया था कि कार्यकर्ताओं की इस बड़ी जमात की पूँजी को लेकर पूर्वोत्तर के उपेक्षित प्रान्तों में जगह-जगह विकास केन्द्र खोले जाएँ। भारत के पूर्वोत्तर प्रान्तों का हवाला देते हुए जड़िया ने अपने बच्चों से कहा : ''तुम लोग यह जानकर आश्चर्यचकित रह जाओगे कि नागालैंड के एक आदमी ने मुझसे कहा था कि 'वह परसों ही 'इंडिया' से आया है', और मेरे लाख समझाने पर भी कि नागालैंड भारत में ही है, वह यह बात किसी भी तरह मानने को राज़ी नहीं हुआ।

''हालाँकि पूर्वोत्तर प्रान्तों का आम आदमी भला, परिश्रमी, सत्यवादी और विनयी है, पर अपने यहाँ न तो कोई उनके गुणों का पारखी है, न ही उनकी कर्मठता का। यहाँ तक कि भारत के दूसरे प्रान्तों के वासी उनकी सत्यता और भलेपन को उनकी बेवकूफ़ी मानकर उनका मखौल उड़ाते रहते हैं। इतना ही नहीं, सरकारी और ग़ैरसरकारी उच्चाधिकारी भी उन्हें अवहेला की दृष्टि से देखते हैं। हो सकता है, इसके पीछे उनका भय यह भी हो कि यदि ये लोग हमारे शहरों में आ जाएँगे तो अपनी प्रतिभा और मेहनत के बल पर हम भारी पड़ेंगे।''

जड़िया ने अपनी इस पूर्वोत्तर योजना का सरगना अरविंद को और अपूर्वा को सचिव बना दिया। अरविंद ने बिना एक क्षण गँवाए अपने तकनीकी ज्ञान से असम, अरुणाचल प्रदेश, त्रिपुरा, नागालैंड, मेघालय, मिजोरम, मणिपुर पूर्वोत्तर प्रान्तों के विकास-कार्यों में संलग्न कई एन.जी.ओ. का सम्पर्क-सूत्र ढूँढ़ निकाला और दूसरे ही दिन सबको अपने

यहाँ चर्चा के लिए आमंत्रित कर लिया। उसने अपने सेनानियों को भी कह दिया था कि वे अपने नोट्स पूरी तैयारी के साथ बनाकर लाएँ। ऐसे में जैसाकि लाज़िमी था, उनकी वह गझिन–मीटिंग लगातार बारह घंटे चली–सुबह के दस से रात के दस बजे तक। दोनों समय के भोजन और चाय–नाश्ते आदि के समय पर भी सब केवल चना–चबैना चबाते रहे और प्रश्नोत्तरों के लिए अपना मुँह और लिखने के लिए अपना हाथ चलाते रहे।

उनकी इस त्वरित तत्परता को देखकर जड़िया को अपना वह पुराना उत्तर याद हो आया, जो उसने तेज़ी से काम करने का कारण बताते हुए केदारनाथ जी को दिया था : 'बाबूजी, समय का क्या भरोसा? वह तो तेजी से भागा ही जा रहा है, पर हमें यह भी तो ध्यान रखना है कि समय को खर्च करने से पहले कहीं हम ही ख़र्च न हो जाएँ।'

जड़िया सोचने लगी : यह बात तब जवान जड़िया ने कही थी, पर आज वही बात प्रौढ़ जड़िया के सामने उसके जवान बच्चे अपनी गति से दोहरा रहे हैं।

जड़िया ने अपनी आँखें फैलाकर चारों ओर देखा और इस 'देखन' की 'देखी' ने उसके हृदय तक पहुँचकर उसे शीतल कर दिया। वह आनन्द से गद्गद होकर सोचने लगी : 'मेरा कितना बड़ा सौभाग्य है कि ये बच्चे मेरे मुँह से निकले प्रत्येक शब्द को 'ब्रह्म' मानकर उसे क्रियान्वित करने में जी–जान लगा देते हैं।' अपनी इस सेना को देखकर जड़िया को अपरिमित आनन्द और संतोष के साथ–साथ गर्व भी हो रहा था।

अपूर्वा, तन्वी, आद्या, अनिंद्य, रोज़ीना, अरविंद, अन्विति और पल्लवी ने जब अपने–अपने सहकर्मियों के साथ जड़िया को प्रणाम किया, तो जड़िया एक दिव्य अनुभूति से भर गई। उसने ऊपर के प्रभामंडल और नीचे की धरती को कृतज्ञतापूर्वक प्रणाम करते हुए इन बच्चों के लिए आशीर्वादों की कामना की और एक–एक सिपाही को कंठ से लगाकर, उसे उसके अनुकूल आशीर्वाद देने लगी।

यह दृश्य अवर्णनीय और अनिर्वचनीय था। आशीर्वाद ग्रहण करने वाला और देने वाला–दोनों के ही शरीर का रोम–रोम पुलकित हो रहा था और इस अदृश्य रोमांच की अधिकता उसे दृश्यमान बना रही थी। सबकी आँखें नम थीं, पर वे एक महीन बूँद तक से इसकी प्रतीति नहीं होने दे रहे थे। हरेक का चेहरा इतना अधिक दीप्तिमान था कि उसे देखकर किसी अनजान व्यक्ति को भी उनकी निष्ठा और लगन का आभास हो जाता।

जैसाकि 'धारा' हुआ था, थोड़े ही दिनों में प्रत्येक जगह से सफलता के आँकड़े आने लगे। जड़िया ने सारे ग्रहों, नक्षत्रों, दिशाओं, भूमंडल, अन्तरिक्ष और उस असीम अगोचर को अपनी भावभरी आँखों से अजस्र धन्यवाद दिये। धन्यवाद दिया अपने अतीत के लिए, वर्तमान के लिए और अपने भविष्य के लिए भी, क्योंकि अब वह आश्वस्त थी कि उसकी संतानें इस धरती पर अपने आने को चरितार्थ करेंगी और अब उसे विश्वास होने लगा था कि सपने भी सच्चे हो सकते हैं।

जाना माना सत्य है कि हर इनसान अपने बच्चों को अपने विचारों के अनुरूप ढालने के लिए जान लगाए रखता है, और इसमें अधिकतर को निराशा ही हासिल होती है, जबकि

प्रभु– कृपा से जड़िया को अनायास ही यह सुख प्राप्त हो गया था। इस अद्भुत संपदा को पाकर जड़िया इतनी खुश थी कि उसकी खुशी उसके शरीर में समा नहीं पा रही थी। उसकी प्रबल इच्छा हुई कि वह एक बच्चे की तरह अपने दोनों हाथों को पक्षी के पंखों की तरह फैलाकर गोल–गोल घूमती हुई नाचे, तेज़ बारिश में भीजे, और केशराशि के किनारों से पानी की बूँदों को छिटकाए लेकिन एक क्षण के सौवें हिस्से के बाद ही उसने बचपने से भरे अपने इस दिवास्वप्न को दरकिनार किया और हल्का–सा मुस्कुराती हुई वापस आज की जड़िया बनकर अपनी वर्त्तमान जिम्मेदारियों से जूझने में जुट गई।

अन्विति केन्द्रों का मुआयना कर वापस लौट आई थी और पल्लवी ने कुछ दिनों बाद आने की इच्छा ज़ाहिर की थी। आरम्भिक पाँच–छः महीने केन्द्रों को स्थापित करने और आम लोगों से संवाद करने में लग जाते हैं, इसलिए बाक़ी की सेना ने कम–से–कम लगातार छः महीने अपने–अपने केन्द्र में रहने का निर्णय लिया था।

जड़िया से अपरिमित प्रेम और पूर्ण आस्था होने के कारण पूनम मामा जी ने पूर्वोत्तर के सारे कार्यों का आर्थिक भार अपने सिर ले लिया था। उन्होंने 'मंगतराय किरोड़ीमल' फ़र्म का अपना आधा हिस्सा जड़िया को दे दिया था। जड़िया के टोकने पर उन्होंने कहा : ''देख जड़िया, टोक मत। मुझे पता है कि तू इसकी एक–एक पाई सद्कार्यों में लगाएगी, जबकि मेरे बच्चों में सद्कार्य तो क्या, 'कार्य' तक करने की तमीज़ नहीं है।''

''लेकिन मामा जी, उनका खर्चा?'' इसके उत्तर में वे हँसकर बोले : ''अरे बावली! पुरानी कहावत है न, कि 'मरा हाथी भी सवा लाख का होवै सै' और 'सूखेड़ा तालाब भी दलदल बनकर कमल निपजावै सै', सो जड़िया! तू उनकी बिलकुल चिन्ता मत कर।''

पूर्वोत्तर के केन्द्रों के कामों को दृष्टिगत रखते हुए, जड़िया ने समृद्ध ननिहाल की यह थाती सहर्ष स्वीकार कर ली और मामा जी के चरणों को छूकर, वह प्रणाम ऊपर बैठे उस असीम अगोचर को भेज दिया।

बाजे–गाजे के साथ लक्ष्मी के आते ही जड़िया के सारे सरस्वती पुत्र–पुत्रियों ने आह्लादित होकर दूने उत्साह से शिक्षा केन्द्र, चिकित्सा केन्द्र, करघा केन्द्र, नशा उन्मूलन केन्द्र और वृद्धों के रिहायशी केन्द्रों का काम करना शुरू कर दिया। तकनीकी शिक्षा के मद्देनज़र उन लोगों ने अपने–अपने क्षेत्र में कम्प्यूटर केन्द्र भी खोल दिये, ताकि वहाँ के बाशिंदे आधुनिक संचार व्यवस्था के माध्यम से भारत की प्रमुख धारा और पूरे विश्व से जुड़ जाएँ।

कलकत्ते की दुकान को अन्विति ने सजा–सँवारकर ख़ूब चटख रूप दे दिया था, जिससे आकर्षित होकर उस बहुजन संकुल इलाक़े के ग्राहक उसकी ओर खिंचे चले आते थे। राजपुर वृद्धाश्रम, करीमगंज मुस्लिम महिला केन्द्र, विस्थापित युवतियों की 'सुरुचि' और झुग्गी–झोंपड़ी के बच्चों की 'पारिवारिकी' आदि सभी संस्थाएँ आशा के अनुरूप कार्य कर रही थीं। वट वृक्ष की शाखा–प्रशाखाओं की तरह ही जड़िया की भुजाएँ भी अपने साथ और कई भुजाओं की 'जड़ों' को जोड़कर, उस वृत्त का दायरा बढ़ाती जा रही थीं।

जड़िया ने स्वयं भी तो देखा–सुना और भोगा था कि एक सच्चे इन्सान गांधी के आह्वान पर करोड़ों लोगों ने अपनी जान की बाज़ी लगा दी थी। उन्हीं के देश में अच्छे कामों के लिए दिनों–दिन कार्यकर्ताओं की टोली में इज़ाफ़ा होते देख जड़िया अत्यन्त आह्लादित थी। उसके इस प्रफुल्लता–भरे आह्लाद के लिए उपमा दी जा सकती है कि जब 'ब्रह्मा ने सृष्टि रची, तो उन्हें भी ऐसा ही आनन्द भरा रोमांच हुआ होगा।'

शायद प्रकृति का यह नियम है कि आनन्द की पराकाष्ठा में ही घोर विषाद का आगमन होता है। रोज़ की तरह उस दिन भी गुरुदेव और श्रीनिवास क़ारख़ाने में काम कर रहे थे कि अचानक श्रीनिवास की दृष्टि कुछ दूर खड़े एक मज़दूर पर पड़ी, जो अपनी बेवक़ूफ़ी की वजह से बहुत बड़ी चोट खा सकता था। उस भले मानस ने ऊपर रखे लोहे के एक भारी खाँचे के नीचे से गत्ते के एक बड़े डिब्बे को झटके से खींच लिया था और चूँकि उसे अपनी ग़लती का ज़रा–सा भी अंदाज़ नहीं था, इसलिए वह उसी जगह पर अड़ा खड़ा था। श्रीनिवास के विज्ञानी दिमाग़ में उसकी निश्चित मृत्यु की प्रतिच्छवि छपनी शुरू ही हुई थी कि उसने आव देखा न ताव और दौड़कर उस मज़दूर को धक्का देकर वहाँ से हटा दिया। उसने दूसरे मज़दूरों को सहायता की आवाज़ देकर उस खाँचे को ऊपर ही रोकने की भरसक कोशिश भी की, लेकिन श्रीनिवास के चाहने से वह असम्भव काम सम्भव कैसे होता? पलक झपकते ही वह भारी जर्मन खाँचा श्रीनिवास के सिर पर आ गिरा और निमिष मात्र में उसे भूमिसात् करता दिखा।

काफ़ी इलाज के बाद भी श्रीनिवास का निचला हिस्सा पूर्णतः और धड़ के ऊपर का दायाँ हिस्सा आंशिक रूप से पक्षाघात से ग्रसित हो गया। हालाँकि उसका दिमाग़ अभी भी एकदम ठीक काम कर रहा था, पर उसकी विचारणा को उसकी कर्मठ शक्ति का साथ न मिलने के कारण वह कुछ दुखी और क्षुब्ध रहता था।

जड़िया ने श्रीनिवास के घर आते ही उसकी पलंग की 'पाटी' को अपनी चौबीसों घंटे की सहचरी बना लिया था। वह श्रीनिवास के हाथ, पीठ, सिर आदि विभिन्न अंगों पर हर पल हाथ फेरती रहती। यह जानते हुए भी कि उसके अधिकतर हिस्से स्पंदनहीन हो चुके हैं, वह लगातार एक लय में उनमें प्राणशक्ति संचारित करने की कोशिश में जुटी रहती।

उसने अपने लैपटाप को श्रीनिवास की बगल में रख लिया था, जिसमें से देखकर वह सारे केन्द्रों के कामों का पूरा लेखा–जोखा उस मुलाज़िम की तरह श्रीनिवास को सुनाती रहती, जिस पर मालिक को सब कुछ बताने की ज़िम्मेदारी होती है।

अन्विति जड़िया की इस दिनचर्या से कितनी अधिक प्रभावित थी, इसका एक नमूना वह पत्र है, जो उसने अपनी प्राण–सखा पल्लवी को लिखा था। हिन्दी और अंग्रेज़ी में अच्छी गति होने के कारण अन्विति अपने लेखन में अपने भावोद्‌गारों को बहुत अच्छी तरह अभिव्यक्त कर पाती थी। उसका पत्र यों था :

'प्यारी पल्लवी!'

सुखी रहो।

मैं तुम्हारी आध्यात्मिक पहुँच से वाक़िफ़ हूँ, इसलिए तुमसे अपनी उन भावनाओं का साझा करना चाहती हूँ, जिनका कोई तर्क और उत्तर मेरे पास नहीं है। पल्लवी, आज तक मेरी इस काया ने केवल किताबों में ही 'भक्ति को प्रेम का उत्कृष्टतम रूप' और 'स्व' के तिरोहित होने के उपनिषदी क़िस्से पढ़े भर थे। उस अमूर्त्त भाव के मूर्त चमत्कार से कभी मेरा सामना होगा, यह मेरे लिए कल्पनातीत था। इसलिए आज जब मैंने माँ और बाबूजी के रूहानी प्रेम से भरे उस प्रभामंडल में प्रवेश किया, तो ठिठकी की ठिठकी रह गई। भक्ति वहाँ एक वायवीय वस्तु-सी हलकी और झीनी होकर सर्वत्र छाई हुई थी और ऐसा लग रहा था, जैसे एक जीवात्मा के स्थूल शरीर का चोला गलकर इन्द्रियातीत अतीन्द्रिय प्रेम में एकाकार हो गया है। उस पूरे परिवेश में अलौकिक प्रेम का साम्राज्य था और बिना किसी के उचारे ही सनातन मंत्रों के अनहद नाद का गुंजार वहाँ व्याप्त था।

'मेरी सारी इन्द्रियाँ अपनी पूरी संवेदना से उसे आत्मसात कर लेना चाहती थीं, पर क्या लौकिकता कभी अलौकिकता को अपने में समो सकती है? उस विराट को पाना तो दूर, क्या उसे छू पाना भी मुझ-सी घोर भौतिकवादी जीवात्मा के लिए सम्भव था?

'जब मैंने अपनी दृष्टि को पूरी तरह माँ पर केन्द्रित किया, तो मुझे ऐसा महसूस हुआ कि जैसे एक विशाल झील अपने निकटतम प्रपात को, निरन्तर सिंचित कर उसे अभयदान दे रही है और उस देने में न तो किए का अहंकार है और न ही समर्पण की कोई दीनता। उनके व्यवहार में मात्र स्वयं और दूसरे के स्वाभिमान की पूर्ण रक्षा करने का समभाव और दायित्वबोध ही परिलक्षित था। वहाँ 'पूर्णमदः पूर्णमिदं' की तरह ही न देने से कुछ घट रहा था और न ही पाने से कुछ बढ़ रहा था।

'मौन-भरे उस अनोखे क्षण में मैंने उन दोनों के बीच की अनकही 'प्रेम-गीता' पढ़ ली थी, और बहुत ही शिद्दत से महसूस किया था कि प्रेम शायद 'गूँगे का गुड़' ही होता है, जो आपके अजाने ही आपके रोम-रोम में प्रवेश कर आपकी आत्मा तक पहुँच जाता है। पल्लवी, मुझे लगा कि वे दोनों ही स्वयं में शिव और शक्ति को समेटे अर्द्धनारीश्वर स्वयंभू हैं।

'मैं अभी भी एक रोमांचकारी सिहरन से भरी, उस विशिष्ट अनुभूति को अभिव्यक्त करने का प्रयास कर तो रही हूँ, पर स्थिति यह है कि मेरी आँखें लगातार बरस रही हैं और हाथ काँप रहे हैं, जिनकी लरज़ इन अक्षरों में भी परिलक्षित है।

'उस विशिष्ट अनुभव का साझा मैं तुमसे न करती, क्या यह मेरे लिए सम्भव था? लेकिन पल्लवी, मैं फिर भी कहूँगी कि मैंने तो तुम्हें अपना अनुभव मात्र लिखा है, क्योंकि वह अमर दृश्य तो व्याख्या और शब्दों की सीमा में बँध ही नहीं सकता। इति शुभ, तुम्हारी ही, अन्विति दी!'

राम जाने, वह चिट्ठी पल्लवी को मिली भी या नहीं, पर दो दिन बाद ही सत्यदेव और पल्लवी वहाँ नज़र आए। उनके आते न आते अपूर्वा, अरविंद, रोज़ीना, तन्वी, आद्या और अनिंद्य भी कलकत्ते आ पहुँचे।

दूसरे ही दिन से उन लोगों ने श्रीनिवास के चारों ओर अपना जमावड़ा लगा लिया और तरह-तरह की बातों से उसका मन लगाने की कोशिश करने लगे। उनके इस मीठे प्रयास को देखकर प्रबुद्ध श्रीनिवास की आँखों की कोरें भर-भर आतीं, पर वह अपने पूरे चेहरे को, आँखों और ओठों की मुस्कुराहट से भरकर इशारे से वाह-वाही करने के बाद उन्हें अपने पास बुलाकर उनकी पीठ को शाबाशी में थपथपाता।

भीतर-ही-भीतर किसी बड़े दुःख की कसक होने के बावजूद भी हम छोटी-छोटी सुख-भरी बातों से समय को बहला कर टालने की कोशिश करते हैं, पर बलवान समय से लड़ना क्या हमें मृत्तिका-पुत्रों के वश में है? ऐसी ही एक शाम मुस्कुराते हुए श्रीनिवास का बायाँ हाथ ऊपर उठा और जड़िया समेत सबको विदा का संकेत देकर नीचे गिर गया और तत्क्षण ही वह हँसता-खिलखिलाता कमरा गहन सन्नाटे से भर गया।

वहाँ की हवा इतनी बोझिल हो गई कि सबको अपनी साँस की आवाज़ भी भारी लग रही थी। वह सारी सेना आँखें फाड़े, मृत्यु के उस गझिन अंधकार को भेदना चाहती थी, पर वृथा। तभी आश्चर्य से भरे सबके कानों ने जड़िया की धीर-गम्भीर आवाज़ सुनी : ''बच्चो! यह घटना इतनी आकस्मिक घट गई कि 'ये' अपने अंगों के दान की कोई वसीयत नहीं बना पाए, इसलिए अब अपने मात्र इनके नेत्र ही दान कर सकते हैं।''

आज एक बार फिर बैकुंठ के सारे देवी-देवता आपस में जड़िया-श्रीनिवास की चर्चा करने को बाध्य हो गए थे। वे किसी भी तरह इस बात को स्वीकार नहीं कर पा रहे थे कि इस धरती का कोई पार्थिव प्राणी आध्यात्मिकता की उस ऊँचाई को छू लेता है, जहाँ 'मृत्यु' बेमानी हो जाती है; और ऐसा प्राणी जन्म के आनन्द और मृत्यु के भय, दोनों पर विजय प्राप्त कर सही अर्थों में स्थितप्रज्ञ हो जाता है। तो क्या जड़िया ने भी परीक्षित की तरह ही 'स्व' मृत्यु को स्वीकार कर लिया था? 'स्व' इसलिए कि जड़िया और श्रीनिवास के बीच से 'स्व' और 'पर' का भेद मिट चुका था और वे एकात्म हो चुके थे।

परिवार के बड़े जोखीराम जी तो पहले ही इस परिवार को पाखंड-मुक्त कर चुके थे, ऊपर से जड़िया का स्वभाव! इसलिए श्रीनिवास के पंचभूतों से बने शरीर को बिना किसी शोर-शराबे के धरती, जल, अग्नि, आकाश और वायु में विलीन कर दिया।

जड़िया वैसे भी मात्र एक बड़ी लाल बिन्दी के और कोई साज-शृंगार नहीं करती थी, इसलिए वह वैसी की वैसी ही रही। उसने बिन्दी इसलिए रख ली थी, क्योंकि वह समाज द्वारा विधवाओं का साज-शृंगार छीन लेने का सतत विरोध करती रही थी।

दो-एक दिन बाद ही जड़िया ने अपनी सेना से कहा : ''कई दिनों से मेरी इच्छा उत्तर-पूर्व प्रान्तों के केन्द्रों में जाने की है, इसलिए इस बार मैं भी तुम लोगों के साथ चलूँगी।''

बच्चे समझ रहे थे कि श्रीनिवास की असहनीय अनुपस्थिति को वह नए कामों में उलझकर सहनीय बनाना चाहती है, इसलिए ज़ोरों से हल्ला करते हुए नारा लगाने लगे : ''जड़िया माँ, ज़िन्दाबाद! जड़िया माँ, ज़िन्दाबाद!''

यह एक विचित्र स्थिति थी कि दोनों ही पक्ष अपनी धीरता और सहनीयता स्थापित करना चाहते थे, पर दोनों की ही आँखें उन्हें धोखा दे रही थीं।

यात्रा की सारी तैयारियाँ हो चुकी थीं। केन्द्रों के और व्यक्तिगत सामान गाड़ियों में भरे जा रहे थे कि उनलोगों को तेज़ी से वकील बाबू आते दिखे और उन्होंने आते ही जड़िया के हाथ में बिचले बाज़ार की हवेली के कागज़-पत्तर रख दिये।

जड़िया कुछ पूछती, इसके पहले ही उन्होंने उसके हाथ में बाबूजी (केदारनाथ जी) का हथलिखा एक छोटा-सा नोट पकड़ा दिया, "बेटा जड़िया! बुरा मत मानना कि मैं यह हवेली तुम्हें दे रहा हूँ। तुम्हें जानकर अच्छा लगेगा कि मैंने यह काम तुम्हारे तीनों भाइयों की रज़ामंदी से ही किया है। जैसा तुम्हें ज्ञात है, तुम्हारे दोनों बड़े भाई शहरों में ठाठ से रह रहे हैं और उनका भिवानी में कोई मोह नहीं है। सबसे छोटा अनुपम इस क़िले जैसी हवेली को छोड़कर बगीचे वाली कोठी में चला गया है और सत्यदेव-पल्लवी के साथ मिलकर कई एक सामाजिक कार्य कर रहा है। वैसे भी तुम तो जानती ही हो कि मैं परिवार की ज़मीन-ज़ायदाद में लड़कियों को बराबर का हिस्सेदार मानता रहा हूँ। जड़िया, मैं तुम्हें यह हवेली इस आशा के साथ दे रहा हूँ कि तुम इसे अपने सामाजिक कार्यों का एक केन्द्र बना सको। तुम चाहोगी, तो तुम्हें अनुपम का साथ मिलता रहेगा। आज तुम्हें कई आशीर्वाद एक साथ देने का मन है, इसलिए कहूँगा : विजयी भव, 'यशस्वी भव। तुम्हारा ही- केदारनाथ।'

जड़िया की आँखें छलछला आईं और उसकी प्रश्नसूचक दृष्टि के जवाब में वकील साहब ने बताया : "यह वसीयत बैठक के कोठे में फ़ालतू काग़ज़ों के ढेर में दबी पड़ी थी। यह जैसे ही अनुपम बाबू के हाथ आई, उन्होंने मुझे इसके साथ आपके पास भेज दिया।"

जड़िया ने उस वसीयत को जैसे ही अपने सिर से छुआया, सेना ने गाना शुरू कर दिया : "जय हो! नानाजी की जय हो! अनुपम मामा की, जय हो! जय हो!"

जड़िया ने हँसते हुए सबको शान्त किया और वह वसीयत पल्लवी के हाथ में रखकर बोली : "लो बेटा, अब तुम लोगों को मंडावा के स्कूल, युवक सभा और सिलाई-बुनाई केन्द्रों के साथ, भिवानी की हवेली की स्कूल और सरस्वती विद्यापीठ, हिसार को भी सँभालना है। बाबूजी की हवेली भिवानी शहर में होने के कारण तुम उसमें कुछ नई शिक्षा-पद्धतियाँ आरम्भ कर सकती हो। आज की दुनिया नए-नए फ़ैशनों की दिवानी है, इसे ध्यान में रखते हुए तुम कोई उच्चस्तरीय प्रशिक्षण केन्द्र भिवानी में खोल सकती हो। और पल्लवी! अब तुम लोगों को अपने साथ भिन्न स्तरों के लोगों को जोड़ना होगा। उनमें से कुछ तो बताया हुआ काम करेंगे, कुछ प्रशिक्षण देंगे और कुछ तुम्हारे केन्द्रों को नए आयाम देकर आगे बढ़ाएँगे। मेरा विश्वास है कि तुम इसी तरह आगे बढ़ती हुई मुझे सन्तोष प्रदान करती रहोगी..." वाक्य के बीच में ही जड़िया ने पल्लवी को अपने से चिपका लिया और पल्लवी छोटी बच्ची-सी रो पड़ी।

जड़िया जैसे ही गाड़ी में बैठी, उसे अन्विति की सुबकियाँ सुनाई दीं। वह तुरन्त गाड़ी से नीचे उतरी और अन्विति को कंठ से लगाकर बोली : ''बेटा, आकाश की ओर देखो! देखो कि पक्षियों की ये पाँतें-दर-पाँतें कैसे अंग्रेजी के व्ही. का चित्र बनाती हुई अपने घरों को लौट रही हैं। बेटा, इनकी इस व्ही. को 'विक्टरी' अर्थात् अपनी विजय मानो और निःशंक आगे बढ़ती रहो। अन्विति बेटा, तुमसे मेरा वादा है कि मैं जल्दी ही लौटूँगी, तुम्हारे लिए और उन कामों के लिए भी, जो अब मुझे शीघ्रता से पूरे करने हैं।''

जड़िया का वाक्य खत्म होते न होते पल्लवी और अन्विति दोनों उससे चिपककर सुबकने लगीं। अपनी साड़ी के पल्लू से दोनों के आँसुओं को पोंछकर जड़िया ने कहा : ''इन्हें भविष्य के लिए सँभालकर रखो।''

जड़िया के गाड़ी में बैठते ही तन्वी ने ड्राइवर से कहा : ''जल्दी से एयरपोर्ट चलिए!''

युवा ऊर्जा से छलछलाते अपने अनुगामियों से जड़िया ने रास्ते भर पूर्वोत्तर राज्यों की अधिक से अधिक जानकारियाँ हासिल कर यह तय कर लिया कि उसे वहाँ क्या काम करने हैं; इसलिए उसने हवाई अड्डे से ही अपनी कर्मयात्रा शुरू कर दी और क्रमश: उन सारे केन्द्रों का दौरा कर लिया जहाँ उनके समर्पित कार्यकर्ता कार्य कर रहे थे। उसने उन सबसे अनुरोध किया कि यदि वे सब गौहाटी के केन्द्र में आ जाएँ, तो सारे केन्द्रों के लोग एक साथ मिल–बैठकर वर्तमान की समस्याओं और भविष्य की योजनाओं पर विस्तार से चर्चा कर लेंगे।

अहर्निश काम में जुटे रहने के बावजूद जड़िया की स्फूर्ति और हर क्षण उसका तरो–ताज़ापन देखकर बेचारे वे युवा कार्यकर्ता किस मुँह से कहते कि वे थक गए हैं, इसलिए वे सब भी पूरे जोश से 'हाँ, दीदा! हाँ दीदा!' करते हुए उसकी 'हाजिरी' में आ खड़े हुए।

जड़िया ने ख़ूब गर्मज़ोशी से सबका स्वागत किया और किसी का हाथ, किसी का कंधा, किसी की हथेली को छूकर, सबको अपनायत का बोध करवाती हुई वह सारे कार्यकर्ताओं को साथ लेकर बाहर खुली जगह में आ गई। अगले ही क्षण वह वहाँ की धूल भरी ज़मीन पर आलथी–पालथी मारकर इतने आराम से बैठी दिखी, मानो किसी ने उसके लिए वहाँ राजसिंहासन रख रखा था! उसने अपने एक हाथ को आकाश की ओर ऊपर और एक धरती की ओर नीचे कर कहा : "बच्चो आओ, हम लोग आकाश पिता की छत्रछाया और माँ धरती की गोद में बैठें।" यह सुनते ही वहाँ जितने लोग उपस्थित थे, वे सब जड़िया की इस उक्ति से ऐसे निहाल हुए कि उनके चेहरे नूरानी आभा से चमकने लगे और वे एक स्वर में बोले : "वाह, दीदा! तुमने तो एक क्षण में ही हम साधारण लोगों की मुट्ठी में पूरी धरती और आकाश थमा दिया। दीदा, वाह! वाह! यह सुनकर हमें ऐसा लग रहा है, मानो हम 'वामनों' ने राजा बलि से त्रिलोक का राज्य पा लिया है!"

"बच्चो, सच कहा तुमने! यह धरती और आकाश ही क्या, सारी दिशाओं समेत यह अंतरिक्ष भी तुम्हारा ही है, बस। शर्त सिर्फ़ इतनी–सी है कि तुम्हें इसका शोषण

नहीं, पोषण करना होगा। वैसे मेरा विश्वास है कि हम गांधी–सन्तानें शोषण तो कर ही नहीं सकतीं, जितना बनेगा उतना पोषण और सेवा ही करेंगी! क्यों, क्या यह बात सही है?"

प्रत्युत्तर में 'हाँ, सही है! सही है!' की तुमुल ध्वनि से वह वादी, सारा आकाश, पूरी धरती, गहन वन–प्रांतर आदि देर तक प्रतिध्वनित होते रहे।

अब तक जड़िया ने सारे कार्यकर्ताओं को वे पन्ने पकड़ा दिये थे, जो उसने प्रत्येक केन्द्र के निरीक्षण के बाद तैयार किए थे। वे कागज़ के पन्ने कोई साधारण–सी निर्देशावली न होकर, वहाँ के कामों की सम्पूर्ण 'कार्य–संहिता' का भाष्य थे। उनमें वर्तमान और भविष्य के व्यावहारिक दिशा–निर्देश के अतिरिक्त कई एक अनुभवजनित उदाहरण भी दिये हुए थे, ताकि उन लोगों को काम करने में सुविधा हो। सारे कार्यकर्ता पढ़ने के बाद उन फरफराते पन्नों को हाथ में पकड़े हुए आँखें फाड़े, एकटक, स्थिर दृष्टि से, देर तक जड़िया को देखते ही रहे और चेतनता लौटने पर वापस सोचने लगे : 'आख़िर इन्होंने इतने कम समय में यह सब किया कैसे? शायद ये न केवल तेज़ी से सोचती हैं, बल्कि उससे भी ज़्यादा त्वरित गति से उसे क्रियान्वित भी कर लेती हैं।'

तभी जड़िया की आवाज़ सुनाई पड़ी : "सैनिको! अपने रोजमर्रा के कामों के अतिरिक्त आज मुझे तुम लोगों से कुछ व्यक्तिगत बातें भी करनी हैं। सबसे पहले तो मुझे तुम लोगों से अपनी एक बड़ी गलती के लिए माफ़ी माँगनी है, और वह है : 'मैं, जो कि स्वयं को आला दर्जे की समझदार कार्यकर्ता मानती हूँ, 'दीये तले अँधेरे' की तरह, अपने एक अत्यन्त महत्त्वपूर्ण उत्तरदायित्व से चूक गई। मुझे ख़याल ही नहीं रहा कि मैं केवल समाज–सेविका ही नहीं, कई बच्चों की माँ भी हूँ। ऊपर से वे बच्चे भी ऐसे, जो अपना जीवन–साथी चुनना तो दूर, माँ से पूछे बिना पानी तक नहीं पीते। मैं डॉ. मैथ्यू और अपूर्वा की विशेष आभारी हूँ, क्योंकि आज रास्ते में उनके बीच की नोक–झोंक देखकर ही मुझे अपने कर्तव्य का बोध हुआ। यों तो यहाँ आते वक़्त मैंने बारी–बारी से सारे जोड़ों को अपने साथ बैठाकर सबकी मानसिक और शारीरिक भंगिमाओं पर शोध कर काफ़ी कुछ समझ लिया था, पर काम की 'झक' में मुझे अपने ये अनुसंधान याद ही नहीं रहे। ख़ैर, चलो, 'देर आयद दुरुस्त आयद' के पल्ले अपनी भूल को बाँधकर मैं आगे की कार्यवाही शुरू करती हूँ।

"बच्चो, तुम सब केरल से आए अपने दल के अभिन्न अंग और सेनानायक डॉ.मैथ्यू से तो भली भाँति परिचित हो ही! मैं तुम लोगों को उनके बारे में एकाध बात और बता दूँ कि डॉ.मैथ्यू एक ऐसे उदारमना व्यक्ति हैं, जो अपनी पत्नी और बच्चे से भी पहले सड़क पर पड़े बीमार बच्चे और उसकी माँ को बचाने में अपना तन–मन–धन सब उत्सर्ग कर देंगे। तुम लोगों को यह जानकर अच्छा लगेगा कि इनकी दादी सत्याग्रह में जेल गई थीं और इनके परिवार ने अपनी वृहत् सम्पत्ति और ज़मीन–ज़ायदाद का अधिकांश भाग देश के विकास–कार्यों के लिए दान कर दिया है। कहा जा सकता है

कि इनका परिवार गांधी जी की ट्रस्टीशिप का ज्वलंत उदाहरण है।''

डॉ. मैथ्यू समेत जड़िया की सेना के सारे गण आँखें फाड़े डॉ.मैथ्यू का परिचय सुने जा रहे थे कि डॉ.मैथ्यू आगे बढ़े और उन्होंने जड़िया को पैर छूकर प्रणाम करते हुए कहा : ''दीदा! मैंने तो आज तक अपने और अपने परिवार के बारे में किसी को भी कुछ नहीं बताया, यहाँ तक कि अपूर्वा को भी नहीं, फिर आऽऽप?...आप?... कैसे?...''

उसकी आश्चर्यजनक मुद्रा को सहज होने का अवसर दिये बिना ही जड़िया ने डॉ. मैथ्यू को गले लगाते हुए कहा : ''जँवाई राजा! मेरी बेटी का हाथ जिस हाथ में दूँ, उसकी अंदरूनी शक्ति का अंदाज़ तो मुझे होना ही चाहिए न? बेटा, क्या तुम अपनी बेटी के लिए ऐसा नहीं करोगे?''

डॉ.मैथ्यू और अपूर्वा उसकी इस उक्ति से झेंपकर सुर्ख़ गुलाबी हो गए और जड़िया को एक साथ प्रणाम कर उसके आदेश की प्रतीक्षा करने लगे।

जड़िया ने स्नेहभरी आँखों से उन दोनों को और अपने दल के अन्य सदस्यों को देखा और पूछा : ''मंज़ूर है? सबको मंज़ूर है?''

उन्मुक्त कंठ से निकली 'हाँ ऽऽऽ' ने उस पूरी वादी को गुँजरित कर दिया। इस छोटी-सी 'हाँ' ने उस शिविर में तत्काल ही वसन्त-ऋतु की सृष्टि कर दी, और रति को संग लिये मधुमास के राजा कामदेव, धनुष पर मधुमक्खियों की प्रत्यंचा चढ़ाए हुए, अपने पंचशरों से वहाँ उपस्थित सभी युवाओं के हृदयों को भेदने लगे।

चारों ओर बिखरे इस उल्लास ने जड़िया के मानस-पटल पर शरारती जड़िया का अनवधानता में श्रीनिवास को पीटना और बगीचे में श्रीनिवास का डेविड-सा दौड़ते हुए अदृश्य हो जाना! जैसी कई घटनाओं की मधुर स्मृति कौंधा दी। इस याद ने जड़िया को और भी उल्लसित कर दिया और उसने अपने दोनों हाथ उठाकर सबको शान्त करते हुए प्रफुल्लित स्वर में कहा : ''धन्यवाद! तुम लोगों के इस उत्साह ने मुझे याद दिला दिया कि मुझे और भी दो-चार उद्घोष करने चाहिए। पर हे मेरे आत्मीय सखाओ! मैं एक बात साफ़ कर देना चाहती हूँ कि ये घोषणाएँ केवल मेरे अनुमान पर आधारित हैं और इनसे प्रभावित प्रत्येक आत्मा को अधिकार है कि वह उसे सिरे से नकार दे।''

इसके बाद जड़िया अनिंद्य की ओर मुख़ातिब होकर बोली : ''अनिंद्य! 'इन्होंने' (श्रीनिवास ने) जब तुम्हें 'हार्वर्ड' से इंजीनियरिंग और मार्केटिंग की विशेष डिग्री लेने भेजा था, तब वहाँ तुम्हारा परिचय क्या इसी 'कन्या-रत्न' से हुआ था, जिसे हम 'ईशानी' कहकर बुलाते हैं और जो हमारे दल की विशिष्ट सदस्या है?''

यह सुनते ही 'दीदाऽऽऽ' की टेर लगाता हुआ अनिंद्य एक छोटे बच्चे-सा जड़िया से चिपक गया और उसने अपनी गर्दन हरिण-शावक की तरह जड़िया के कंधे पर लुढ़का दी। सबने देखा कि तत्क्षण ही ईशानी ने भी अपना सिर जड़िया के दूसरे कंधे पर रख दिया था, क्योंकि जड़िया ने उसे भी पास आने का इशारा कर दिया था। जड़िया ने

सबको ईशानी का परिचय देते हुए बताया कि वह एक अमेरिकावासी धनाढ्य सिंधी परिवार की एकमात्र बेटी है और उसने विश्व की विशिष्टतम छात्रवृत्ति को ठुकरा कर भारत आने का निर्णय इसलिए लिया था कि वह प्राणपण से अन्विति के कार्यक्रमों से जुड़ सके। यहाँ आने के बाद उसने कुछ वर्षों तक मदर टेरेसा के साथ कुष्ठरोगियों की सेवा भी की है। हालाँकि अनिंद्य और ईशानी बहुत ही संयत और शिष्ट आचरण में बँधे रहते हैं, पर इनकी दृष्टियों के आदान-प्रदान, बातचीत के तौर-तरीक़े और सर्वदा एक-दूसरे के कार्य के प्रति सम्मति के भाव ने अन्ततः मेरी अनुभवी आँखों के सामने उनके हृदय की अंतरंगता को व्यक्त कर ही दिया।''

यह कहकर जब जड़िया ने अपने अनुमान पर उन दोनों से सहमति की मुहर लगाने को कहा, तो उन दोनों से ज़्यादा सारे गणों की ज़ोरों से 'हामी' में हिलती गर्दनों ने उस 'मुहर' को जन्म-जन्मांतर तक के लिए पक्का कर दिया।

इस 'हामी' से वहाँ हिलोरे लेते आनंद-सागर में इतनी ऊँची लहर उठी कि उसने आसपास की पर्वत-मालाओं को भी अभिषिक्त कर दिया।

वहाँ गूँजते आह्लादमय 'हा-हा-हू-हू- ही-ही' के स्वर डूबते सूरज की लालिमा को और भी सुर्ख़ करने लगे ही थे कि जड़िया का मीठा स्वर पुनः सुनाई पड़ा। उसने कहा : ''मेरी अगली बात सुनकर तुम लोग सोचोगे कि आख़िर 'दीदा' को हुआ क्या है (?) जो आज वे सारे हंसों को जोड़ीदार बनाने के लिए दृढ़ प्रतिज्ञ हो गई हैं? तुम्हारे मन में उठे ये प्रश्न अपनी जगह एकदम वाज़िब हैं, लेकिन तुम सबको मेरी 'समय-चिन्ता' वाली आदत का तो पता ही है। ज़रा सोचो, जो इन्सान प्रति क्षण हर व्यक्ति को यह कहता रहता है : 'उठो, भागो! समय बीत रहा है, दौड़ो और पकड़ो उसे', क्या वह स्वयं भी इस पर विश्वास नहीं करता होगा? सो तन्वी रानी, ज़रा सबको बताइए कि जब आप पल्लवी के साथ राजस्थान के सूखे इलाक़े में काम करती हुई 'फ़रहाद कॉन्ट्रैक्टर' की टीम से मिली थीं, तो क्या वहाँ आपको राजा ऊधमपुर के पुत्र उदयनारायण सिंह ने विशेष प्रभावित किया था? क्या आपने कुदाल से धरती खोदने पर उदयनारायण जी की लाल पड़ी हथेली पर मलहम लगाकर, उनके माथे का पसीना पोंछा था? और क्या वहाँ के सूखे का काम निपटाकर यहाँ आया हमारे दल का नया सदस्य 'उदय' ही वह शख़्स है?''

जड़िया के इस फ़िल्मी वर्णन के दौरान तन्वी गर्दन झुकाए अपने अँगूठे से ज़मीन कुरेदती रही और जैसे ही जड़िया का वाक्य समाप्त हुआ, वहाँ से भागने लगी। पर उस सेना के धरती-पुत्रों ने उसके चारों ओर घेरा बनाकर उसे घेर लिया और दूर कोने में खड़े उदय को भी खींचते हुए, बच्चों के खेल की तर्ज़ पर उसे और तन्वी को घेरे के बीचोबीच खड़ा करने के बाद, वे सब उनके चारों ओर चक्राकार घूमते हुए, उनके हल्के-फुल्के प्रेम-प्रसंगों पर टूटी-फूटी कविताएँ जोड़कर सुरे-बेसुरे स्वर में ज़ोरों से गाने लगे।

जड़िया किसी भी माने में उनसे कमतर तो थी नहीं, इसलिए उसने इस पूरे दृश्य का समापन भी फ़िल्मी ढंग से ही किया। उसने उस गोले के बीच में घुसकर कहा : ''हंसों के इस जोड़े से पूछा जा रहा है कि उन्हें 'दीदा' की यह मीठी शरारत पसंद है या नहीं?''

इसके पहले कि वे बेचारे कुछ कहते, झुंड द्वारा 'हाँ, पसंद है, ख़ूब ज़्यादा पसंद है' का शोर इतने ज़ोरों से हुआ कि वह ध्वनि गौहाटी के पास के 'बड़ा पानी' और 'शिलाँग' की पर्वत श्रेणियों तक ही नहीं, 'चेरापूंजी' पर चौबीसों घंटे चमकती वज्राकार बिजली के पास भी जा पहुँची और वहाँ से सौदामिनी-सी दमकती हुई वापस आकर पूरे वातावरण को प्रकाशमान करने लगी।

जड़िया इसके आगे कुछ कहती, उसके पहले ही उसकी सेना ने ज़ोरों से कहा : ''दीदा, आद्या और अभय दुबे—क्या आप उन्हें औरों की तरह विवाह के प्रेम-पाश में बाँधे बिना ही छोड़ देंगी? दीदा, जल्दी कीजिए! और इस भोंपू में ज़ोर से घोषणा कीजिए,'' कहकर अनिंद्य ने एक दफ्ती के टुकड़े का भोंपू बनाकर जड़िया के हाथ में दे दिया।

बच्चों की बचपने-भरी बातों को बड़े जिस स्मित-हास्य से स्वीकारते हैं, उसी विनोदप्रियता से पगी जड़िया ने वह भोंपू अपने मुँह से सटाकर ज़ोरों से पूछा : ''प्यारी आद्या, प्रिय अभय, क्या तुम दोनों, हम सबकी यह इच्छा पूरी करोगे? प्रिय अभय, मैं तुम्हारे हाथ में आद्या का हाथ देना चाहती हूँ! क्या तुम्हें यह पाणिग्रहण स्वीकार है?''

''हाँ दीदा, हाँ,'' का धीमा स्वर अभी वहाँ सुनाई ही पड़ा था कि जड़िया की आवाज़ फिर से सुनाई दी : ''प्यारी आद्या, मैं तुम्हारे हाथ में अभय का हाथ देना चाहती हूँ! क्या तुम्हें यह पाणिग्रहण स्वीकार है?'' यह कहते हुए उसने अभय और आद्या की हथेलियों को एक पर एक रख दिया।

आद्या और अभय ने उन युग्म-हथेलियों को उठाकर अपने सिरों से छुआया और आगे बढ़कर जड़िया के पैरों पर झुक गए।

तभी हवा ने उद्दीपन भाव की भूमिका ग्रहण कर ली, और हल्की बूँदा-बाँदी के साथ उन आठों आत्माओं पर पेड़ों से फूल और पत्ते इस तरह बरसाने शुरू कर दिये मानो आकाश पर बैठे देवतागण उन पर आशीष वर्षा कर रहे हों! इस दृश्य से अभिभूत होकर जड़िया ने अपनी जल भरी आँखों से सदा की तरह पहले धरती को और फिर आकाश को निमित्त बनाकर उस अगोचर परमपिता को कृतज्ञता संप्रेषण करते हुए प्रणाम किया।

उस चहकते, महकते और हँसी से गमगमाते वातावरण को और भी ख़ुशग़वार बनाते हुए जड़िया ने कहा : ''इसके पहले कि कल प्रातः कामाख्या देवी के मंदिर में वाग्दान (सगाई) की रस्म हो, मेरी इच्छा है कि तुम सबको अपने-अपने माता-पिता से अनुमति ले लेनी चाहिए और इस प्रकार आज के शुभ अवसर में तुम्हें अपने-अपने परिवार वालों को भी शामिल कर लेना चाहिए, क्योंकि आज उन्हीं के कारण तुम लोग

इस धरती पर हो और उन्होंने तुम्हें मांस-मज्जा से बना यह शरीर ही नहीं दिया है, बल्कि ऐसे संस्कार भी दिये हैं कि तुम सब सिद्ध आत्मा बनने के पथ पर अग्रसर हो सको। बच्चो, हमेशा याद रखना कि हमारे बड़े केवल हमारा भला चाहते हैं और भगवान की तरह ही ज़रा सी श्रद्धा अर्पित करते ही, अपना सब कुछ, हम पर निछावर कर देते हैं। वैसे भी इन पारिवारिक मंगल-सूचनाओं का साझा, आपसी सम्बन्धों के पौधों को प्रेम से सिंचित कर उसे पल्लवित और पुष्पित कर देता है, तो फिर यह ज़रा सा श्रम करने में हम कोताही क्यों बरतें? इसलिए अब तुम सब अपना-अपना फ़ोन मिलाओ और 'लाइन' पहले मुझे दे दो, ताकि उन्हें मेरी सहमति का अंदाज भी हो जाए।''

जड़िया की बात ख़त्म होते न होते सब 'हाँ' में गर्दन हिलाते हुए अपना फ़ोन टटोलते नज़र आए।

इसी दरमियान वादी में दूर से आती ताशे, नगाड़े, तुरही आदि की ध्वनियाँ धीरे-धीरे उनके पास आने लगीं, जिससे खिंचे वे बीस-तीस कार्यकर्ता उपत्यका में झाँकते छज्जे पर आकर इस नए माज़रे को समझने की कोशिश करने लगे। पता चला कि दल की दो मणिपुरी कार्यकर्त्रियों—रंजीता कोन्थुज़म और मौसमी कंडाली ने—यह इंद्रजाल रचा है। जड़िया के यह कहने पर कि 'इस मौसम में 'बीहू' नृत्य कैसे सम्भव है? वह तो ठहरा तुम लोगों के ख़ास उत्सव का ख़ास नृत्य! फिर उसे आज कैसे प्रस्तुत करोगे?—बाँस और लकड़ी के साथ? इसके नाचने वाले कहाँ से आएँगे?'

इन प्रश्नों के उत्तर में उस ओर से कई मणिपुरियों का सम्मिलित स्वर सुनाई दिया : ''दीदा! आज का दिन तो ऐसा ख़ासम-ख़ास है कि इस पर एक क्या, सौओं बीहू 'वारे' जा सकते हैं।''

उनके इस उत्तर से जड़िया की आँखें खुशी से भर आईं और उसने फुसफुसाकर अपूर्वा से कहा: ''देखा बेटा! प्रेम करने के लिए साधन नहीं, दिल चाहिए और इनके दिलों में इतनी बड़ी जगह है कि उनमें सारी दुनिया समा जाए। जानती हो, इसका एकमात्र कारण यह है कि ये लोग अपना सम्पूर्ण हृदय दूसरे पर उलीच देते हैं, जबकि हम लोगों ने अपने हृदयों को अपने ही स्वार्थों से इतना भर रखा है कि उसमें दूसरे के लिए सूई भर जगह भी नहीं बचती। बेटा, जब तुम लोगों ने सामाजिक कार्यों की पथरीली ज़मीन पर कदम रख ही दिया है, तो हमेशा यह मानना कि यहाँ अपना कुछ भी नहीं है—सब कुछ दूसरों का है, तभी तुम लोग सही अर्थों में कुछ कर पाओगे।''

इतने में डफ, खंजड़ी और तुरही के नेपथ्य संगीत में ज़मीन पर बिछे बाँसों पर 'बीहू' नाच आरम्भ हो गया। महिलाएँ एक-दूसरे की कमर में हाथ डाले, हल्की लहर में डोलती कुमुदिनी के फूल की तरह लहराकर झूमती हुई नाचने लगीं। वे क्रमवार एक जोड़े को खींचतीं और उसे अपने साथ नचाने लगतीं। अंत में जड़िया के लाख ना-नुकर करने पर भी उन्होंने जड़िया की एक न सुनी और उसे भी अपने बीच में खींच ही

लिया। उनकी इस जबर्दस्ती ने जड़िया को उसके धुर बचपन में ढकेल दिया और जड़िया उन्मुक्त हाव-भावों से सही ताल पर हाथ-ताली देती हुई नृत्य करने लगी। उसका पूरी तन्मयता से फूलों से भरी लचकती डाल-सा लय के साथ बाएँ और दाएँ झूमते हुए, ठुमका देना, देखकर सब अवाक् रह गए और उस पर पुष्पों की हल्की फुहारों की बौछार करने लगे। कहते हैं कि यह अभिराम नृत्य देखकर इंद्र तक अपनी अप्सराओं को भूलकर जड़िया को निहारने लगे।

ताल के धीमी लय में आते ही जड़िया अतीत से वर्तमान में लौट आई और उसने नर्तकियों को नमस्कार कर कहा : ''आप लोगों को अशेष धन्यवाद कि आप लोगों ने एक बार फिर से मुझे मेरा बचपन याद दिला दिया।''

दूसरे दिन मंदिर में 'वाग्दान-संस्कार' की रस्म के बाद जड़िया ने सबको सम्बोधित कर कहा : ''आज की इस मंगल वेला में जब तुम लोग अपने सम्बन्धों को नए आयाम देते हुए उनको विस्तार दे रहे हो, तो मैं तुम सबको आशीर्वादस्वरूप अपने आराध्य गांधी जी का एक 'तावीज़' देना चाहती हूँ, जो उन्होंने अपने अनुयायियों को यह कहते हुए दिया था कि उन्हें जब भी स्वयं पर सन्देह हो अथवा उन पर उनका अहं हावी होने लगे, तो वे इसे आजमाएँ। वह तावीज़ है : 'जो सबसे गरीब और कमजोर आदमी तुमने देखा है, उसकी शक़्ल याद करो और अपने दिल से पूछो कि तुम जो कदम उठाने का विचार कर रहे हो, वह उस आदमी के लिए कितना उपयोगी होगा?

''हे मेरे आत्मीयो! हो सकता है, कुछेक को मेरा यह आशीर्वाद अवसरानुकूल न लगे, पर मैं तुम सबके अन्तरंग को जानती हूँ। जानती हूँ कि तुम सब सर्वप्रथम एक समर्पित आत्मा हो, बाद में कुछ और।''

जड़िया के आशीर्वचन ख़त्म होने के पहले ही ड्राइवर ने आकर कहा : ''दीदा जी! चलिए, गाड़ी तैयार है।''

जड़िया ने हाथ के इशारे से उसे रुकने का इशारा किया और भावी नवदम्पतियों की ओर उन्मुख होकर बोली : ''मुझे तुमलोगों को कुछ ऐसा कहना है, जो आज नहीं, पर भविष्य में तुम्हारे काम आ सकता है। पर यह सोचकर कि कल किसने देखा है, मैं अपने मन की बात अभी ही कह रही हूँ : 'हे मेरे नव-युगलो! तुम लोग यथाशीघ्र गृहस्थ-आश्रम में प्रवेश करने जा रहे हो, इसलिए याद रखना कि 'तुम लोगों के प्रेम से भीगी ज़मीन पर जब तुम्हारी श्रद्धा के बीज फूटें, तो वे सबका भला करें।' यह उत्तरदायित्व और जवाबदेही तुम लोगों की है। और तुम सबको इसे निष्ठापूर्वक स्वीकारना चाहिए। आज विज्ञान ने सिद्ध कर दिया है कि बच्चा पैदा होते ही अपने आसपास का सारा वातावरण ज्यों-का- त्यों ग्रहण कर लेता है। सारी दृश्यावली एवं ध्वनियाँ अपने पूरे विस्तार के साथ उसके अन्तरतम में चली जाती हैं, जिन्हें वह बड़ा होने पर शब्द दे देता है। वैसे अपने यहाँ तो मान्यता है कि अभिमन्यु ने माँ के गर्भ में ही चक्रव्यूह-भेदन सीख लिया था। बच्चो! तुम सही अर्थों में एक से अनेक तभी होओगे, जब पूरी

ज़िम्मेदारी और गम्भीरता से अपने बच्चों को गढ़ोगे। मुझे पता है कि संक्रमणकाल की जिम्मेदारियाँ अधिकतम होती हैं, पर मेरा परम विश्वास है कि तुम लोग इसे अच्छी तरह निबाह कर अपनी आगामी पीढ़ी को यह धरती वर्तमान से अधिक सुन्दर प्रदान करोगे।''

अपनी बात ख़त्म कर जड़िया ने सबको 'विजयी भवः' का आशीर्वाद दिया और जब गाड़ी की ओर बढ़ी, तो उसे वायु के स्पंदन से ऐसा आभास हुआ, जैसे वहाँ एकत्रित सारे लोगों की 'नाऽऽऽ!' अभी गूँजने ही वाली है, इसलिए उसने वापस मुड़कर सांत्वना के स्वर में कहा : ''बच्चो! जैसे श्रम-विश्राम, रात-दिन आदि एक साथ जुड़े हुए हैं वैसे ही आना और जाना भी है। कहते हैं- 'शुभस्य शीघ्रम्', इसलिए अब मुझे जाना ही चाहिए, वरना मैं पल्लवी और अन्विति को दिया हुआ वचन नहीं निबाह पाऊँगी। पर जाने से पहले मैं तुम लोगों से एक अनुरोध करती हूँ : 'तुम लोग समय निकालकर जल्दी ही कलकत्ते और मंडावा जाने का कार्यक्रम बना लेना, ताकि वहाँ के लोग भी अपने परिवार की बढ़ोतरी का आनंदोत्सव मना सकें।' वैसे अब मुझे तेज़ी से कई यात्राएँ करनी हैं, पर मेरी आंतरिक इच्छा है कि मैं तुम लोगों के समारोहों में सम्मिलित होऊँ, आगे उसकी मर्ज़ी।'' कहकर जड़िया ने हमेशा की तरह आकाश की ओर हाथ जोड़ दिये।

कलकत्ता पहुँचकर जड़िया ने अन्विति से कहा : ''मुझे 'गण-दर्पण' जाना है।'' अन्विति भौंचक! उसने घबराकर कहाः ''माँ, आपको वहाँ क्या काम है?''

''बेटा, यह बात गाड़ी में कर लेंगे, यहाँ समय क्यों नष्ट करें?'' मिठास से यह संक्षिप्त सा उत्तर देकर जड़िया गाड़ी में बैठ गई।

झक मारकर अन्विति भी दौड़ती-सी आई और 'धम्म' से सीट पर बैठ कर आशंकित-सी जड़िया को देखने लगी। अन्विति की आँखों से बहे मूक आँसुओं ने उसके चेहरे को भर दिया था।

उसे इस तरह बेहाल देखकर जड़िया ने उसे अपने से चिपकाकर छोटे बच्चे की तरह पुचकारते हुए कहा : ''क्या बात है बेटा? 'जी' क्यों नाराज़ कर रही हो?''

''माँ, 'गण दर्पण' वही संस्थान है ना! जिसमें मरने के बाद लोगों के अवयव दूसरों को प्रदान करने के लिए नाम 'रजिस्टर' किए जाते हैं? क्या मैं पूछ सकती हूँ, आप वहाँ क्यों जा रही हैं?''

जड़िया ने पहले अपनी आँखों और हाथों में सारी दुनिया की स्नेहार्द्रता बटोरी और फिर उससे अन्विति को पूरी तरह सिंचित करने के बाद उसके चेहरे पर कोमलता से हाथ फिराते हुए बोली : ''अन्विति बेटा, तुमने तो श्रीमद्‌भागवत और गीता दोनों का पारायण कर उनके अमृत रस का पान किया है, फिर तुम मृत्यु के नाम से इतना चौंकती क्यों हो? मैंने तो इन ग्रंथों और गांधी जी जैसे महापुरुषों से यही जाना है कि मृत्यु, जो कि अवश्यम्भावी है, की तैयारी हमें निर्भय होकर करनी चाहिए, और अपना

हर क्षण सद्कर्मों को समर्पित कर मृत्यु को मात्र एक ऋतु-परिवर्तन ही समझना चाहिए।

''बेटा! यदि एक व्यक्ति अपना जीवन पूरी सत्यता से जी लेता है, तो उसके लिए जीना और मरना दोनों ही यकसाँ हो जाते हैं। वह यश, लोभ और लालसा से ऊपर उठ जाता है और मात्र निष्काम कर्म करने में विश्वास करने लगता है। परिपक्वता का अर्थ ही है—पक जाना! यानी यह समझ जाना कि हम प्रकृतिजनित प्राणी अन्य प्राकृतिक वस्तुओं की तरह ही उगते हैं, बढ़ते हैं और पककर पुनः मिट्टी में मिल जाते हैं। महामृत्युंजय का मंत्र जो मृत्यु को जीतने का मंत्र माना जाता है, उसमें भी ऋषि यही कामना करता है कि वह पके फल की तरह मिटे, असमय कच्चे फल की तरह नहीं अर्थात् अपने कामों को पूरा करके मरे।

''अपने यहाँ तो मानते ही हैं कि यदि साँस ख़त्म हो जाए और इच्छाएँ बाक़ी रहें, तो वह मृत्यु है, पर यदि इच्छाएँ पूरी हो जाएँ और साँस बाकी हो, तो वह मोक्ष है। अन्विति, भगवान साक्षी है कि मेरी सारी इच्छाएँ पूरी हो गई हैं।

''अत: हे देवी अन्विति! आप ख़्वामख़्वाह ही इतनी उद्विग्न हो रही हैं। ज़रा मेरी ओर देखिए, क्या आपको इस चेहरे पर रंच मात्र भी चिंता झलकती हुई दिख रही है? अरे भाई, मैं तो केवल मृत्यु-पर्यन्त अपने शारीरिक अवयव दान करने की रजिस्ट्री भर करवाने जा रही हूँ, आत्महत्या करने नहीं। बेटा, तुम्हीं सोचो कि हड्डियों के ढाँचे पर मढ़े मांस-मज्जा से बने ये अंग-प्रत्यंग जलकर या गलकर नष्ट तो होने ही हैं, तो फिर क्यों नहीं हम उनसे दूसरों का कुछ उपकार ही कर दें? अरे मूर्ख, यह तो वैसी ही बात है कि 'पास से कुछ लगा नहीं, और दुनिया समझे शहंशाह'। अन्विति बेटा! सच मानो तो मैं उस परमपिता की आभारी हूँ कि वह मेरे सामने नित्य नए सत्य उद्घाटित कर मेरा मार्ग-दर्शन करता रहता है।

''अन्विति, पहले मुझे भी पारसियों की यह प्रथा कि मृत देह को गिद्ध, चील, कौवे, मोर, चूहे, चीटियों आदि का ग्रास बनने के लिए एक कुएँ में रख दिया जाए, बहुत ही भयानक लगती थी, क्योंकि सनातन धर्म से रचे-बुने मेरे संस्कार तो मृत-देह को भी पूजनीय मानते रहे हैं, पर इन दिनों इसी के समानान्तर यह विचार भी मन में आया कि अंततोगत्वा हम भी तो उस 'पूजनीय शरीर' को जला ही देते हैं। ज़रा सोचो! यदि हम अपने 'पूज्य' को जलाकर पुण्य प्राप्त करते हैं, तो पारसी उसे पशु-पक्षियों का आहार बनाकर पाप कैसे करते हैं? यदि हम एकबारगी इस भ्रम को सही मान भी लें कि पक्षियों के नोचने से मृत-देह को कष्ट होता है, तो क्या आग में जलने से उसे कष्ट नहीं होता?

''अन्विति, अपनी पिछली बम्बई-यात्रा में मैंने दोपहर के समय 'डूँगरबाड़ी' में धीमे से घुसकर मृत-देह को रखने का वह 'कुआँ' भी देखा और सच मानो, उसे देखकर मेरा मन ज़रा-सा भी ख़राब नहीं हुआ और न ही मेरे शरीर में कोई सिहरन हुई,

बल्कि वहाँ के उस दोपहरी सन्नाटे ने मुझे मृत्यु के सामने अडिग खड़े रहने की शक्ति दी।''

इतने में ही 'गण–दर्पण' का दफ़्तर आ गया और जड़िया ऐसी तेज़ी से वहाँ उतरी, मानो राधा श्रीकृष्ण से मिलने को उतावली हो रही हो!

वहाँ की अभ्यर्थक ने जड़िया का स्वागत ऐसी श्रद्धा और भव्यता से किया, मानो साक्षात् भगवान ही वहाँ अंगदान देने आ गए हों, अपना ऐसा हार्दिक स्वागत देखकर जड़िया की आँखों में पानी आ गया, जिसे कोरों में समेटकर उसने अन्विति से कहा : ''बेटा, सबका इतना गहन प्यार देखकर मैं बहुत उद्वेलित हो जाती हूँ।''

अन्विति के चेहरे पर आश्चर्य घिरा देख, उसने अपनी चिंता का खुलासा यों किया : ''अन्विति, मुझे ऐसा लगता है कि जितना मान–सम्मान समाज ने मुझे दिया है, उसकी तुलना में मैंने समाज को बहुत कम दिया है। सबकी यह हार्दिकता मुझे मेरे दायित्व–बोध के प्रति सचेत कर, इंगित कर रही है कि अब मुझे और अधिक काम करना चाहिए, क्योंकि व्यक्ति यदि समय की पट्टी पर लगातार चलता नहीं रहेगा, तो समय से पीछे छूटकर जवाबदेही के कठघरे में खड़ा कर दिया जाएगा।''

अन्विति, जो अब तक अवाक्–सी जड़िया का एकालाप सुने जा रही थी, अचानक बौख़लाकर बोली : ''माँ, लगता है आपका दिमाग़ ख़राब हो गया है, जो आप ऐसी बेकार की बातें कर रही हैं। माँ, अपने दिल पर हाथ रखकर कहिए कि क्या आपने होश सँभालने के बाद से आज तक अपना एक क्षण भी व्यर्थ गँवाया है? क्या आपने कभी भी आलस्य या प्रमाद को अपने पास फटकने दिया है? मैं साक्षी हूँ कि आपने तन–मन और धन–तीनों से पूर्ण समर्पण के साथ प्रत्येक क्षण दूसरों के बारे में सोचा है। माँ, आपका यह प्रलाप एकदम अर्थहीन है, और जानती हैं, यदि आप ऐसी बातें करेंगी, तो इसका अन्य कार्यकर्ताओं पर क्या असर होगा? वे अनुभवहीन युवा हैं। उन्हें लगेगा, अपना सब कुछ दे देने के बाद भी यदि हमारा समापन ग्लानिबोध से ही भरा होना है, तो फिर हम व्यर्थ ही इतना उद्यम क्यों करें? और वे अभी से ही सारे सामाजिक उपक्रमों से किनारा कर लेंगे। ज़रा हिसाब लगाइए कि इससे समाज की कितनी बड़ी क्षति होगी?'' जड़िया से इस लहज़े में बात करने के बाद अन्विति का धैर्य ऐसा टूटा कि वह फ़फ़क–फ़फ़ककर ज़ोरों से रोने लगी।

अपने उद्गारों का ऐसा प्रभाव देखकर जड़िया स्तम्भित रह गई और पाँच मिनट तक मौन रहकर उसने अन्विति से माफ़ी माँगने के सुर में कहा : ''अन्विति, माफ करना! मैंने अपनी भावना के इस पहलू पर विचार नहीं किया था। बेटा, भविष्य में इसका पूरा ध्यान रखूँगी।''

बेचारी अन्विति तो जड़िया के इस वक्तव्य से 'मरूँ–मरूँ' हो गई और सोचने लगी : 'माँ सचमुच ही ऋक् और सत् का मूर्तिमत रूप हैं। बिना किसी लाग–लपेट के उन्होंने न केवल मुझ जैसे नौसिखिये की सलाह को तवज्जोह दी, बल्कि उसे पूरे मन

से स्वीकार कर लिया। शायद सात्विक प्राणी के यही गुण उसे दिव्य बनाते हैं।'

अन्विति इन्हीं विचारों में खोई हुई थी कि उसकी नज़र भीतर से निकलकर आती जड़िया पर पड़ी, जो ऐसे आ रही थी, मानो उसके पैरों में पर लग गए हैं और वह चल नहीं, उड़ रही है! उसके चेहरे की अलौकिकता उसे किसी और ही लोक का प्राणी घोषित कर रही थी।

अन्विति की दसों इन्द्रियाँ अपने सम्पूर्ण मनोबल से भी जड़िया की इस रहस्यमयता को भेद नहीं पा रही थीं कि जड़िया ने मीठी आवाज़ में कहा : "अन्विति बेटा, आज मैं अपना कर्तव्य-पालन कर मुक्त हुई।"

जड़िया का यह साधारण-सा वाक्य अन्विति के कानों को आकाशवाणी-सा लगा और वह जड़-सी एकटक जड़िया को देखती रही। पार्थिव द्रव्यों और माटी से बना उसका मानुष-भाव इस स्थिति को किसी भी तरह स्वीकार नहीं कर पा रहा था, इसलिए जड़िया की बात का बिना कोई उत्तर दिये ही वह मुँह फुलाए हुए गाड़ी में जाकर बैठ गई।

गाड़ी में जड़िया ने उसे जब बातों से, हाथों से और बाद में कंठ से चिपकाकर खूब 'पपोला', तो वह अपना चेहरा जड़िया की गोद में घुसाकर सुबक-सुबककर रो पड़ी।

जड़िया ने कुछ देर तक उसकी चोट को बह जाने दिया, फिर आहिस्ते से अपने पल्लू से उसकी आँखें पोंछकर बोली : "अन्विति, तुम्हें तकलीफ़ होनी स्वाभाविक है, क्योंकि यही जग की रीत है। हम सब चाहे जितना ज्ञान बघार लें, पर हमारे सारे सम्बन्ध शरीर से ही बँधे होते हैं, इसलिए जिसे हम प्रेम करते हैं, उसकी मृत्यु की सत्यता को स्वीकार नहीं करना चाहते और स्वयं को तरह-तरह के उदाहरणों से बहलाते रहते हैं।

"अन्विति, न तो मैं 'संथारा' करने वाली हूँ और न ही आत्महत्या। मेरी सारी तैयारी उस समय की है, जब यह देह जीर्ण-शीर्ण होकर इस चोले को छोड़कर असीम से मिलने के पथ पर पग धरेगी। अन्विति, सच कहती हूँ कि मैं भी धरती, आकाश, सूर्य-चंद्रमा, नदी-पहाड़, सागर, पेड़-पौधे, पशु-पक्षी आदि हज़ारों-हज़ार वस्तुओं को तुम सबकी तरह ही प्यार करती हूँ और मेरा वश चले, तो मैं कभी भी इनसे दूर न जाऊँ! पर क्या यह सम्भव है? अन्विति, मैं तो सिर्फ इतना भर कर रही हूँ कि जब आत्मा इस देह को छोड़ दे, तो मिट्टी से बने इसके अवयव किसी और को प्राणदान दे दें। क्या मेरा ऐसा सोचना पाप है? क्या इससे किसी का अहित होगा? यदि तुम इनमें से किसी का भी जवाब 'हाँ' में दे दोगी, तो मेरा वादा है कि मैं यह 'फ़ॉर्म' फाड़कर फेंक दूँगी।"

जड़िया की सीधी-सच्ची दलीलों के सामने अन्विति को, ऊपर-नीचे, दाएँ-बाएँ– कहीं से भी कोई प्रत्युत्तर नहीं मिला। अंत में उसने हार कर अपनी गर्दन को जड़िया के कंधे पर रखकर कहा : "माँ, आपकी सारी बातें सच सही, पर क्या अपने

आत्मीय स्वजन की मृत्यु की मर्मान्तक पीड़ा को सहना सहज है?''

जड़िया ने कहा : ''तुम एकदम ठीक कह रही हो और मैं क्या, इसमें तो स्वयं भगवान कृष्ण भी तुम्हारे पक्षधर हैं। पुराणों में एक कथा है कि जब सत्यभामा के पिता की मृत्यु का समाचार आया, तो श्रीकृष्ण सत्यभामा की बगल में बैठ कर 'ढाँय-ढाँय' रोने लगे, क्योंकि उस वक्त वे एक पति का धर्म निबाह रहे थे और जानते थे कि अभी सत्यभामा के घाव को गीता के उपदेश की नहीं, उनके प्रेम-भरे सहारे की ज़रूरत है। तो बेटा! जब स्वयंभू परमात्मा भी इसे मानने को बाध्य हैं, तो तुम और मैं तो लोभ, मोह, काम, मद आदि से रचे-बसे साधारण जीव मात्र हैं।''

यह कहकर जड़िया ने अन्विति को एक छोटी बच्ची की तरह अपने से चिपका लिया, और घर आने तक वे माँ-बेटी उसी मुद्रा में बैठी रहीं।

अपने वादे के अनुसार अन्विति ने किसी से कुछ नहीं कहा, यहाँ तक कि एकाध बार गुरुदेव जैसे निरासक्त व्यक्ति के प्रश्नों का भी उसने घुमा-फिराकर उत्तर दे दिया और मधुमक्खी की तरह जड़िया-रूपी शहद के छत्ते के चारों ओर मँडराती रही। जड़िया उसकी प्रेम छलकाती उद्विग्नता समझकर हल्के-हल्के मुस्कुराती रही और कभी उसे अपनी तश्तरी से अमरूद की फाँक, कभी अनन्नास का टुकड़ा, कभी संतरे की कली, तो कभी 'मसाला मूड़ी' आदि खिलाती रही।

रात के भोजन के बाद उसने गुरुदेव, अन्विति, रोज़ीना, अरविंद और तन्वी के सामने कहा : ''मैं कल सुबह मंडावा जा रही हूँ। वहाँ मुझे 'इनके' नाम से एक काम शुरू करवाना है। पल्लवी और सत्यदेव बाबोजी के नाम से एक 'कृषि अनुसंधान केन्द्र' और माँ के नाम से लड़कियों का एक कॉलेज तो बना ही रहे हैं और दादीजी के नाम का अस्पताल भी अब ख़ूब फल-फूल रहा है। वैसे तो शास्त्रों के अनुसार नाम का कोई महत्त्व नहीं होता, लेकिन व्यावहारिक जगत में देखा गया है कि जिन प्राणियों का इन नामधारी व्यक्तियों से सम्पर्क रहा है, वे यथासंभव उनके नाम की रक्षा करते हैं और धरोहर के रूप में उन्हें अपनी अगली पीढ़ी को सौंप देते हैं। मूलभूत तथ्य यह है कि काम होना चाहिए, होते रहना चाहिए, फिर इसके लिए हमें चाहे जो टोटके अपनाने पड़े।''

सदा के चुप्पा गुरुदेव ने शायद पहली बार जड़िया से पूछा : ''माँ, लौटोगी कब?''

गुरुदेव के इस प्रश्न ने और 'माँ' शब्द ने जड़िया के वैराग्य के सारे तार झनझनाकर हिला दिये। इसके पहले कि वे तार पुनः गृहस्थी के सितार से जुड़ते, जड़िया ने त्वरा से उठकर गुरुदेव को अपने से चिपका लिया।

कुछेक मिनटों के मौन के बाद जड़िया ने समुद्र की गहराई और आकाश की अनन्तता के सम्मिलित गाम्भीर्य को अपनी वाणी में भरकर कहा : ''मैं तुम लोगों को कोई झूठा आश्वासन नहीं देना चाहती, इसलिए बता दूँ कि इस बार मेरा विचार लम्बे

प्रवास पर जाने का है। मेरी इच्छा है कि मैं 'पौड़ी गढ़वाल' जाकर श्री सदानंद भारती से मिलूँ, जिनके लगाए लाखों पेड़ों ने उत्तराखंड की तबाही में अपने गाँव में एक 'तरेड़' तक नहीं आने दी, क्योंकि उन वृक्षों ने सतर्क चौकीदारों की तरह वहाँ की धरती को अपनी जड़ों में जकड़कर रखा और उसे प्रलय सरीखे विनाश से बचा लिया। बच्चो! तुम्हें यह जान कर अच्छा लगेगा कि तुम्हारे 'बाबूजी' ने हमारे विवाह की पचासवीं वर्षगाँठ पर सदानंदजी की मार्फ़त पौड़ी गढ़वाल में एक लाख पेड़ लगवाए थे। मेरी हार्दिक कामना है कि तुम लोग जहाँ भी जाओ, जहाँ भी काम करो, वहाँ पेड़ ज़रूर लगवाना जैसा कि विश्व प्रसिद्ध 'ट्री मैन' ने किया था। सेना में कर्नल होने के कारण वे जहाँ भी जाते, वहीं पूरी सेना से पेड़ लगवाने लगते थे। कहते हैं, उन्होंने सहारा जैसे रेगिस्तान में पेड़ लगा-लगाकर वहाँ कई नखलिस्तान बना दिये और बड़ी उम्र में 'विश्नोई' गाँव की उन स्त्रियों का अभिनन्दन करने भारत आए, जिन्होंने अपने गाँव के पेड़ों को बचाने के लिए पेड़ों के साथ ही कटकर सहर्ष मृत्यु का वरण किया था।''

''माँ, हम वादा करते हैं कि हम सब भी ख़ूब पेड़ लगवाएँगे, पर यह तो बताओ कि तुम लौटोगी कब?'' गुरुदेव ने आशंकित स्वर में फिर से पूछा।

यह सुनते ही जड़िया ने अपने दोनों हाथ आकाश की ओर उठाकर कहा : ''वह जाने! क्योंकि सबकी नियति और भाग्य उसी के हाथ में है। हम सब तो उसके मोहरे मात्र हैं, जिन्हें वह अपनी मर्ज़ी से चलाता है। यदि उसके जँच जाए, तो वह एक साधारण से प्यादे को अमर प्यादा बना देता है और यदि न जँचे, तो उसे बाजी से बाहर कर देता है। भविष्य किसने देखा है बेटा? अगला पल हमारे जीवन में आएगा कि नहीं, क्या इसकी कोई गारंटी है? बेटा, क्या हमें पता है कि यह साँस जो अभी गई है, वह लौटेगी या नहीं? क्या इसके नियामक तत्त्व हम हैं? बेटा, जीवन को नदी की तरह सहजता से बहने दो, बिना इस बात की परवाह किए कि वह सागर में कब मिलेगी? मिलेगी या रास्ते में ही कहीं खो जाएगी?

''बच्चो! जिन बातों पर हमारा नियंत्रण न हो, हमें उसकी चिंता या दुश्चिंता न कर, अपने कर्म करते रहना चाहिए। हवा की तरह हल्के और गतिमय होकर निश्चिंतता और बेफ़िक्री से आगे बढ़ते रहना चाहिए।''

ब्राह्म मुहूर्त में जब जड़िया गाड़ी की ओर बढ़ी, तो यह देखकर दंग रह गई कि उसका देर से उठने वाला पूरा परिवार वहाँ मौजूद था और तन्वी रानी तो सूटकेस समेत गाड़ी में जची हुई थी। जब जड़िया ने प्रश्नसूचक दृष्टि से उसकी ओर देखा, तो उसने धीमे से उसे अनदेखा कर दिया। उसके इस प्रेमल हठ से जड़िया का मन बँधा जा रहा था, पर अनन्त और असीम की यात्रा प्रत्येक व्यक्ति को अकेले ही करनी पड़ती है, क्योंकि 'प्रेम की उस सँकरी गली में दो नहीं समा सकते'! इसलिए जड़िया ने भविष्य के झूठे-सच्चे वादे कर, उसे बहलाकर किसी तरह गाड़ी से उतार दिया।

प्रयाण के समय पैरों पर झुके हाथों को 'कल्याण भवः! मंगल भवः! शुभ भवः!

विजयी भव:! चिरंजीवी भव:!' आदि आशीर्वादों से नवाज़ कर जड़िया जब आगे बढ़ी, तो उसका चेहरा ऐसा दमक रहा था, मानो वह नूर के दरिया से नहाकर आई हो! शायद इसकी वजह यह थी कि आज जड़िया को अपना शरीर एकदम निर्भार लग रहा था। इतना हल्का, जैसा शायद यमराज से अपने कालजयी प्रश्नों के उत्तर पाकर नचिकेता को भी नहीं लगा होगा। वेदों के अनुसार जो सोलह संस्कार होते हैं, उनमें अंत्येष्टि अन्तिम संस्कार होता है, पर जड़िया के आह्लाद को देखकर ऐसा लग रहा था, जैसे वह वैतरणी पार कर मोक्ष को प्राप्त हो गई है!

उसकी भंगिमा में न तो 'घटश्राद्ध' का और न ही किसी लोकोत्तर उपलब्धि को पा लेने का अहंकार था, न वीतराग था और न ही 'कामादि खलुदल गंजनम्' के बाद की विजयानुभूति! वह तो केवल शंकराचार्य के 'आत्मष्टकम्' में वर्णित निर्विकल्प आत्मा 'चिदानंदरूपः शिवोऽहम् शिवोऽहम्' का साक्षात् स्वरूप लग रही थी। ऐसा लग रहा था कि पंचभूतों से बने उसके शरीर को समीर उड़ाए लिये जा रहा है और क्षिति, जल, पावक और गगन उसे रोकने की जगह उसका अभिनन्दन कर रहे हैं...।

✿✿✿